中日の形容詞における
比喩的表現の対照研究

―五感を表す形容詞をめぐって―

尤　東旭　著

白帝社

目　次

序　章 ……………………………………………………………… 3
　0.1　本論の研究範囲 …………………………………………… 3
　0.2　五感と比喩 ………………………………………………… 7
　0.3　先行研究 …………………………………………………… 9
　0.4　本研究の目的 ……………………………………………… 10
　0.5　本研究の方法と対象 ……………………………………… 11

第1章　触覚形容詞の比喩表現 ………………………………… 13
　1.1　はじめに …………………………………………………… 13
　1.2　中国語温熱形容詞の比喩表現 …………………………… 14
　1.3　日本語温熱形容詞の比喩表現 …………………………… 28
　1.4　中国語冷感形容詞の比喩表現 …………………………… 34
　1.5　日本語冷感形容詞の比喩表現 …………………………… 43
　1.6　中国語触感形容詞の比喩表現 …………………………… 50
　1.7　日本語触感形容詞の比喩表現 …………………………… 63
　1.8　中国語痛痒形容詞の比喩表現 …………………………… 71
　1.9　日本語痛痒形容詞の比喩表現 …………………………… 74
　1.10　まとめ …………………………………………………… 78

第2章　味覚形容詞の比喩表現 ………………………………… 83
　2.1　はじめに …………………………………………………… 83
　2.2　中国語味覚形容詞の感情の比喩表現 …………………… 83
　2.3　日本語味覚形容詞の感情の比喩表現 …………………… 89
　2.4　中国語味覚形容詞の視覚の比喩表現 …………………… 90
　2.5　日本語味覚形容詞の視覚の比喩表現 …………………… 93
　2.6　中国語味覚形容詞の聴覚の比喩表現 …………………… 97
　2.7　日本語味覚形容詞の聴覚の比喩表現 …………………… 99
　2.8　中国語味覚形容詞の嗅覚の比喩表現 …………………… 101
　2.9　日本語味覚形容詞の嗅覚の比喩表現 …………………… 103

2.10	中国語味覚形容詞の状態の比喩表現 ……………………	106
2.11	日本語味覚形容詞の状態の比喩表現 ……………………	112
2.12	中国語味覚形容詞の性質の比喩表現 ……………………	121
2.13	日本語味覚形容詞の性質の比喩表現 ……………………	125
2.14	中国語味覚形容詞の生理感覚の比喩表現 ………………	129
2.15	日本語味覚形容詞の生理感覚の比喩表現 ………………	132
2.16	まとめ …………………………………………………………	133

第3章 嗅覚形容詞の比喩表現 ………………………………… 137

3.1	はじめに ………………………………………………………	137
3.2	中国語嗅覚形容詞の比喩表現 ……………………………	138
3.3	日本語嗅覚形容詞の比喩表現 ……………………………	146
3.4	「くさい」複合形容詞の嗅覚表現 ………………………	155
3.5	「くさい」複合形容詞の非嗅覚表現 ……………………	160
3.6	まとめ …………………………………………………………	165

第4章 視覚形容詞の比喩表現 ………………………………… 169

4.1	はじめに ………………………………………………………	169
4.2	"紅"と「赤い」の比喩表現 ………………………………	172
4.3	"黒"と「黒い」の比喩表現 ………………………………	178
4.4	"白"と「白い」の比喩表現 ………………………………	182
4.5	"黄"と「黄色い」の比喩表現 ……………………………	187
4.6	"青"と「青い」の比喩表現 ………………………………	189
4.7	その他の色彩形容詞の比喩表現 …………………………	191
4.8	明るさを表す形容詞の比喩表現 …………………………	196
4.9	暗さを表す形容詞の比喩表現 ……………………………	201
4.10	まとめ …………………………………………………………	208

第5章 聴覚形容詞の比喩表現 ………………………………… 213

5.1	はじめに ………………………………………………………	213
5.2	中日聴覚形容詞の音声表現 ………………………………	214
5.3	中国語聴覚形容詞の比喩表現 ……………………………	219
5.4	日本語聴覚形容詞の比喩表現 ……………………………	226

5.5	まとめ ………………………………………………………	230

終　章		……………………………………………………………………	233
	6.1 中日五感形容詞の語彙数の差異 ………………………	233
	6.2 中日五感形容詞の共感覚の異同 ………………………	235
	6.3 中日五感形容詞の感情の比喩 ………………………	237

付　録	……………………………………………………………………	241

中日の形容詞における比喩的表現の対照研究

―五感を表す形容詞をめぐって―

序　　章

　言語は人間の外部世界に対する認識であり、その反映でもある。コミュニケーションの手段でもある。中国語と日本語はそれぞれ風土や習慣などの違いによって、当然、言語表現上の違いがたくさんある。本研究は形容詞の比喩表現という言語事項に目を向けて、中国語と日本語のその比喩表現における相違を明らかにしようとするものである。このような中日両言語の対照研究は、中国語や日本語の言語学習に役に立つばかりでなく、中日両国の異国間コミュニケーションや中日の文化交流に対しても役に立つのではないかと思う。

0.1　本論の研究範囲

　表題に示されているように、本研究は中国語と日本語における形容詞の比喩表現を比較・対照し、考察しようとするものである。

0.1.1　中国語の形容詞について

　まず、中国語の形容詞を見てみよう。中国語の形容詞について、李臨定著、宮田一郎訳『中国語文法概論』では「人及び事物の性質あるいは状態を表す単語を形容詞という」[1]と述べている。中国語は日本語と違って、形容詞や動詞は活用形がなく、決まった語尾もないので、語彙の形態上からの判定が難しく、意味による判断に頼らざるを得ないことがある。朱徳熙は《現代漢語形容詞研究》(1956)において、中国語の形容詞について"簡単形式"と"複雑形式"の分類をし、以下のように述べた。

　　所謂简单形式指的是形容词的基本形式,包括单音形容词(大、红、多、

快、好)和一般的双音形容词(干净、大方、胡涂、规矩、伟大)。所谓复杂形式主要指以下各类成分:(1)重叠式(略)。(2)带后加成分的形容词(略)。──簡単形式とは形容詞の基本形式を指し、単音節形容詞（大、紅、多、快、好)と一般2音節形容詞（干净、大方、胡涂、规矩、伟大）を含むものである。複雑形式とは主に以下のものを指す。(1)重ね型形容詞（略）。(2)後ろに付加成分のつく形容詞（略）。──著者訳）

また、簡単形式形容詞は単純な属性を表す。複雑式形容詞の表す属性は、ある種の量や話者のこの属性に対する主観的判断につながるものであると述べた。[2]のちに朱徳熙は《語法講義》(1982)において、簡単形式形容詞を「性質形容詞」、複雑形式形容詞を「状態形容詞」とあらためた。なお、朱徳熙は動詞と形容詞との区別について次のように述べている。

(1)前边能不能加很,(2)后边能不能带宾语。──(1)前に"很"がつけられるかどうか。(2)後ろに客語をもつことができるかどうか。──筆者訳)

この区別の基準によって、次のような形容詞と動詞との区別の定義が得られる。

(1)凡是受"很"修饰而不能带宾语的谓语是形容词。(2)凡是不受"很"修饰或能带宾语的谓语是动词。[3]──(1)おおよそ"很"の修飾を受けながら、客語をもてない述語は形容詞である。(2)おおよそ"很"の修飾を受けない述語、或いは客語をもてない述語は形容詞である。──筆者訳)

しかし、実際この定義は「性質形容詞」にだけ適用する。「状態形容詞」は"很"などの副詞の修飾を受けられず、対象語も伴わない。これについて、朱徳熙はこう説明している。

形容词的重叠式既不受"很"修饰,也不能带宾语。按照上文的标准,似乎应该归入不及物动词一类。可是我们如果全面的考虑形容词重叠式

的语法功能,就会看到,它们跟形容词的共同点要比跟动词的共同点多得多。至于它们不受"很"的修饰,那是因为形容词重叠以后本身就包含着量的意义,所以不能再用表示量的程度副词去修饰它。我们把形容词重叠式看成形容词里的一类,管它叫状态形容词。与状态形容词对应,形容词的原来形式可以叫做性质形容词。[4]——形容詞の重ね式は"很"の修飾を受けないだけでなく、客語もつけられない。前記の分類基準によれば、自動詞に分類したらよいようである。しかし、われわれはもし全面的に形容詞の重ね式の文法機能を見れば、形容詞との共通点は動詞との共通点よりはるかに多いことがわかる。それらが"很"の修飾を受けないのは形容詞を重ねたあと、それ自身に量の意味をもつようになり、量を表す程度副詞の修飾を受けなくなるからである。われわれは形容詞の重ね式を形容詞の中の一種類と見て、状態形容詞と言う。状態形容詞と対応して、その形容詞の本来の形は性質形容詞と言えよう。―筆者訳)

また、"状態形容詞"の性質について、李宇明は次のように述べている。

　　状态形容词不能接受程度副词修饰,因为它本身已标明了程度,红彤彤、雪白都包含了一定的程度意义。状态形容词的程度性是已固定的,因此不能再通过添加程度副词等手段进行改变。[5]——状態形容詞が程度副詞からの修飾が受けられないのは、それ自身が程度をはっきり表しているからであり、たとえば"红彤彤"、"雪白"のように、みな一定の程度の意味合いを持っている。状態形容詞の程度はすでに決まっているから、程度副詞を付加するなどの手段によって変えることができなくなっている。――筆者訳)

上記に朱氏、李氏が示した形容詞と動詞を判別する基準では、文法機能による"状態形容詞"と"不及物動詞"(自動詞)との形態上の区別はほとんどできない。私は状態形容詞と自動詞との区別について、アスペクトを表す"着"、"过"のつくものは自動詞で、つかないものは状態形容詞であるという文法機能による判断基準を付け加えておきたい。

0.1.2　日本語の形容詞について

　一般的に日本語における形容詞は、活用のある独立した品詞で、物やことがらの性質、状態などを表し、終止形が「い」で終わるものを指す。『国語学大辞典』は日本語の形容詞について次のように述べている。

　　用言の中の一品詞名。事物の性質・状態を表す活用語で、動詞・形容動詞とともに用言に属する。単独で述語や連体修飾語になり、また、連体形が体言と同資格で用いられる点は動詞と同じ機能を持っている。[6]

また、『国語学大辞典』は形容動詞について次のように述べている。

　　用言に属し、形容詞と同じく事物の性質・状態を表わす語で、活用がある。機能は形容詞と動詞の性質を兼ね備えているが、語幹の独立性は形容詞よりも、さらに強い。[7]

　形容動詞は形容詞と同じように物事の性質と状態を表す語であるから、八十年代から、特に日本語教育においては形容詞として取り扱われる傾向が強い。つまり、形容動詞を形容詞と同じように形容詞と見て、語尾の活用から、「～い」の形で終わる従来の形容詞は「イ」形容詞とされ、連体形の時語尾が「～な」の形になる形容動詞は「ナ」形容詞とされる。また、西尾寅弥著『形容詞の意味・用法の記述的研究』(1972)や飛田良文・浅田秀子著『現代形容詞用法辞典』(1991)においては、「イ」形容詞、「ナ」形容詞のように分類はしていないが、形容動詞を形容詞と一緒に取り扱っている。本論においても、日本語の「イ」形容詞と「ナ」形容詞をあわせて、形容詞として取り扱うことにする。

0.1.3　中日形容詞の異同点

　中国語と日本語の形容詞は次のような類似点がある。①述語になる。中国語と日本語の形容詞は同じように述語として使えるシンタックス機能を持っている。英語の形容詞はbe動詞を伴わなければ、述語にはなれない

が、中国語と日本語の形容詞は動詞と同じように単独で述語になれる。この点において、英語と大きく違っている。②連体修飾語になる。中国語と日本語の形容詞は同じように名詞あるいは名詞句の前に置いて、それを修飾する機能を持っている。③連用修飾語になる。中国語と日本語の形容詞は副詞と同じように動詞あるいは動詞句の前に置いて連用修飾語として働く機能を持っている。このような類似点のほかにまた、次のような相異点がある。①中国語の形容詞は語尾変化がまったくないが、日本語の形容詞は「イ」形容詞と「ナ」形容詞のように語尾変化の活用がある。②中国語の形容詞は動詞の後ろにおいてその動詞の状態や程度を表す補語機能をもっているが、日本語の形容詞はこのような機能がない。以上に示したように、中日の形容詞はシンタックス機能において似ているところがとても多いことが分かる。

0.1.4 研究対象について

本論においては、形容詞の全体ではなく、五感を表す形容詞だけに焦点をしぼることにする。その理由としては、人間の五感を表すのには中国語と日本語はほぼ同じように、形容詞が中心をなしていることや、五感の間に通じ合う表現、いわゆる共感覚があって、とても緊密な関係にあるからである。また、共感覚だけではなく、それ以外の人、もの、ことの性質や状態などを含めた五感覚形容詞のすべての比喩表現を研究の対象とする。

0.2　五感と比喩

ここで言う「形容詞の比喩的表現」とは形容詞の持っている本義以外の意味に使われる言語表現事項を指すものである。たとえば
  (1) 部屋の中が明るい。
  (2) 明るい政治。
  (3) 数学に明るい。
といったような文の中では、(1)は視覚における光が充分ある状態を表す

「明るい」の本義である。しかし、(2)、(3)は直接視覚に関係がないものごとに対して、視覚において光が充分あって、よく見える「明るい」が使われる。しかし、この時の「明るい」はもはや本来の視覚の意味をもっていない。もとの視覚の意味からの延長として、視覚表現の本義から変容して、新しい意味が生まれたのである。(2)のように、隠れるところのない公正な性質を表したり、(3)のように、知識を熟知している状態を表したりすることは、いずれも視覚から転じて、視覚以外のものごとを表現したものである。このような形容詞の本義から転移された意味の変化と変容は形容詞の比喩的表現である。この意味での比喩は隠喩のことである。本論においては、基本的に形容詞の本義を取り扱わないで、言語学の立場から比喩的表現だけを考察することにする。しかし、中国語と日本語の形容詞の比喩的表現に対する全体にわたる考察は範囲が広すぎて大変困難なので、本論では研究の対象となる形容詞を現代の中国語と日本語における五感を表す形容詞の比喩的表現に限定する。

　人間の五感と言えば、視覚、聴覚、嗅覚、味覚、触覚の五つの感覚である。五感を表す形容詞というのは、視覚において色彩を表す「赤い」や光の明暗を表す「明るい」、聴覚における「静か」、嗅覚における「臭い」、味覚における「甘い」、触覚における「堅い」や「柔らかい」などのような感覚を表す形容詞のことである。五感についての感覚は各国の人々で一致するところがあれば、微妙に違っているところもある。たとえば日本人にとって、当たり前の「青信号」の「青い」を中国人はどう見ても青いとは思わず、「みどり」に見えて、"緑灯"と言う。英語も green (traffic) signal になっている。日本語の「青い」は中にはブルーとグリーンの二つの色を表せるから、このような言い方ができるのである。これは五感を表す形容詞だけの問題ではなく、言語の背後にある文化や生活習慣の違いがある。

　また、これらの五感覚形容詞はそれぞれの感覚を表すほかに、もとの感覚の表現から離れて、他の感覚を表現することができる。たとえば、視覚形容詞は聴覚を表す「明るい声」、嗅覚形容詞は視覚を表す「バタ臭い顔」、味覚形容詞は聴覚を表す「甘い声」、触覚形容詞は視覚を表す「冷たい色」

などである。このような視覚、聴覚、嗅覚、味覚、触覚の五感を表す形容詞の間で互いに表し合うことは「共感覚的比喩[8]」といわれている。これについて、国広哲弥氏は「共感覚的比喩というのは、ある感覚分野のことを表現するのに別の感覚分野に属する語を比喩的に用いることを言う[9]」と述べている。しかし、五感を表す形容詞の比喩的表現は共感覚的比喩に限らず、人間、もの、ことなどの性質や状態について、いろいろに表現することができる。たとえば、日本語の例をあげると、視覚形容詞の「赤い」は「赤い思想」のように、性質を表す。聴覚形容詞の「静か」は「彼は静かな人だ」のように、性格を表現することができる。嗅覚形容詞の「臭い」は「あの二人、くさいね」のように、状態の表現に転じる。味覚形容詞の「甘い」は「あいつはあまいやつだ」のように、性質を表す。触覚形容詞の「かたい」は「やつは頭がかたい」のように、状態の表現ができる。

0.3　先行研究

　西洋において、五感と言語の関連についての研究で一番有名なのは、ウルマンの『意味論』の中にある五感を表す語彙の共感覚的メタファーの分析[10]と、J.M.Williamsの英語に関する五感の比喩にある一方向性研究結果である[11]。しかし、いままで、日本語の五感を表す形容詞に対する単独の研究は行われていないようである。

　日本語について、山梨正明氏はS.UllmainとJ.M.Williamsの行った英語の五感に関する研究結果をふまえて『比喩と理解』(1988)の中で、日本語の五感を表す語彙の比喩の体系を作り、「共感覚から原感覚の修飾関係が触覚から味覚、嗅覚へと一方向的であり、この逆方向の修飾関係はみとめられない[12]」と指摘した。山梨氏はその関係を次の表1にまとめた。

　また、国広氏の『五感をあらわす語彙――共感覚比喩的体系』(1989)は、五感を表す語彙について実例によって、その比喩の体系を論じたものである。表2は国広氏がまとめた日本語の五感の比喩の体系である。

表1　五感の修飾・被修飾関係図　　表2　共感覚的比喩の体系

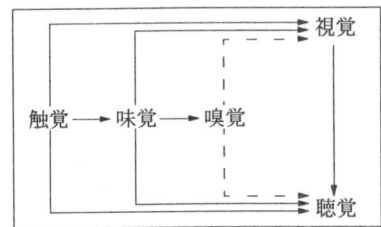
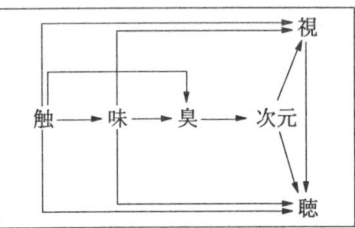

　それに、村田忠男氏の『さわることば——ウルマンのデータを中心に』(1989)[13]は五感の中の一つ、触感覚を表す語彙を論じたものである。

　上記の山梨氏の著作の中では五感の共感覚にふれたのはわずか短い一節である。国広氏と村田氏の論文は短編であるため、取り扱っている五感を表す形容詞の語彙数はごく限られている。また、これらの論文はいずれも広い範囲の五感語彙を対象としたもので、つまり形容詞ではなく、名詞、動詞、形容詞を含めた五感を表す語彙の共感覚的比喩についての研究であった。五感を表す形容詞を単独で取り扱ったものはなかった。しかも、五感の共感覚以外の比喩的な表現について一切ふれなかったのである。

　中国語の先行研究について、五感を表す形容詞の研究はもちろんのこと、形容詞でさえも進んでおらず、特に五感を表す形容詞の比喩的表現に関する研究はまったくなく、利用できるものはほとんど皆無の状態である。

0.4　本研究の目的

　本論は比喩的表現をひとつの言語事項として捉え、大量の例文による比較対照の方法を用いて、以下の二点を特に究明したいと考えている。

　まず、中国語と日本語の五感を表す形容詞の語彙数を調査し把握する。五感を表す形容詞が比喩に使われる語彙の分布量などを考察する。これによって、中国語と日本語の五感を表す形容詞の比喩的表現における語彙の特徴を明らかにする。

先行研究に出ている日本語の五感を表す形容詞の共感的比喩の方向性、体系について、できるだけ多くの例文を集めて考察・検証する。それと同時に、今までほとんど研究が行われていない中国語の五感を表す形容詞の共感的比喩について、日本語と比較・対照しながら、中国語と日本語との五感覚形容詞における異同を明らかにする。また、この研究によって、中国語の五感覚形容詞の共感覚の体系を明らかにする。

　第二に、五感の共感的比喩は五感を表す形容詞における比喩的表現のほんの一部にすぎない。中国語と日本語の五感を表す形容詞の比喩的表現の特徴と異同を明らかにするために、五感を表す形容詞における共感的比喩以外、五感覚形容詞に関するすべての比喩的表現を網羅し、全面的にそれらの比喩を考察して、中国語と日本語の異同と、その実体と特徴をあきらかにする。

0.5　本研究の方法と対象

　本論において、中日の五感覚形容詞の語彙と用例の収集は辞書によって行う。その調査対象となる辞書について、中国語は王国璋［ほか］編著《現代漢語重畳形容詞用法例釋》、大東文化大学中国語大辞典編纂室編『中国語大辞典』、北京・商務印書館、小学館共同編集『中日辞典』、愛知大学中日大辞典編纂処編『中日大辞典』、相原茂・韓秀英編『現代中国語ABB型形容詞逆配列用例辞典』を使い、日本語は飛田良文・浅田秀子著『現代形容詞用法辞典』、林史典・靎岡昭夫・教育社国語編集部著『15万例文・成句　現代国語用例辞典』、北京対外経済貿易大学・北京商務印書館・小学館共同編集『日中辞典』、新村出編『広辞苑』第四版、金田一春彦『学研現代新国語辞典』を使った。なお、調査対象の辞書に実例がない時、ほかの文献による用例の場合がある。このように、中日それぞれ五冊の辞書で調査を行い、中日五感覚形容詞の語彙数と比喩用例数の調査表を作成した。上記の中国語辞書の用例を引用する時の表記について、《現代漢語重畳形容詞用法例釋》は〈重畳詞〉、『中日辞典』は〈中日〉、『現代中国語

ABB型形容詞逆配列用例辞典』は〈ABB〉、『中日大辞典』は〈中日大〉と略し、『中国語大辞典』は無表記とする。上記の日本語辞書について、『15万例文・成句　現代国語用例辞典』は〈15万例文〉、『日中辞典』は〈日中〉、『学研現代新国語辞典』は〈新国語〉と省略し、『広辞苑』はそのままで、『現代形容詞用法辞典』は無表記にした。なお、中日、日中辞書以外の〈重疊詞〉と〈ABB〉の日本語訳文、〈現代形容詞用法辞典〉、〈15万例文〉、〈新国語〉、〈広辞苑〉の用例の日本語訳は筆者の訳である。

注
1) 李臨定　著　宮田一郎　訳『中国語文法概論』　光生館　1993.6　P.10
2) 朱徳熙《現代漢語形容詞研究》語言研究第一期　北京　科学出版社, 1956 P.83
3) 朱徳熙 《语法讲义》北京　商务印书馆　1982　p.55
4) 同上　P.57
5) 李宇明 《非谓语形容词的词类地位》中国语文　1996.1　P.3
6) 国語学会編『国語学大辞典』　東京堂出版　1980.9　P.273
7) 同上　P.274
8) 山梨正明『比喩と理解』　東京大学出版会　1988　P.57～61
9) 国広哲弥『五感をあらわす語彙――共感覚比喩的体系』「言語」1989.11 p.28
10) ウルマン（山口秀夫訳）『意味論』紀伊国屋書店　1964
11) J.M.Williams. 1980 semantic laws. In M. K. Chinget al.(Eds.)Linguistic perspectives on literature. Routledge & Kegan Paul.pp.
12) 山梨正明『比喩と理解』　東京大学出版会　1988　P.60
13) 村田忠男『さわることば――ウルマンのデータを中心に』「言語」1989.11

第1章　触覚形容詞の比喩表現

1.1　はじめに

　人間の感覚には、視感、聴感、嗅感、味感、触感など、いわゆる五感がある。五感の中では、触感以外の四つの感覚はわりあい単純な感覚である。しかし、触感だけはちょっと複雑で、少し問題のあるものである。というのは文字通りに考えると、「触感」はつまり、さわる時の感覚である。しかし、実際にこれは触感のほんの一部にすぎない。触感はもっと広い範囲を指すものである。村田忠男氏は『さわることば──ウルマンのデータを中心に』[1]の中で触感について、「触覚、圧覚、温覚、冷覚に現在では分類されている皮膚感覚のみならず、おそらくは筋肉、関節等の深部感覚をも含めた、アリストテレス的な広い意味での触覚、心理学では、体性感覚と呼んでいるものを対象にしている……」と述べている。確かに、触感形容詞は人間の皮膚で触る感覚だけでなく、皮膚の一部や体で感じる温度などの冷暖、痛み、かゆみなどの感覚、そして、皮膚だけではなく、「筋肉、関節等の深部感覚」なども含んでいるものである。西尾寅弥著、形容詞の『意味・用法の記述的研究』[2]や、西原鈴子、川村よし子、杉浦由紀子共著、『形容詞』[3]においては、触感を含んだ感覚形容詞を感情形容詞と一緒に取り扱った。文体論から見ると、確かに、主語の制限や人称の制限などの面においては、触覚形容詞は感情形容詞とよく似ている性質がある。しかし、意味の面から見ると、感情形容詞は主に人間の主観的な、精神的な感情の喜怒哀楽などを表すもので、一方、触覚形容詞は主に人間の皮膚や体全体で客観的な外界から受け取ったいろいろな感覚を表すものであるという大きな区別がある。感情形容詞はもともと人間の感情を表すものである

から、主観的性質が強く、かつ抽象的である。一般的に比喩表現の発生は具体から抽象へのプロセスがある。そのため、抽象的な感情形容詞には比喩表現が非常に少ないのである。それは具体的なイメージがつかみにくく、そのままでは、比喩表現がなかなか生まれないからである。それに対して、触覚形容詞は具体的で豊富多彩な感覚やイメージから、いろいろな比喩表現が生まれている。本論文においては、さわる感覚を触覚形容詞として取り扱い、温度感、触感、痛痒感を含んだ形容詞を触覚形容詞として取り扱うことにする。その比喩表現について日本語と中国語との対照を行い、その異同を考察する。温度形容詞の語彙量が比較的に多いため、温熱感、寒冷感という二つに分けて考察する。

1.2　中国語温熱形容詞の比喩表現

中国語には温度形容詞がたくさんある。とくに温熱を表すものは寒冷を表すものより数が多いので、それなりに比喩表現の数も多い。日本語の「あつい」は体で感じる気候や天気の温度を表現する時「暑い」を使い、ものなどの物理的な温度を表す時「熱い」を用いて、漢字を使い分けている。「暑い」はマイナスのイメージがとても強いようであるが、比喩には使われない。「熱い」はプラスのイメージが強く、比喩によく使われる。中国語における"热"は日本語の「暑い」と「熱い」両方の意味を持っているものである。中国語の温熱形容詞の総語彙数は55語で、そのうち比喩のあるものは31語ある。その比喩は以下の通りである。

1.2.1　感動

(1) 看了老教授写给自己的这封信，他心里暖暖烘烘的。
(自分に書いてくださった老教授の手紙を読んで、彼は感動した。)
＜重叠词＞

(2) 他仿佛闻到了葡萄甜蜜蜜的气味，心里暖乎乎的。
(彼は葡萄の甘いにおいをかいだような気がして、感激した。)＜重

叠词＞
(3) 一席话，说得他心里暖烘烘的，末了，竟流出了眼泪。
(その話に彼は胸がいっぱいになって、最後には涙も出てきた。)
＜ABB＞
(4) 秦云飞等走后，王跑看着他们的背影，感到心里热乎乎的。
(秦雲飛らが行った後、王跑は彼らの後ろ影を見ていて、胸がじんとなった。)＜重叠词＞
(5) 焦裕禄的话，说得大家心里热呼呼的。
(焦裕禄の話は、みんなの心を熱くさせた。)＜重叠词＞
(6) 刘桂兰听了，眼睛闪亮着，一种热热乎乎的感觉，涌上她的心。
(劉桂蘭は（それを）聞いて、目を輝かせ、ある熱いものがこみあげてきているようだった。)＜重叠词＞
(7) 梁永生听了这些话，心里热滚滚的。
(梁永生はこの話を聞いて、ジンとした。)＜重叠词＞
(8) 郭祥接过挎包，仔细一看，是刘大顺烈士的遗物，心里顿时热辣辣的。
(郭祥はカバンを受け取って、よく見たら、それは劉大順の遺物で、胸にジンときた。)＜重叠词＞
(9) 他在学生娃中间乱跑乱叫乱跳，小脸蛋乐得象一朵喇叭花，高广厚看了这情景，心里热烫烫的。
(彼は学童の中をしきりに走ったり、叫んだり、飛び上がったりして、小さい顔はまるで朝顔のように笑っていた。高広厚はこの様子を見て、心が温かくなった。)＜ABB＞
(10) 他的心里，脑子里还热烘烘的。
(彼の心の中、頭の中はまだとてもあつい。)
(11) 又一股热热的感情鼓荡着我，……。
(またあるあつい感情がこみあげてきて私を励ましてくれた、……。)
＜重叠词＞
(12) ……富有热烈的生命力，最能激起一种滚烫烫的情感……。

(強い生命力が、熱い気持ちをもっとも奮い立たせることができる……。)＜ABB＞

上の例文で分かるように、中国語では感動を表す場合、「あつい」にあたる"热"と「あたたかい」にあたる"暖"は、基本形容詞のままに比喩に使われず、複合形容詞で、感激と興奮の比喩表現が表される。本来、温度形容詞が温度を表す時、「暖かい」は人に一番好まれる温度で、「熱く」なると気持ちが悪くなる。しかし、中国語では温熱形容詞は感情の比喩に使われるとき、温度に対する好き嫌いの感覚を、感情の比喩表現にとりいれるのではなく、温度の低いところから高くなる変化を、感情の変化に喩えて、感動や興奮の程度を表す。温度変化の量と同じように"暖"より"热"は感動の度合いが強いのである。用例の日本語訳で分かるように、中国語と同じように温熱形容詞がよく使われる。

1.2.2 歓喜

(13) 他轻轻地哼着她谱的曲子，不时摇头微笑，觉得心里暖融融的。
（彼は彼女の作った曲を静かに鼻歌で歌い、時おり頭を振りながら笑い、幸せを感じている。）＜重叠词＞

(14) 心里盛满欢喜，一种说不明的轻飘，暖酥酥，撩人的欢喜。
（心中みちあふれた喜び、一種のはっきりといえない、軽やかで暖かく、人を陶酔させる喜び。）

(15) 锁柱听了这段话，感到就像有一股春天的和风，正向他们心房吹送，吹得他们的心窝里暖煦煦的。
（鎖柱さんはこの話を聞いて、春のそよ風のように自分たちの心に吹き込んできて、うれしさでいっぱいになった。）＜重叠词＞

(16) 他几句话说得我心里暖洋洋的。
（彼のいく言かの言葉が私の心を和やかにした。）

"暖"はもともと温度を表す時、ちょうど気持ちがよく、体に快適な温度を表す。そこから、その快適さが比喩表現に延長されて、歓喜の感情が

表現される。しかし、中国語の"暖"はそのままでは比喩に使われず、必ずその複合形容詞でうれしさを表現するのである。上記の例文の日本語訳には「暖かい」が一例あるが、日本語ではあまり直接に温度形容詞でうれしい感情を表さないようである。中国語では温度形容詞を使って、うれしい感情を表現する頻度がとても高く、このような表現はごく普通に使われるものである。

1.2.3 羞恥

(17) 他听了这话，觉得有些脸热。
(彼はこの話をきいて、いささかはにかみを覚えた。)

(18) 冯焕堂立在人群后面偷看着，脸上热烘烘地难受，悄悄地溜走了。
(馮煥堂は人ごみの後ろで盗み見をしていたら、つらさを感じて、こっそりと逃げていった。)＜重叠词＞

(19) 看到这里，欧阳海……觉得脸上滚烫滚烫的，一阵阵惭愧从心底涌起来。
(ここまで読むと欧陽海は……顔が熱くなり、慚愧の念が幾度となく湧いてきた。)＜重叠词＞

(20) 被她这一表扬觉得脸上热辣辣的。
(彼女にこんなに褒められて顔が紅潮してくるのを覚えた。)

(21) 讽刺的笑，鄙视的笑将她包围起来，羞得她脸上火辣辣的痛，如针刺刀剐。
(彼女は皮肉な笑い、軽蔑した笑いに包囲され、針で刺されたり、刃物できられたりするような痛さに顔が熱くなった。)＜重叠词＞

(22) 臊得我脸上热丝糊拉的。
(恥ずかしくて、顔から火が出るほどでした。)

人間は興奮や羞恥を感じる時、顔が熱くなる。中国語では温感形容詞がそのまま感情の表現に使われる。多くは"脸上～"という形になる。"热烘烘"は温度を表すとき、体の全体でも一部でも感じられる温度で、体温より高い温度を表す。"滚烫滚烫"はそれよりもっと高い温度で、体の一

部で感じられるものである。人間の体に熱が出る時や、普通より温度が高い状態に使われるが、ものの温度を表す場合、ほとんど手で触れられないほどの熱さである。また、"辣"は味覚形容詞で、ひりひりする辛さを表すものである。この場合、火にあぶられたような痛い感覚を表し、熱感覚と痛感覚の複合した感覚で、はずかしい感情の比喩を表す。日本語では同じ現象はほとんど形容詞の「熱い」で表さず、動詞の「火照る」が用いられる。そのため、中国語のような比喩表現がない。

1.2.4 羨望

(23) 她看见那些花衣服怪眼热的，自己也想买一件。
(彼女は花模様のついたそれらの服が欲しくてたまらず、自分も1枚買いたいと思った。)＜中日＞

　上の例文の日本語訳を見て分かるように、日本語には中国語のこのような比喩表現がない。"眼热"は文字通り訳すと「目が熱い」という変な日本語になる。これはいわゆる、のどから手が出るほど欲しい時、目の色を変えるほど欲しい時、ものを見る視線が熱いところから生まれた比喩である。日本語はこの場合、「目の色を変える」、「血まなこになる」のように、色に着目するが、「熱い」は使わない。中国語にも"眼蓝"という表現がある。目について"热"で比喩するとき、マイナスの意味があまりないが、色で比喩すると、マイナスになって、ねたむ、嫉妬の意味を強く表す。また、次のように、うらやましいという気持ちの比喩もできる。

　我看见人家念书很眼热
　(私は人が勉強しているのを見るとうらやましかった。)

1.2.5 態度

(24) 和竹坑的兄弟热热地欢谈了一阵子，就敲着锣鼓往回走了。
(竹坑の兄弟としばらく親しく語り合って、銅鑼や太鼓をたたきながら帰っていった。)＜重叠词＞

(25) "哎呀大妹子，我等你半天了！"员外郎满脸堆笑，热热呼呼地说。

(「あら、お嬢さん、ずっと待っていましたよ。」員外郎は満面に笑みを浮かべて親しそうに言った。)＜重畳詞＞

(26) 他把我推坐在椅子上，挺热乎地说。
(彼は私をいすにかけさせ、とても親しそうに言った。)

(27) ……迎面来了一个人，热乎乎地跟他打招呼……。
(……向こうから来た人が親しそうに彼に挨拶をした……。)＜重畳詞＞

(28) 用温和的语调叙述事情的经过。
(穏やかな口調で事の一部始終を述べる。)＜中日＞

(29) 我刚追赶上他，迎面看见薛继超正火辣辣地数落着一个战士。
(私が彼に追いついた時、向こうでは薛継超が一人の兵士を厳しく叱っていたのを見た。)＜重畳詞＞

このように中国語では、よく温熱形容詞で話をするときの状態を表す。この場合、述語としての表現がほとんどなく、連用修飾語として、動詞を修飾するのが普通である。一般的にプラスの意味の親切や優しさを表すものが多いが、"火辣辣"だけは違って、マイナスの意味のものである。それは太陽に照らされてひりひりするほど熱いことを表すもので、厳しい態度を表現する。例文の日本語訳で示したように、日本語はこのような表現が使われていない。

1.2.6 表情

(30) 温润的面容。
(やさしい顔。)＜中日＞

(31) 这个人的脸色整天冷冰冰的，隔了这么一段，突然变得热乎乎的。
(この人は顔がいつも冷たかったが、しばらくたったら、突然親しそうになった。)＜重畳詞＞

中国語において話の口調や態度などの比喩に温熱形容詞が使われているが、顔そのものの表情の比喩に使うものは案外少ない。"温"の複合形容

詞でやさしい表情を表すのが一般的である。用例は"温润"の一例しかないが、実際は"温柔"、"温和"なども同じ意味の比喩に使えると思う。

1.2.7 仲

 (32) 小夫妻俩过得<u>热乎</u>。
   (若夫婦は<u>仲よく</u>やっている。)
 (33) 他们俩近来很<u>热和</u>。
   (あの二人はちかごろとても<u>仲がよい</u>。)
 (34) 这两个人好得蜜里调油，非常<u>热火</u>。
   (この二人はべたべた、<u>熱々</u>の仲だ。)
 (35) 他俩正打得<u>火热</u>。
   (彼ら二人は<u>熱々</u>である。)

 中国語において、温感形容詞で人のよい関係、よい仲を表すときに"热"だけが使われている。温度を感じる時の「あつい」に対する不快感を問題にしないで、「あつい」の温度が低いところから高いところへの程度の変化が、男女、人間の関係が親密になっている様子の喩えに使われる。日本語の訳文に「熱々」があるが、「熱い」がまったく見られない。日本語は「熱い二人だ」のように、中国語よりもっと進んでいる愛情や恋の状態を表すものである。

1.2.8 状態

 (36) 会后演出很多节目，闹得可<u>热和</u>了。
   (会のあとでたくさん余興があって、とても<u>にぎやかだったよ</u>。)
   ＜中日＞
 (37) 说得<u>热烘烘</u>的。
   (<u>がやがやかましく</u>いう。)
 (38) <u>火热</u>的斗争。
   (<u>燃えさかる</u>闘争。)

(39) 我心里火辣辣的，恨不得马上就赶到工地去。
(私はじりじりいらだち、すぐに工事現場に駆けつけたくてたまらない。)

(40) 殷勤地劝菜劝酒，嚷得热呼呼的。
(慇懃に料理や酒を勧め、うきうきと親しそうに言葉を交わした。)
＜中日大＞

(41) 人家正热丝糊拉的，怎么离得开？
(先方は頭に血がのぼっているというのに、いま手が離せるものじゃない。)＜中日大＞

(42) 张老副立刻着手开展工作，以至一举改变了他给我的温吞吞的印象。
(張老副はすぐ仕事に着手し、この行動は彼が私に与えた彼の優柔不断の印象を変えてしまったのだ。)＜ABB＞

(43) 这出戏太温
(この芝居はうま味がない。)＜中日大＞

　"热和"は温度を表すとき、気持ちがよくないマイナスの「あつい」ではなく、体によい感じの「あたたかい」にあたるから、「にぎやか」という意味で、場所や集会などの状態に対して、にぎやかな雰囲気を表す。"热"の複合形容詞は、物事のさかんに進んでいるよい状態を表現するのである。"热烘烘"に対する『中国語大辞典』の訳は「がやがややかましい」というマイナスの意味のものであったが、実際、"热烘烘"にはマイナスの意味がまったくない。従って、「熱っぽく語っている」とか「盛んに話し合っている」というように訳すべきである。なお、"热"から派生して、温度表現の意味がすっかりなくなっている"热闹"も「にぎやか」という意味に使われる。"火辣辣"は、不快なあつい温度感覚から転じてきた比喩で、いらだつ感情を表す。"热丝糊拉"は温度を表す時、暑さに対する不快感であるが、ここでは夢中になっている状態の比喩である。"温"は状態の比喩に使われる時、中途半端で不十分な状態を表し、マイナスの表現である。

1.2.9 色彩

(44) 陈妃平家的厨房门是两扇狭长的镂空雕花红木门，颜色<u>暖暖</u>的，……。
(陳妃平家の台所は2枚の細長い透かし彫りのマホガニードアで、色が<u>暖かい</u>、……。陈贵龙《陈妃平家中静听金鱼呼吸》[4])

(45) 秋天是个丰收的季节，秋姑娘已悄悄地走到你身边，为大地送来了许多<u>暖洋洋</u>的颜色，……。
(秋は豊作の季節で、秋という娘はこっそりあなたのそばに来ていて、大地にたくさん<u>暖かい</u>色彩をもたらして来た。) 尹冠星《秋之叶》[5]

赤い色などの暖かさを感じられる色彩は"暖"で表す。日本語も同じように「温かい色」や「暖かな色」という表現がある。なお、中国語にも、日本語にも同じような「暖色」という名詞がある。日本語には「温色」という漢語表現があるが、中国語ではそれが使われないようである。

1.2.10 視線

(46) 他的眼睛还是明亮的，清澈的，象几年前一样。它们笑微微的，<u>暖洋洋</u>的，充满了爱怜之情……不知为什么，……这样的目光让我更受不了。
(彼の目はまた澄んでいて明るく、数年前と同じである。それは微笑んでいて、<u>暖かくて</u>、あわれの情が満ちあふれ、……なぜか知らないが、……このようなまなざしに私は耐えられないのである。)
＜ABB＞

(47) 他靠在柜台上，用了<u>温和</u>的眼光送这些顾客。
(彼はカウンターにもたれ、<u>温和な</u>まなざしでこれらの客を送り迎えた。)

(48) 众人也都用<u>热乎乎</u>的眼光看着老平的脸："真太对不起啦！"。
(みんなも<u>熱い</u>目つきで平さんの顔を見て：「ほんとにすみませんで

(49) 评梅一抬头，正好与对面那位青年的<u>火烫烫</u>的目光相遇，她连忙低下头，……。
(評梅が頭を上げたら、ちょうどその青年の<u>熱い</u>視線に合って、彼女はすぐうつむいた。) ＜ABB＞

(50) 那么老远，我才不去呢！她似乎为了躲开他那<u>热辣辣</u>的目光，……。
(そんな遠いところへ私は行かないよ。彼女は彼の<u>熱い</u>視線を避けるようにうつむいて言った、……。) ＜重叠词＞

このように、中国語では温感形容詞がよく視線の表現に使われている。"温和"、"暖洋洋"は親しさや優しさの表現である。"热乎乎"は温暖よりさらにその程度が高くなって、もっと情熱を込めた表現である。"火烫烫"はもともと火や熱湯のように熱くて、触ることができないほどの熱さを指すものである。"热辣辣"はひりひりする痛みが伴う熱さをいう意味である。つまり、愛情や恋をする場合、異性に対して火がでるような、燃えているような、正視できないようなまなざしの比喩を表す。

1.2.11 痛覚

(51) 她感到左胳膊<u>热辣辣</u>地疼，头晕，寒冷，便把裹腿解下一条，拿牙咬住，用右手紧紧捆到伤口上。
(彼女は左腕が<u>ひりひりして</u>、目眩と寒さを感じたので、ゲートルを一本ほどき、(その端を)歯で噛んで、右手でしっかりと傷口を巻いた。) ＜重叠词＞

(52) 海水冷得刺骨头，我身上又有伤，海水一泡<u>火辣辣</u>地痛。
(海水が骨を刺すほど冷たいし、私はけがをしているので、海水に浸すと<u>ひりひり痛い</u>。) ＜重叠词＞

温度感と痛覚は同じく触感覚であるが、中国語において、温度を表す"热"、"火"は、よく辛くてひりひりする味を表す"辣"と複合して、痛

みの比喩表現に使われている。例文のように激しい痛みのほかに、次のような例もある。たとえば、

　　　被太阳晒得身上<u>热辣辣</u>的。
　　　（日に焼けて体が<u>ひりひりする</u>。）＜中日＞

　例文に示したような温度感を使って痛覚を表現する比喩は日本語では全く見られない。

1.2.12　性質

　　(53)　家庭里没有仇恨纷争，是世界上最<u>温馨</u>的地方。
　　　　（家庭に風波がなければ、世界じゅうで一番<u>温かく気持ちがいい所</u>だ。）
　　(54)　我说："描写得太多，有点<u>温吞吞</u>，可是，……"。
　　　　（私は「描写が多すぎて、少し<u>生ぬるい</u>感じがするが、でも、……」と言った。）＜ABB＞
　　(55)　他当年的那些诗句，今天回忆起来，依旧<u>火辣辣</u>的，可以使卑鄙者发抖，使懦者振作。
　　　　（彼の当時に作ったそれらの詩は、今日に思い出しても、依然として<u>辛辣</u>で、卑劣な者を震わせ、気弱な者を奮い立たせるものである。）
　　　　＜ABB＞

　物事の性質の比喩に使われている中国語の"温馨"は、日本語の「温かい」と対応している。温度感覚での快い感覚を、物事の性質の比喩表現に転用している。"温吞吞"は温度表現において、日本語の「まなぬるい」と同じ意味で、ここではさわやかではない、マイナスの意味を表す。人の性格にも使われる。また、次のように、温度表現の意味がすでになくなって、性質や性格だけを表す形容詞も多数ある。たとえば、

　　　温谨　温克　温柔　温软　温润　温润润　温淑　温婉　温文　温馨
　　　温雅

　これらの形容詞の意味はほぼ同じで、「やさしい」、「おだやかだ」という意味である。女性について使われるものが多い。

1.2.13 人気

(56) 网上的涂鸦诗热得很。
　　（インターネット上での自作詩が非常に流行っている。）陈义为
　　《备受冷落的诗歌》[6]

　例のように、中国語では温度形容詞"热"を使って、人気のあることや歓迎されることを比喩する。日本語の温度形容詞にはこのような比喩が全く見られない。"热"は温度が低いから高いまでの変化を表すところから転じて、人気の高いことの表現に転じたのである。つまり、具体的な温度の感覚が抽象的な物事の性質の表現に転移されたのである。また、形容詞ではなく、名詞の"热"は接尾語として、名詞につけて、「～ブーム」を表す。たとえば、

　　在美国也兴起了算盘热。
　　（米国でもソロバン熱が盛り上ってきた。）＜中日大＞
　　中日邦交正常化以后，在日本掀起了熊猫热。
　　（国交正常化以後、日本ではパンダブームがおこった。）＜中日＞

1.2.14 雰囲気

(57) 但人民大会堂前台阶上，代表委员们谈论进入小康话题的气氛却热得很。
　　（しかし、人民大会堂前の階段では代表たちが、やや裕福になれる話題について熱く語り合っていた。）张心松＜听代表委员论小康＞[7]

　中国語では"热"はこのように、盛んになる雰囲気の比喩に使われる。訳文に示したように、日本語も同じように「熱い」が使われる。

1.2.15 性格

(58) 他见人总是这么热和。
　　（彼はいつも人にこのように親切である。）

(59) 极端严格的父亲，同时又是极端温和的父亲。
（極端に厳しい父は、同時にまた極端にやさしい父でもある。）

(60) 他喜欢双双那个火辣辣的性子，喜欢她这些年变化得敢说敢笑的爽快劲儿。
（彼は双双さんのそのてきぱきした性格が好きで、近年来、言うときは言い、笑うときは笑うというように変わって来た彼女の率直さが好きである。）＜重叠词＞

(61) 这个人太温，烟不出火不进，怕办不了什么大事。
（この人はぐずで不得要領だから、何もたいしたことはやれないだろう。）＜中日大＞

(62) 老头儿为人心热，一夜不曾合眼，不等天明，爬起来。
（老人は人柄が親切であったので、一晩じゅう眠らず、夜が明けぬうちに起きあがりました。）

　上の例を見て、中国語の温感形容詞は、幅広く人間の性格についての比喩に使われることが分かる。"热"は人の性格に使用するとき「優しい」、「親切」という意味や面倒見のよいことに比喩され、全部プラスの意味の使い方である。"温"も性格の「優しい」ことの比喩に使われ、全体的にほとんどプラスの表現である。"温吞吞"のようなマイナスの意味のものはまれである。同じ性格の比喩においても、"热"はよく外面的なものについて表現し、"温"は内面的なものについて表す。"火辣辣"は熱くてひりひりする感覚から、女性のてきぱきとした性格の喩えに使われるが、男性には使わないものである。

1.2.16　悲傷

(63) 听说他要走，心里有点热丝糊拉的。
（彼が行こうとしていると聞いて、少し別れの寂しさを感じた。）

　例文の"热丝糊拉"のように、中国語では人と別れの時やとても喜ぶ時の感情を、温度形容詞"热"あるいはその複合形容詞で表すことができる

が、その訳文の「さびしさ」のように、日本語には直接「あつい」を使う比喩表現がないようである。この"热丝糊拉"は「さびしさ」というより、むしろ、「あついものがこみあげる」とか「じんとくる」という訳のほうがよいかもしれない。

1.2.17 興奮

(64) 表嫂叫了一声，慌忙扶住姑妈。我一惊，<u>热烘烘</u>的头脑顿时冷静下来了。
（((従兄))の兄嫁さんが叫んで、あわてて伯母さんを支えた。私は驚いて、頭に<u>血がのぼっていた</u>興奮が急に冷めてきた。）＜ABB＞

このように、中国語では人が興奮するときの頭がカッとなって、血がのぼった状態を、よく温度形容詞の"热"で表現されるが、日本語ではこのような比喩の使い方はないようである。

1.2.18 程度

(65) <u>火热</u>的希望。
（<u>燃える</u>希望。）

(66) <u>温馨</u>的友情。
（<u>温かい</u>友情。）

(67) <u>温吞</u>之谈。
（<u>生ぬるい</u>話。）＜中日＞

"火热"は"火"と"热"との複合した温度形容詞で、火が燃えるように「あつい」という温度形容詞のもともとの意味のほかに、例文のように物事の程度の比喩に使われる。中国語の"温"の複合形容詞は温度を表現する場合、二つのイメージがある。一方は寒くも暑くもなくちょうどよい温度を表すもので、快適な温度である。"温馨"はそこから転じてきた優しくて親しいという比喩である。他方は寒いほどではないが、快適な温度を下回り、不快を感じる温度である。そこから、"温吞"のような、はっ

きりしない曖昧さや中途半端な程度の比喩に転じたのである。日本語の「生ぬるい」とほぼ同じである。

1.2.19　中国語温熱形容詞の比喩表現の特徴

　以上、中国語の温熱形容詞の比喩表現について例文をあげて考察したが、その特徴として以下のようにあげられる。

1. 中国語では、温熱形容詞の基本形容詞は比喩表現にほとんど使われないのである。中国語の温熱形容詞の総語彙数は55語である。そのうちの半数強の31語には比喩表現がある（付録1.1参照）。上記の用例にあげた比喩表現の67例のうち、二次的な複合形容詞は57例あり、基本形容詞が直接使われる比喩表現は"热"が5例で、"温"が2例で、合計7例しかない。

2. 表1に示したように、中国語の温熱形容詞における比喩表現の数は温度の高い方、つまりあつい方が多い。"火"と"烫"の複合形容詞も温度の高い"热"の方に属しているから、その三者の比喩用例数をあわせると46例もある。"温"と"暖"よりはるかに多い。

表1　中国語温熱形容詞の比喩表現の範囲と用例数

	感動	歓喜	羞恥	羨望	態度	表情	仲	状態	色彩	視線	痛感	性質	人気	雰囲気	性格	悲傷	興奮	程度	
热	9	0	6	1	5	1	4	6	0	3	2	1	1	1	3	1	1	1	46
暖	3	4	0	0	0	0	0	0	2	1	0	0	0	0	0	0	0	0	10
温	0	0	0	0	1	1	0	2	0	1	0	2	0	0	2	0	0	2	11
	12	4	6	1	6	2	4	8	2	5	2	3	1	1	5	1	1	3	67

1.3　日本語温熱形容詞の比喩表現

　日本語の温熱形容詞の総語彙数は10語あり、そのうち比喩のある形容詞は6語ある。中国語の温熱形容詞の55語に比べて数は非常に少ないの

であるが、比喩表現がそのわりに豊富で、用例も少なくない。

1.3.1 感動

(1) 病気と闘いながら強く生きている少年の詩を読むうちに、じいんと胸が<u>熱く</u>なってしまいました。
 （一位少年与病魔搏斗顽强地生活着，我读了他写的诗非常<u>感动</u>。）
 ＜15万例文＞

(2) 友からのお見舞いの手紙を読むと、みんなの<u>温かい</u>心が胸に伝わってくる。
 （读了朋友写来的慰问信，感受到大家<u>温暖</u>的心。）＜15万例文＞

　日本語では感動して、じんとなったときの表現には「あつい」が使われている。また、感動がこみあげて、涙が出そうな時にも形容詞「あつい」が使われる。中国語でも人の親切さに感動した時に、「熱い」にあたる"热"が使われる。

1.3.2 話の状態

(3) ふたりはいま議論に<u>熱く</u>なっている。
 （他俩正谈得起劲儿〔火热〕。）＜日中＞

(4) <u>ねつっぽく</u>議論する。
 （<u>热烈</u>地议论。）＜新国語＞

　日本語の温熱形容詞「あつい」は、話や議論が盛んになっている状態を表現する。例文の中国語訳に示したように、中国語では、"热"から複合された温熱形容詞も同じような比喩の使い方がある。「ねつっぽい」はほかの温熱形容詞とちょっと性質が違う。温熱形容詞は客観的な温度に対する感覚を表すものであるが、「ねつっぽい」は体温が高そうな感覚を表すものである。従って、比喩表現をする場合、話すときの多弁な様子、口調など直感的な状態の比喩に用いられる。抽象的な性質などの表現には使わない。中国語も"热"の派生語の"热情"が使われるが、温度表現の意味

がすっかりなくなっている。

1.3.3 熱中

 (5) アイドル歌手に<u>あつく</u>なる。
   (対偶像歌手<u>着了迷</u>。)

 「熱くなる」は慣用的な使い方で、温度が高くなることを、人間や物事の状態の表現に喩えた比喩表現である。中国語では人間に「熱くなる」場合は、"着迷"で表し、"热"などの温度感覚形容詞による比喩を使わない。

1.3.4 お金

 (6) 懐がもっと<u>あたたかだったら</u>、すき焼きでもごちそうしてやるんだが……。
   (要是<u>钱多</u>的话，就请你吃鸡素烧了。)＜15万例文＞
 (7) きょうはボーナスが入って、懐が<u>あたたかい</u>から、何か買ってあげよう。
   (今天发奖金了，<u>手上有了钱</u>，我给你买点儿什么吧。)＜15万例文＞

 上の例文(6)、(7)のようにお金をたくさん持っている状態を表すのは日本語の独特の比喩表現である。例文の中国語訳には「暖かい」にあたる語が見られない。英語のhotやwarmにもやはりこのような比喩表現がないようである。

1.3.5 程度

 (8) わたしたちは旅する先々で<u>あたたかい</u>もてなしを受けた。
   (我们在旅行的所到之处，受到了<u>热烈</u>的招待。)＜15万例文＞

 日本語の温感形容詞「あつい」、「あたたかい」はよく感情の比喩に使われる。「あたたかい」は心地のよい体感温度を、そのまま感情の表現に喩えている。しかし、「あつい」は感情を比喩するとき、体感する温度の感覚ではなく、温度の程度を表現するものである。それを使って、感情の度

合いを表すのである。対訳の中国語で示したように、中国語も日本語と同じように、温感形容詞が感情の比喩に使われる。

1.3.6 愛情

(9) 彼女に対するあつい思いを胸に秘める。
（暗暗热恋着她。）＜日中＞
(10) 彼は社長秘書とおあつい仲だ。
（他与总经理的秘书热恋着。）

この「あつい」は、異性に、恋に夢中になっていることである。これは温度の熱いのが普通ではない状態を表し、男女の関係や恋などの比喩に使われている。中国語も同じような傾向があり、例文の訳語には"热恋"が使われているが、"热"から派生された動詞である。

1.3.7 色彩

(11) 寒中、心ときめく熱い「色」を捜して歩いてみる。
（走在严寒中，搜寻着让人心跳的那种火热的颜色。）＜カタログ冬＞[8]
(12) あたたかな日ざし。
（温暖的阳光。）＜新国語＞
(13) 赤や黄色はあたたかい色だといわれている。
（红、黄色被称为暖色。）＜日中＞

温熱感覚は色彩を感じ取る視覚とは本来別々のものであるが、このようにお互いに通じ合う感覚はいわゆる共感覚である。色を表す時に「あたたかい」と「あたたか」はもっともよく使われる。「あつい」はあまり使われないので、辞書にその用例はみられないものである。なお、漢字熟語の名詞「暖色」、「温色」は辞書に載っているもので、「熱色」は見られないものである。

1.3.8 視線

(14) あつい視線。
 (热辣辣的视线。)＜広辞苑＞

(15) 熱っぽいまなざしでみつめる。
 (用显出热情的眼光望着。)＜新国語＞

　このように温熱形容詞で、愛情、敬愛などの気持ちを持っている視線の比喩表現をする。中国語では基本形容詞の"热"は使われないが、その複合形容詞はよく使われる。"热情"のような温度の意味を持たない形容詞も使われる。

1.3.9 表情

(16) 熱っぽい顔つきをしている。
 (显出热情的面孔。)＜日中＞

(17) 近頃は時たま、暖かい表情にぶつかることもある。
 (近来也间或遇到温暖的神情。) 魯迅《傷逝》[9]

　表情を比喩するときに「熱い」が使われない。「熱っぽい顔つき」は情熱的な表情であるが、「暖かい表情」は優しい表情の比喩である。快適な温度の感覚から生まれてきた比喩である。訳文で分かるように、中国語も同じような比喩が使われる。

1.3.10 性格

(18) 彼女はあたたかい心の持ち主だ。
 (她是个热心的人。)

(19) 彼は失恋してからなまぬるい男になった。
 (他失恋以后变得优柔寡断。)

(20) あつくなりやすい性格。
 (容易发火的性格。)＜広辞苑＞

上の例の「あたたかい」は、温感において気持ちのよい温度を表すものである。そのプラスの感覚はそのまま、人間の性格の比喩表現に使われる。それに対して、「ぬるい」「なまぬるい」は温度感覚においても、好ましくない温度であるから、人間の性格に比喩される場合、そのままマイナスの表現である。カッとなる、怒る、という意味を表す場合、「あつい」ではなく、「あつくなる」という慣用的な言い方が使われる。

1.3.11　性質

(21)　そんなぬるいやり方ではだめだ。
　　　（采取那种温和的办法是不行的。）＜日中＞
(22)　そんな生ぬるいやり方ではだめだ。
　　　（那种不彻底的做法可不行。）＜日中＞
(23)　暖かな家庭に育ったゆう子は明るく素直な女の子です。
　　　（在温暖的家庭里长大的裕子是一个性格开朗天真的女孩子。）＜15万例文＞
(24)　彼はあたたかい家庭で育った。
　　　（他是在温暖的家庭里长大的。）
(25)　熱い戦争。
　　　（热战。）＜新国語＞

「なまぬるい」はもともと、温度感覚を表すときに、期待する温度より下回って、不快を感じる。比喩に使う場合、その具体的な温度感覚は物事に対する抽象認識の表現に使われる。中国語の対訳は温度形容詞ではない"不彻底"という表現である。ここには出ていないが、「なまぬるい」の意味に近い温度形容詞"温吞吞"もある。また、日本語では「ぬるい」から派生した「てぬるい」は温度感覚を表現する機能がすでになくなり、人間や物事の性質を表すものである。(23)、(24)は温度感覚のとき、暑くもなく、寒くもない、体にちょうどよい温度を表す。これらは人情味があり、家族睦まじい家庭環境の比喩に使われる。具体的な温度感覚から生れてきた抽象的な物事の比喩である。中国語も同じ意味の形容詞"温暖"が使われ

る。⒉5)は武力を行使すること、つまり兵器を使う戦争を指し、冷戦の対義語である。

表2　日本語温熱形容詞の比喩表現の範囲と用例数

	感情	状態	熱中	豊か	程度	愛情	色彩	視線	表情	性格	性質	
あつい	1	2	1	0	0	2	1	2	1	1	1	12
暖かい	1	0	0	2	1	0	2	0	1	1	2	10
ぬるい	0	0	0	0	0	0	0	0	0	1	2	3
	2	2	1	2	1	2	3	2	2	3	5	25

1.3.12　日本語温熱形容詞の比喩表現の特徴

1. 日本語の温熱形容詞は語彙数が少ない（付録1.2参照）。日本語の温熱形容詞の総語彙数は10語しかなく、その中に比喩をもつ形容詞は7語あるが、中国語の温熱形容詞の総語彙数は55語あり、その中に比喩をもつ形容詞は31語ある。日本語よりはるかに多い。

2. 二次的な複合形容詞は数が少ない。温熱形容詞において、中国語も日本語も基本形容詞の数がほぼ同じである。前節に示したとおり、中国語は基本形容詞が3語あるが、複合形容詞が52語ある。日本語は基本形容詞が4語あるが、複合形容詞は6語だけで、数が少ない。

3. 比喩の範囲と用例数を比べると、日本語は11項目25例あるが（表2参照）、中国語は18項目67例ある（表1参照）。中国語の比喩範囲と用例数はともに日本語より多い。

1.4　中国語冷感形容詞の比喩表現

　前節で中日の温熱形容詞の比喩表現について考察したが、これから、冷感形容詞の比喩表現について考察する。

1.4.1 恐怖

(1) 苏北的战役七战七捷，敌人胆寒。
（蘇北の七戦七勝は、敵を恐れさせた。）
(2) 村子里没有动静，连一只狗也看不见。他觉得身上寒森森地发毛。
（村中静まって、犬一匹も見えない。彼は全身にぞっとした感じがした。）＜重叠词＞
(3) 尽管今天秦波态度和蔼，陆文婷还是觉得背后冷飕飕的。
（今日秦波の態度はやさしいけれども、陸文婷はやはり背中にぞっとする感じがしている。）＜重叠词＞

　人間は恐怖の時、寒さを感じるという生理的反応があるようだ。中国語では、温度形容詞で恐怖や怖さの比喩表現をするが、日本語の温度形容詞にはこのような比喩の使い方がまったくない。中国語の例文の訳に示したように、日本語では動詞の「ぞっとする」が使われているのである。中国語の"寒"は書き言葉で、それによってできた熟語が多い。"冷"、"凉"は話し言葉である。中国語は日本語に比べて、恐怖の比喩表現に使われる温度形容詞が多い。恐怖や怖さを表す言葉が抽象的で、言葉をいきいき表現するためには、どうしても温度形容詞の比喩を借りなければならないからである。特に、"胆寒"（肝が冷たくなる）、"心寒"（心が冷たくなる）のような比喩が日本語にはない。

1.4.2 失望

(4) 令人心寒。
（がっかりさせる。）＜中日＞
(5) 他觉得一盆冷水泼到他的头上，立刻连心里也冰凉了。
（彼は頭から冷水をあびせられたように思い、たちまち気持ちまで凍りついた。）

　中国語では、温度形容詞で感情を表現する場合、高い温度が興奮や歓喜

の感情を表すことが多く、逆に失望した時の感情は低い温度の"寒"、"冰凉"で表現することができる。

1.4.3 悲傷

(6) 谁也没有尖叫，心里凉飕飕的，有点压抑，谁都不说话了。
（誰も悲鳴を上げなかったが、心の中では悲しくて、抑圧された感じがして、みんなが黙り込んだ。）＜重叠词＞

中国語では悲しい感情を表す温度形容詞は"凉飕飕"だけである。"凉飕飕"は形容詞"凉"から複合されたもので、温度を表現する場合、寒い感覚まではいかないが、温度が低くて、不快感を生じた温度を表すもので、その意味から生まれた比喩である。

1.4.4 歓喜

(7) 他听了表扬，心头凉悠悠的。
（彼は表彰を聞いてから、心が躍った。）

中国語では温度形容詞が感情の比喩表現のとき、よく"热"でうれしい感情を表す。しかし、例文のように、日本語の「すずしい」にあたる"凉"でうれしい感情の表現もできる。中国語の"凉悠悠"は寒くも暑くもない、気持ちのよい温度を表す。そこから、うれしい感情の比喩に転じたものである。日本語にはまったく見られない比喩表現である。辞書には用例が見つらないが、このような場合にほぼ同じ意味の"凉丝丝"も使ってもよいと思う。

1.4.5 態度

(8) 女伴们那凉冰冰的议论又灌进耳朵……。
（女仲間たちの冷たい論議がまた耳に入った……。）＜ABB＞
(9) 对人不要冷了，要热情些。
（人にあまり冷たくしてはいけない、親切にしなければ。）

(10) 通过接触，苏沙对江易安<u>冰冷冷</u>的态度也有所改变。
(接触を通じて、蘇沙が江易安に対する<u>冷たい</u>態度も変わったのである。)＜重畳詞＞

(11) 不知江涛耳朵里听到了什么话，<u>冷冷冰冰</u>的。
(江涛は何を耳にしたかを知らず、(態度が)<u>冷たく</u>なっている。)
＜重畳詞＞

(12) 他对人<u>冷呵呵</u>的。
(彼は人に対して<u>冷徹</u>である。)

　態度の比喩は中国語と日本語は同じである。"冷"が温度を表現するときの、気持ちのよくない、不快な感覚を人間の態度の比喩に取り入れて、親切ではない、情けのない態度を表す。マイナスの意味をもつ比喩である。また、次のように熟語として使われている"冷"の用例がある。たとえば、

<u>冷</u>眼相待。
((人を)<u>冷淡</u>に取り扱う。)＜中日＞
武端本想给欧阳天风个<u>冷</u>肩膀扛着。
(武端はもともと欧陽天風を、<u>つらい目</u>に遭わせようと思っていた。)
坐<u>冷</u>板凳的滋味我算尝够了。
(<u>冷や飯</u>の味は十分に味わったというものだ。)
看别人的<u>冷</u>脸。
(人の<u>無愛想な顔</u>を見せられる。<u>冷遇される</u>。)＜中日＞

　"冷"は親切ではない感情を比喩するところから、このように人を冷遇する比喩ができる。訳文で分かるように日本語も中国語と同じく、「つめたい」が使われている。形容詞ではないが、「冷や飯を食う」という慣用の言い方もある。

1.4.6 表情

(13) 一路上，小丝丝不敢看冯表姐那冰冷冰冷的脸。
(途中、小糸糸は馮姉さんのその冷たい顔を見る勇気がなかった。)
＜重叠词＞

(14) 脸色冷板板的。
(顔の表情は冷ややかである。)

(15) 试验成功了，值班主任、工长、李少祥都摇着老易的肩膀向他祝贺，老易脸上像挂了霜一样，冷冷冰冰的。
(実験が成功して、当番主任、職工長、李少祥はみな易さんの肩を揺らして祝賀したが、易さんは顔に霜がついたように冷たい。)＜重叠词＞

(16) 那姑娘……容貌秀丽，身材苗条，冷凄凄一副孤零的表情。
(その娘は……容姿が端麗で、すらりとしていて、寂しそうな孤独な表情をしている。)＜重叠词＞

(17) 他那冷冰冰的脸真让人望而生畏。
(彼のあの冷やっとするような顔は、見ていて不愉快だ。)

(18) 一张冷森森煞气横纵的面孔。
(人をぞっとさせるような凶悪な面構え。)

(19) 当他看见那些少年们的嘴角上仍然挂着冷冷的微笑……他的血便又往上冒。
(彼はそれらの少年たちが口元に相変わらず冷たい笑みを浮かべているのを見て、……彼はまたカッと来た。)＜重叠词＞

(20) 黄志年还是冷幽幽地微笑，却举目望了望陶祖泰，"似乎说你看见了么？"。
(黄志年はやはり冷たく微笑んでいて、目を上げて陶祖泰をちらっと眺めて、「あたかもあんたは見たのかと言っているようである。」)＜重叠词＞

(21) 嘴角上仿佛含着冰冷的微笑。

（口もとには冷ややかな笑みを浮かべているかのようであった。）
＜重叠词＞

このように中国語では温度形容詞"冷"から派生した形容詞が表情の比喩に使われている。日本語も中国語と同じように「つめたい」や「ひややか」が表情の比喩に使われている。しかし、"冷森森"の日本語訳は「ぞっとさせる」となっている。

"冷"から派生した温度形容詞は笑いに対する比喩の時、相手を見くびって嘲笑する意味を表す。これも感情表現の一種である。親近感を持ったり、感情をこめたりする場合は「あつい」で表し、その反対に「つめたい」で無情であることや、ばかにすることを表す。

1.4.7 状態

(22) "我从文化沟开了大会回来以后，立刻觉得这个窑洞冷冰冰的，周围也是冷冰冰的，这里附近的农村也是冷冰冰的，……"。
（「私は会議後、文化溝から帰ってくると、すぐこの窑洞が冷たく感じられ、周囲も冷たく、このあたりの農村も冷たい感じがした……。」）
＜重叠词＞

もともと体で環境や気候の温度を感じている温度形容詞は、周りの人間関係や人々の感情を比喩にして表すことができる。低い温度に対する不快感を、おかれている人間関係から感じ取られた不快感と入れ替えた比喩である。とくに中国語はこのような温度形容詞を借りなければ、感情的な表現がとても難しい。

1.4.8 声

(23) "知道也罢，不知道也罢。" 他的声音硬梆梆，冷冰冰，……。
（「知っても、知らなくてもいいよ。」彼は声がゴツゴツして冷たい、……。）＜重叠词＞

(24) 这唱着的词调，混合着鼓声，从几十丈的地方传来，实在是冷森

森的，越听就越悲凉。
(この歌われている歌は、太鼓の音に混ざって、何百メートルのところから伝わってきて、実に<u>寂しそうで</u>、聞けば聞くほど悲しくなる。)＜重畳詞＞

　人の出した声や物音に対する温度形容詞の比喩は、温度感覚を使って、聞き手の感情を表す。この場合、寒い温度に対する不快な感覚はそのまま、音声から感じられる不快感に用いられるものである。声の比喩について、中日は同じ温度形容詞の使える場合がある。しかし、"冷森森"のように日本語では温度形容詞が使えない場合もある。

1.4.9　視線

(25)　他的眼里放出利刃般的<u>冷森森</u>的光。
(彼の目は刃物のような<u>冷たい</u>光を放った。)＜重畳詞＞

(26)　县委书记周檎……有一对深陷在眼眶里的锐利的眼睛，闪着<u>寒森森</u>的但又是很风趣的光。
(周檎共産党県委員会書記には……目の縁にくぼんでいる鋭い両目があり、<u>冷たくて</u>、またユーモアの光を放っている。)＜重畳詞＞

(27)　他进来的时候，她也只<u>冷冷</u>地一瞥，连坐位也不让一让。
(彼が入ってきたとき、彼女はちらっと<u>冷たく</u>見ただけで、椅子さえもすすめなかった。)＜重畳詞＞

(28)　这女人约摸30来岁，两眼恶狠狠，<u>冷冰冰</u>，不怀好意地看着秀莲。
(この女は30歳くらいで、悪い目つきで<u>冷たく</u>、敵意をもって秀蓮を見ている。)＜重畳詞＞

(29)　一种<u>冷峭</u>的目光和偶然在嘴角上逼出的冷笑，看出他平日的专横、自是和倔强。
(一種の<u>厳しい</u>目つきと、ときたまむりに作り出す冷ややかな笑いから、彼のふだんの横暴さや強情さがよく見える。)

　中国語では温度形容詞が、まなざし、つまり感情の比喩に使われてい

る。"温"、"暖"は、優しい、親切な視線を表すが、"冷"、"寒"はその反対で、無愛想な視線やこわく敵意のある視線を表す。マイナスの意味を表すのがほとんどであり、例文"寒森森"のように、プラスの意味として使う場合は非常にまれなことである。

1.4.10　貧乏

(30)　我家寒，攀陪你不着，到今不来往。
　　（私の家は貧しいので、おまえと知り合いになれず、今まで行き来がなかった。）

　昔、貧しい家は冬になっても暖をとるための薪や炭が買えないため、そのまま我慢しなければならなかった。寒い状態からうまれた貧乏の比喩表現である。また、"寒家"、"寒舎"、"寒人"、"寒儒"、"寒士"などの名詞があって、貧しい家や人を表す。日本語でも熟語として使われている。また、このような"寒"から派生した形容詞はすでに温度を表す機能が失われて、「貧しくてみすぼらしい」意味の形容詞がある。たとえば、

　　　穿的很寒酸。
　　（着ているものはたいへんみすぼらしい。）
　　　他的童年是在寒苦的环境里渡过的。
　　（彼は幼年時代を貧しい境遇の中で送った。）
　　　他是个贫寒的书生。
　　（彼はほんとに貧乏書生だ。）

1.4.11　性質

(31)　他那冷峭的话语刺伤了姑娘们的心。
　　（彼の情のない厳しい言葉は、娘たちの胸につきささった。）
(32)　……，不知从什么人的嘴里，从哪个黑暗的角落里，传出寒森森的流言。
　　（……誰の口、どこの暗闇の隅からかわからないが、こわいうわさが流れてきた。）＜重叠词＞

このように中国語の温度形容詞は、低い温度が人に与える不快感や怖い感覚を物事の悪い性質の比喩に使われるが、日本語の温度形容詞にはこのような使い方が全く見られない。

1.4.12　色彩

(33) 19世纪英国风景画家塔纳在某次宴席上凝视盘里的色拉，对邻座宾客说：这凉爽的颜色正是我所用的颜色。
（十九世紀のイギリス風景画家タナーは、ある宴席で皿の中のサラダをじっと見つめて、隣の客に「この涼しい色はちょうど私の使った色です。」と言った。）吴迎春《夏目漱石的食谱》[10]

(34) 三种凉凉的颜色配合的那么谐美而典雅，织成海神最豪华的地毯。
（三つの冷たい色は調和されて美しく優雅であり、海の神の最も豪華な絨毯に織りなされている。）余光中《南半球的冬天》[11]

(35) 灰蒙蒙的天空，好像金属涂漆的那种冷冰冰的颜色。
（灰色の空は、メタリック塗装のような冷たい色をしている。）胡小胡《太阳雪》[12]

(36) 冷冷的颜色，淡淡的笔触，画出浓浓的情味。
（冷たい色や、淡々とした筆遣いで、濃厚な情緒を描き出した。）琼瑶《潮声》[13]

五感において、温度感覚を含む触覚は視覚に一番共鳴が起こりやすいものである。辞書にはこのような比喩の使い方が載っていない。例文で分かるように中国語と日本語は同じような比喩の用法がある。

1.4.13　中国語冷感形容詞の比喩表現の特徴

1. 中国語では冷感形容詞の基本形容詞は非常に少なく、"冷"、"寒"、"涼"の3語しかないが、この3語によってできた複合形容詞が40語ある。その中の半分は比喩を持っている（付録1.3参照）。
2. 表3に示したように、比喩表現は主に"冷"を中心としている。形容詞の"涼"は"冷"に比べ比喩の用例数がずいぶん少ない。冷感形容詞は

低い温度に対する不快感を表すものが多く、その比喩もマイナスのものが圧倒的に多い。"涼"は温度に対する不快感と快適さの両方を表す形容詞で、不快感が"冷"と重なり、快適感が"温"、"暖"に重なったので、その両方に取られてしまって、比喩の数は少なくなったと考えられる。"寒"は古い形容詞の残存なので、その形容詞としてほとんど使われなくなり、比喩表現は多くないが、名詞の熟語がたくさんある。中国語の冷感形容詞は五感の共感覚において、聴覚と視覚に共感覚が起こる。特に視覚を表す比喩が非常に発達している。表情、視線と色彩を合わせると18例もあって、全体の半分を占めている。

表3　中国語冷感形容詞の比喩表現の範囲と用例数

	恐怖	失望	悲傷	歓喜	態度	表情	状態	声	視線	貧乏	性質	色彩	合計
冷	1	0	0	0	4	9	1	2	4	1	1	2	25
寒	2	1	0	0	0	0	0	0	1	0	1	0	5
涼	0	1	1	1	1	0	0	0	0	0	0	2	6
合計	3	2	1	1	5	9	1	2	5	1	2	4	36

1.5　日本語冷感形容詞の比喩表現

前の2節では中国語と日本語の温感形容詞の比喩表現について考察した。あつい温度感覚や暖かい温度感覚は物事の性質や人間の感情の比喩によく使われ、プラスの表現が多いことが解明された。また、中国語の冷感形容詞は不快感を表す比喩によく使われ、マイナスの表現の多いことが分かった。次に日本語の冷感形容詞の比喩表現について見てみよう。

1.5.1　感情

(1) 放浪生活は心がさむい。
　　（过流浪生活心里是寂寞的．）
(2) 決して他人を信じるなというその男の話を聞いて、ぼくは寒々しい気持ちになりました。

(听了他说的决不能相信别人之类的话，我感到心寒（失望）。)＜15万例文＞

(3) 長いつきあいの人と別れたら、住んでいる街までがうそ寒く感じる。

(离别了交往多年的朋友，觉得居住的街市都显得凄凉。)＜15万例文＞

(4) ……十幾人の家族が、ただ黙々としてめしを食っている有様には、自分はいつも肌寒い思いをしました。

(……家里十几口人在默默吃饭的情景，总是使自己感到凄凉。)＜15万例文＞

「さむい」は温度形容詞で、温度が低く、人間にとって好ましくない冷感を覚えた時に使われる。ここでは「心が寒い」という慣用句で、抽象的な感情を比喩に表現する。また、その派生語の「寒々しい」も同じように温度感覚で、抽象的な「さびしい」感情を表すものである。例文の訳文で分かるように、中国語にも日本語「心が寒い」に似ている形容詞"心寒"がある。

1.5.2 恐怖

(5) 踏切のそばで小さな子供が遊んでいるのを見て、背筋のさむくなる思いがした。

(看见小孩子在铁路道口旁边玩，觉得很可怕。)＜15万例文＞

(6) 教育の現状を考えると肌寒くなる。

(一想到教育的现状就感到可怕。)＜新国語＞

温度が低くなると体にはよくない感覚が生じる。温度が高くなるのと同じく不快感が生じる。しかし、温度形容詞で、感情の比喩表現をするとき、低い温度が人体に対して生じた不快な感覚をそのまま比喩に転用して、マイナスの意味を表す。また、極端な恐怖を感じるとき、背筋がぞくぞくして寒くなる生理現象が起こる。このような感覚が比喩に使われて、

「こわい」感覚を表す。「背筋が寒くなる」に対する中国語の訳は"可怕"で、"寒"が出てこない。もちろん"不寒而栗"という対応する言い方もあるが、しかし、これは書き言葉で、例文のような話し言葉の場合はほとんど使わない。

1.5.3 状態

  (7) <u>ひややか</u>に形勢を展望する。
     (<u>冷静</u>地观望形势。)
  (8) 借金を払ったら、急に懐が<u>さむく</u>なった。
     (一还了债，腰包一下子<u>空</u>了。)
  (9) 米ソの<u>冷たい</u>戦争の時代は終わった。
     (美苏的<u>冷战</u>时代已经结束了。)

　上記の用例の「ひややか」は感情的な表現ではなく、物事に対処する冷静な様子や状態を表している。プラスの意味がある。このようなとき、「つめたい」と置き換えると、マイナスの意味になる。
　お金を持っていない状態は(8)のように「懐が寒い（寂しい）」という。お金をたくさん持っている状態は「懐が暖かい」という。これは温度の高いのを物事のプラス状態に喩え、温度の低いのがマイナスの状態に喩えられているからである。しかし、『故事・俗信　ことわざ大辞典』には「懐が冷たい」という慣用句がある。この「懐が冷たい」は「懐が寒い」と意味が全く違って、お金をたくさん持っていることである。「現金をふところに入れていると、ふところが冷たいことから、金を持っていることをいう」[14]と『故事・俗信　ことわざ大辞典』は説明している。それは今の紙幣のお札ではなく、銅銭や金銀小判などの貴金属類をふところに入れたときの冷たい感覚からできた比喩であろう。
　日本語には(9)のような形容詞の表現のほかに熟語の「冷戦」がある。これについて『広辞苑』は「(cold war) 砲火は交えないが、戦争を思わせるような国際間の厳しい対立抗争の状況。第二次大戦後の米ソ関係を表した語。冷たい戦争。」と説明している。中国語にも名詞熟語の"冷战"があ

るが、形容詞としての比喩表現がない。

1.5.4 死亡

(10) 私が病院に駆けつけた時には、父はすでに冷たくなっていました。
(当我赶到医院时，父亲已经咽气了。)＜15万例文＞

　日本語では、(10)のように温度が低くなる変化を使って、死亡という現象の比喩表現をするのはごく普通である。これに対する中国語の訳は「息をひきとった」である。中国語では普通ごく特別な場合を除いて温度形容詞を使って死の比喩表現はしない。

1.5.5 態度

(11) 姑はひややかに嫁を迎えた。
(婆婆冷冰冰地迎接了儿媳妇。)
(12) 冷たい目で人を見る。
(用冷淡的眼神看人。)＜日中＞

　温度形容詞「冷たい」、「冷ややか」は態度の比喩に使われるとき、プラスの意味がまったくなく、マイナスだけになっている。温度を表現する「つめたい」は、よい感じとよくない感じの両方の意味を持っているが、ここではよくない感じを用いてマイナスの意味の比喩に転じたものだと考えられる。

1.5.6 表情

(13) ひややかな笑いをうかべる。
(露出冷笑。)＜日中＞
(14) 冷たい笑いを浮かべる。
(露出冷笑。)＜日中＞
(15) 涼しい顔をしてうそをつく。

（若无其事地撒谎。）＜日中＞
(16)　涼やかな顔。
　　　（爽朗的表情。）＜新国語＞

　表情の比喩について、冷感の形容詞がいろいろ使われている。人間の表情だけを表す形容詞がほとんどないから、その表情を詳しく表現するには、色や温度などの形容詞を借りなければならないのである。この面において、日本語も中国語も同じである。(13)、(14)の例文の中国語訳は対応する"冷"が出ているが、「涼しい顔」、「涼やかな顔」のような比喩表現が、中国語にはない。

1.5.7　話しぶり

(17)　冷ややかな言葉に、彼はずいぶんショックを受けたみたいだよ。
　　　（冷言冷语、似乎给了他很大的打击。）＜15万例文＞

　これは話をするときの態度や内容から感じられる感情である。中国語も同じ比喩表現がある。辞書での例文が見つからないが、「つめたい返事」、「話がつめたい」などのような言い方は言えるようである。比喩の場合は「ひややか」は主に連体修飾と連用修飾として使われ、述語として、あまり使われない。

1.5.8　音

(18)　さらさらと涼しい音を立てて、今日もまた川は流れている。
　　　（河水发出了哗哗的清凉的声音，今天也在流淌着。）＜15万例文＞

　日本人が暑い夏に流れている水の音を聞いて涼しさを連想することから、このような比喩が生まれる。また、風鈴などの音に対して「涼しい」が使われる。中国語は日本語とほぼ同じような傾向があり、例文の中国語の対訳には「涼しい」意味の"清凉"が出ている。

1.5.9 色彩

(19) 雲と共に大空の半分を領していた山も、見る見る寒い色に堅くあせて行った。

（与云一同占了天空大半的山，也眼见着褪成了深冷色。）有島武郎『生れ出づる悩み』[15]

(20) 「シベリアの氷のように冷たい色をした目」を持っている。

（有一双"像西伯利亚的冰雪一样冷酷的眼睛。"）『船橋洋一の世界ブリーフィング』[16]

(21) 涼しい色や形をした容器、さわやかな香味の酒が出現。

（出现了清凉色彩和形状的容器，香味清爽的酒。）栗山一秀『日本酒のこころとかたち』[17]

(22) 薄器は涼やかな色ガラス「京の宴（うたげ）」、茶わんには粉引雨漏手（こひきあまもりて）「深山路（みやまじ）」を用いた。

（薄茶器使用了凉色玻璃的"京宴"，茶碗使用了撒粉雨滴的"深山路"。）『北日本となみ野茶会3周年の一服』[18]

(23) すずやかな服装。

（看起来很凉爽的服装。）＜日中＞

　上記の例文に出ている冷感形容詞について、日本語と中国語は全部一致している。つまり、色彩に対する冷感形容詞の比喩表現は、日本語と中国語で同じである。漢字熟語として「冷色」、「寒色」が辞書にはあるが、形容詞の「冷たい色」、「寒い色」などの例文は辞書には載っていない。

1.5.10 性質

(24) さむい暮しをする浪人。

（过着贫寒生活的无职者。）

(25) 科学者の論文としてはおさむいかぎりだ。

（作为一篇科学家写的论文是不够充实的〔太贫乏了〕。）＜日中＞

(26) 彼女は姑のつめたい仕打ちに堪えられなかった。

（她忍受不了婆婆的冰冷的举止。）

(27) 彼女は、二重まぶたで涼しい目もとをしています。

（她的眼睛双眼皮，水灵灵的。）＜15万例文＞

(28) 涼やかな笑い。

（冷笑。）＜日中＞

例文(24)、(25)は温度形容詞の「さむい」とその派生型の「お寒い」で、生活の状態や経済状況を表す比喩である。これは昔まずしい家庭には冬では暖をとるための炭や石炭燃料を買うお金がなく、そのまま我慢するところから出てきた比喩である。経済的な状況以外に、抽象的な文章の内容や質にも使われる。性質を表すとき「つめたい」と「ひややか」はマイナスの意味に使われる。また、「涼しい」は視覚への比喩から上のような性質の比喩が生まれる。美しいという意味で、主に女性の目に使われているものである。

1.5.11 性格

(29) 心のひややかな人。

（心肠冷酷的人。）

(30) あんなに謝っているのに、許さないなんて、あなたも冷たい人だ。

（那么给你道歉，都不原谅，你也太冷酷了。）＜15万例文＞

人間の性格は抽象的なものであるから、温度形容詞「つめたい」、「ひややか」のイメージを借りて表す必要がある。温度の高い「あたたかい」、「熱い」は感情的なことや親切なことを表す。温度の低い「つめたい」、「ひややか」は感情の比喩が使われるが、「さむい」には比喩表現ができない。これは「さむい」が温度のとき、「体の全部の感覚」(国広哲弥 1965)[19]を表すという性質が強いからである。

表4　日本語冷感形容詞の比喩表現の範囲と用例数

	感情	恐怖	状態	死亡	態度	表情	話	聴覚	色彩	性質	性格	
寒	4	2	1	0	0	0	0	0	1	2	0	10
冷	0	0	2	1	2	2	1	0	1	1	2	12
冰	0	0	0	0	0	2	0	1	3	2	0	8
	4	2	3	1	2	4	1	1	5	5	2	30

1.5.12　日本語冷感形容詞の比喩表現の特徴

1．日本語の冷感形容詞は語彙数が少なく、11語しかない。その中に比喩を持つ語が9語ある（付録1.4参照）。日本語の冷感形容詞は中国語に比べて語彙数が少ないが、表4に示したように比喩表現の範囲と用例数において、大差がない。

2．温度の面から見ると、温度の低い方の「寒い」と「冷たい」には比喩が多く、「涼しい」には比喩が少ない。意味から見ると、「寒い」と「冷たい」などは温度の低い方の不快感から生まれたマイナスの度合いが強く、プラスの意味があまりない。「涼しい」は、暑さに対する快適な低い温度なので、そこからプラス意味の比喩が生まれたのである。「ひややか」はそんなに「寒い」と「冷たい」ほど低い温度ではないが、快適さを超えて不快感が生じた温度感覚だから、ほとんどマイナスの比喩にしか使われない。中国語にも同じ傾向が見られる。

1.6　中国語触感形容詞の比喩表現

上記の諸節において、中日の皮膚の温度感覚を表す形容詞とその比喩表現を考察した。次は触感を表す形容詞の比喩表現を見てみる。触感は本論文において、さわる感覚を指し、主に人間の皮膚がものに触れるときに感じた感覚を指すもので、直接皮膚で感じとる感覚である。中国語には触感を表す形容詞は29語ある。日本語より語彙数が多い。そのうち、比喩表現をもつものは11語である。その比喩については、次の通りである。

1.6.1 感情

(1) 看见她眼里闪着泪光，他马上心软了。
　　（彼女の目の中で涙が光るのを見ると、彼はすぐ<u>やさしく</u>なった。）
(2) 心里<u>软</u>和得很。
　　（心がずっと<u>和らいだ</u>。）
(3) 他的心变得非常<u>柔和</u>。
　　（彼の心はとても<u>和らぐ</u>のだった。）
(4) 心肠<u>硬</u>。
　　（気性が強い、<u>温かみがない</u>。）＜中日＞

　上の例に示したように、中国語では皮膚の触覚を感情に転用して、感情の表現をするが、例文の日本語訳には触覚形容詞がなく、感情形容詞「やさしい」や動詞の「和らぐ」などが使われている。中国語は感情形容詞があまりないので、"软"でやさしい感情を、"硬"できびしい感情を表すのである。

1.6.2 感覚

(5) 我感到这两天浑身<u>绵软</u>。
　　（私はこの2、3日、体中が<u>だるい</u>。）
(6) 她返身回到了自己的宿舍，往床上一躺，觉得浑身<u>软塌塌</u>的，再也没有半点力气了。
　　（彼女は自分の宿舎に戻り、ベッドに入ったら、体中<u>だるくて</u>、気力がすっかりなくなってしまった。）＜重叠词＞
(7) 发了几天烧，身子<u>软软</u>的，嘴里老有一股苦味儿，什么也吃不下去。
　　（何日間も熱が出て、体が<u>だるくて</u>、口にはいつも苦い味がしているので、何も食べられない。）＜重叠词＞
(8) 两天多没有一口东西入肚，他浑身<u>软绵绵</u>的，好像病了一样没有一丝力气。
　　（2日間一口も食べなかったので、彼は体中<u>だるくて</u>、病気にかかっ

(9) ……又渴又饿口干和饥渴烧得嘴唇上列满了小血口子，浑身<u>软溜溜</u>地一点劲也没有。
(……渇きと飢えで、唇がひび割れて血がにじんで、体中<u>だるく</u>て、気力がすっかりなくなってしまった。）＜重叠词＞

　感覚は感情に似ているが、感情は精神的なもので、感覚は生理的、肉体的なものである。中国語は例のように触覚をもって、皮膚の表面的な感覚よりもっと筋肉や身体の内部などの深層的な生理感覚を表し、体の状態を生き生き表現できる。この場合の"软"は体が弱くて力がない感じや、体がだるい感じを表す。中国語において、このような生理感覚は触感形容詞の比喩表現以外に表現する方法があまりないようである。日本語では中国語のこのような比喩の使い方が見られない。

1.6.3　技能

(10)　工夫<u>软</u>。
　　　（腕が<u>未熟</u>だ。）
(11)　手儿<u>硬</u>。
　　　（技術が<u>優れている</u>・腕が<u>すごい</u>。）

　このように人間の技能の状態について、中国語では"软"、"硬"を使って表す。このような状態を表現するとき、"软"は、よくない、悪い、技術が未熟状態などに喩えられる。"硬"はその反対の意味で、腕前や技術がよい状態に達していることを表す。例文のように、このような比喩は基本形容詞で表すが、複合形容詞の表現がない。

1.6.4　状態

(12)　他腰里<u>硬</u>。
　　　（彼は<u>金持ち</u>だ。）
(13)　王自堂用衣襟擦了擦脑门的汗珠子，丢魂落魄地转回身去，就像

一根拉了架的黄瓜秧，<u>软腾腾</u>地走了。
(王自堂は服のおくみで額の汗を拭き、魂がぬかれたように体の向きを変えて、枯れた胡瓜の蔓のように<u>力無く</u>行ってしまった。)
＜ABB＞

中国語では触覚形容詞は物事の状態を比喩する時、"软"で弱い状態を表し、"硬"で強い状態を表現する。例文のように経済的に余裕のあることやお金持ちのことに喩えられる。お金がたくさんあって鼻の息が荒いというような感じである。"软腾腾"は、もともと物の柔らかい触覚やふわふわした様子から、力がなく、弱々しい人間の動作の表現に転じたものである。このような場合、基本形容詞"软"が使われない。また、対義語の"硬"には人間の動作の表現がない。日本語の触覚形容詞にはこのような比喩表現がないのである。

1.6.5 健康

(14) 年纪虽那么老了，骨头<u>硬硬的</u>……。
(あんなに年をとったけど、体が<u>丈夫だ</u>……。)＜重叠词＞

(15) 老人的身体还很<u>硬棒</u>。
(老人の体はまだなかなか<u>丈夫だ</u>。)＜中日＞

(16) 那小伙子身子<u>硬梆梆的</u>，还会生病？
(あの若者は体がとても<u>丈夫だ</u>、病気などするはずがない。)

(17) 梁永生将挑筐检查了一遍，然后便从群众中挑选了十来名<u>硬棒棒</u>的壮汉子，担负挑着挑筐送铜铁的任务。
(梁永生は担ぎのかごを一度検査してから、群衆の中から体の<u>丈夫な</u>人を十人くらい選び、かごで銅と鉄を運ぶ任務を与えた。)＜重叠词＞

中国語では体が丈夫で健康であることを、例文のように"硬"からできた複合形容詞で表すことができるが、基本形容詞"硬"が使われていない。(14)、(15)のように、老人の体が健康で丈夫な状態を表現する比喩であ

るが、若者には使われない。"硬梆梆"と"硬棒棒"は意味が同じで、若者について使われるが、老人にも使える。具体的に体の健康な状態を表すことには使うが、抽象的な体が悪いことや健康が良くないという意味には使えない。中国語はこのように、かたいものは壊れにくいという物の質に目を付けて、健康状態の比喩に使っているのである。

1.6.6 品質

(18) 货硬。
（品質がよい。）
(19) 这货色软。
（この品質はあまりよくない。）

ものや品物の品質についての比喩表現は状態と同じように、"软"はよくない、"硬"はよいことを表す。銅や鉄などの金属や石などで作ったものは丈夫でなかなか壊れず、長持ちするが、やわらかいものは丈夫ではなく、こわれやすいところから転じてきた比喩である。例文の対訳で分かるように日本人にはこのような発想がないので、品質における触覚形容詞の比喩表現がない。

1.6.7 有名

(20) 这个牌子很硬。
（このマークは信用できる。）

ここの"牌子"は商品のマークのことで、つまり有名ブランドという意味である。複合形容詞が使われず、基本形容詞の"硬"だけはブランドの高い信用性の比喩に使われる。
また、次のように品物のほかに人間にも使われる。たとえば、
您的牌子硬，说话比我们有用。
（あなたの名声・威信は高く、話は我々よりも役にたつ。）

1.6.8 音声

(21) 香港歌星的歌声，声音软，吐字硬，舌头大，嗓子细。
(香港のスター歌手の歌声は、声がやさしくて、発音が堅い、舌が長くて、のどが細い。）王蒙《夜的眼》[20]

(22) 声音柔和。
(声がやさしい。）

(23) 柔润的嗓音。
(潤いのある声。）

(24) 柔美的音色。
(穏やかで美しい音色。）

(25) 他打开唱盘，没有看就安上一张唱片，屋里立刻飘荡着一种软绵绵的娇媚歌声。
(彼が蓄音機をあけ、選びもせずにレコードを一枚かけると、部屋にはすぐやさしくて甘ったるい歌声が漂ってきた。）＜重叠词＞

(26) 柔曼醉人的旋律从她的灵巧的指头下流出来。
(柔らかな人を酔わせるメロディーが、彼女の器用な指先から流れ出す。）

(27) "知道也罢，不知到也罢。"他的声音硬梆梆，冷冰冰。
(「知っても、知らなくてもいいよ。」彼は声がゴツゴツして、冷たい。）＜重叠词＞

　聴覚の比喩は音声に感じられる感情を表すものである。中国語では優しい感覚や気持ちが感じられる音声に対して、よく触感形容詞"柔"や"软"などで表現する。つまり、触感の感覚で聴覚を表すのである。声の比喩ではほとんどプラスの意味として使われ、例文に示したように、日本語の「優しい」にあたることが多い。また、"软绵绵"のように少しいやな感じが与えられる甘ったるい声を表すことがある。"柔"や"软"の対義語"硬"は、やさしくない音声の比喩に使われる。

1.6.9 口調

(28) 话说得很<u>软</u>。
(言葉遣いが<u>もの柔らか</u>である。<u>へりくだって</u>話す。)＜中日＞

(29) 那个女人，也对他妖媚地一笑，<u>软软地说</u>。
(その女性も彼にあだっぽく笑って、<u>優しく</u>言った。)

(30) 为何你对我<u>硬声硬气</u>。
(何できみは私に<u>きつく</u>言うのか。)

(31) 你就看着吧，我的指挥长！我<u>硬硬地说了一句。
(見といてくれ、指揮長！私は<u>強い口調</u>で言った。)＜重叠词＞

(32) 孙利记是个世故怕事的人，听了陈大头这几句<u>硬梆梆</u>的话，心里很怕。
(孫利記は世故にたけ事なかれ主義の人なので、陳大頭に<u>強い口調</u>で言われて、おびえていた。)＜重叠词＞

(33) 说话不要这样<u>硬撅撅</u>地噎人。
(そんな<u>つっけんどん</u>な口のきき方をして、人をぐうの音も出ないようにさせてはいけない。)＜中日＞

(34) <u>硬棒棒</u>的话。
(<u>棒をのんだような</u>話。)

(35) 可赵二妈觉得大妈是在说风凉话，所以嘴上就<u>硬铮铮</u>的还了一句……。
(しかし、趙二媽は大媽が皮肉ったことを言ったと思って、<u>強い口調</u>で一言言い返した……。)＜ABB＞

上の例文に示したように、中国語では話をするときの口調について、触感形容詞の比喩がよく使われる。"软"は優しい口調を表し、親近感が感じられるものである。日本語では同じ触感形容詞「柔らかい」が使われる。"硬"はその反対に、強い口調を表し、場合によっては、怒ったような口調を表現したりする。例文で分かるように、日本語ではこのような場合、「強い」、「きつい」などが使われるが、「かたい」などの触感形容詞が

1.6.10 色彩

(36) 柔和的顔色。
   (落ち着いた色。)＜中日＞

中国語では触感形容詞が色彩の表現に使えるのは"柔和"だけである。色から感じられたような落ち着いた感覚を表す。

1.6.11 光

(37) 新房的灯光很柔和。
   (新婚夫婦の部屋の光は柔らかい。)＜中日＞
(38) 玻璃窗上挂着淡青色窗帷，使得投射在她脸上的阳光软和了许多。
   (ガラス窓には水色のカーテンがかかっており、彼女の顔にさす太陽の光をかなり柔らかくしている。)

中国語の触感形容詞は色彩のほかに、光の比喩表現にも使われる。この場合は柔らかい触感だけを生かして、光の明るさがちょうどほどよい度合いを表す。対義語の"硬"はこのような比喩を持っていないようである。

1.6.12 表情

(39) 那个脸没有色，没有肉，没有一点软和气。
   (顔はげっそりとやつれ、しなやかさが少しもなくなっている。)
   ＜中日大＞
(40) 软不唧地笑了笑。
   (せせら笑う。)＜中日大＞
(41) 硬梆梆的脸儿不发一笑。
   (ふくれっつらをしてにこりともしない。)＜中日大＞

触感形容詞が表情の比喩をするとき、複合形容詞"软和"は優しい表情を、"硬梆梆"は怒っている表情やうれしくない表情を表す。触感の基本

形容詞は使えないのである。例文の訳文に示したように、日本語の触感形容詞は表情の比喩に使われない。

1.6.13 風味

(42) 啤酒頂柔和。
　　（ビールが一番口あたりがいい。）

"柔和"は飲み物の風味を表現するほかに、タバコの風味にも使われ、プラス評価である。酒とタバコ以外の食べ物には使われないようである。このような風味を表す場合、触感の対義語の"硬"は使えず、きつい意味の"冲"で反対の意味を表す。

1.6.14 強力

(43) 他腰杆子硬，才没有被裁下来。
　　（彼は後ろ盾がしっかりしていたからこそ、首にならなかった。）
(44) 最后硬棒的还是数字。
　　（もっとも強力なものはやはり数字だ。）
(45) 他所说的硬梆梆的东西之一，就是伪县长杨石斋的亲笔信。
　　（彼がいう強力なものの一つは、かいらい県長の楊石斎の親筆の手紙である。）

"硬"とその複合形容詞は「かたい」というさわる感覚から、物事の性質の比喩に転じて、強力でしっかりしていて、決定的な力があることを表す。(43)のように人脈があり、後ろ盾がしっかりしていることを表す。また、(44)のように、数字つまり実績がなによりだということの比喩である。(45)は水戸黄門様の印籠のように問題解決の決定的な要素で、「堅さ」で対抗できないことを表す比喩である。例文の日本語訳で分かるように日本語の触感形容詞はこのような比喩表現に使えない。

1.6.15 性格

(46) 就是这个小子骨头太软！他一听说日本人抓走了他的老婆，他就没有魂了。
(こいつはほんとうに根性なし。嫁さんが日本人に連れて行かれたと聞いたら、肝がつぶされてしまったんだ。) 魏巍《火凤凰》[21]

(47) 一向温厚的二姊，这时也开了口："人活着要有骨气才行，象你那样软塌塌的，无论什么事都逆来顺受，往后还怎么好立身?"。
(いつも温厚な二番目の叔母も、この時に口を開き、「人間は生きていて気骨がなければならない。あんたのように弱々しくて、何でも堪え忍んでいては、今後どうやって出世するの。」と言った。) ＜ABB＞

(48) 性格柔和。
(性格が穏やかである。)

(49) 他的骨头很硬。
(あの人は硬骨漢だ。) ＜中日＞

(50) 她深知自己的丈夫是一个硬铮铮宁折不弯的铁汉子。
(彼女は自分の夫が、死んでも屈服しない強い男だとよく知っている。) ＜ABB＞

(51) 他一不求亲二不告友，自食其力，为人很硬棒。
(彼は親戚にも友人にも頼らず、自分の力で暮らしている。人間は非常にしっかりしている。) ＜中日大＞

(52) 他这个人硬棒棒的。
(彼って頑固な人だ。)

(53) 硬梆梆的汉子赵百万，这三天三夜，像热锅里的蚂蚁那样慌乱不安。
(強い男趙百万は、この三日三晩に、熱い鍋の上の蟻のように居ても立ってもいられなかった。) ＜ABB＞

人間の品性について、"软"とその複合形容詞は弱くてよくない性格を表し、マイナスのイメージである。日本語では「根性なし」、「意気地な

し」を使うが、「やわらかい」などの触感形容詞は使えない。"软"はこのほかに、软骨头／意気地なし、软蛋／弱虫、软鼻涕／惰弱などの名詞の熟語表現もある。

　"柔和"は"软"と違ってマイナスの意味がまったくなく、穏やかなよい性格を表すものである。プラスのイメージが強い。

　"硬"とその複合形容詞は人間の性格を比喩する場合、意志が固くてしっかりしていることを表し、プラスのイメージが強い。例文の日本語訳に示したように、日本語では「かたい」を使わず、「強い」と「しっかり」などが使われる。

1.6.16　気性

　(54)　他脾气软塌塌的，没个刚性。
　　　（彼の性質は弱々しく、一本筋が通っていない。）
　(55)　你要是太软了，对方就会硬起来。
　　　（君があまり弱腰だと、相手は強く出るだろう。）＜中日＞
　(56)　対人很柔和。
　　　（人に対して優しい。）
　(57)　脾气硬。
　　　（強情。）

　気性を表す場合、"软"、"硬"ともにマイナスのイメージである。"软"は弱々しくてしゃきっとしないことを表すが、"硬"は逆に強情で、怒りっぽい気性を表す。中国語では"软"は気の弱いことの比喩に使われている。触感から意志の弱い、臆病な性格の比喩に転じてきたものである。同じ触感形容詞の"柔和"は、わるいイメージがまったくなく、優しい性格を表す。日本語の触感形容詞の「やわらかい」、「かたい」にはこのような比喩表現がない。

1.6.17　無情

　(58)　那小子脸硬，怎么求他也白搭。

(あいつは冷酷で、いくら頼んでもだめだ。)＜中日＞

ここでは"硬"はもともと触感が頑丈で変わらない性質から転じてきたもので、人間の冷酷な感情についての比喩である。このほかに、心と一緒に使われる場合もあり、「心硬手黒／残忍凶悪」のように名詞の熟語もある。

1.6.18　信用

(59)　她耳朵软，別人说什么就信什么。
(彼女は人間が甘いので、人の言うことは何でも信じる。人の言葉をたやすく信用すること。)

(60)　钟爱笑道："引便引你进去，只莫在薛老爷面前说我不好，他耳朵硬，不像別人肯听撺唆哩…"。
(鐘愛は笑って、「お引き合わせはしますが、ただ、薛旦那さんの前で私の悪口を言わないでください。旦那さんは人の話を容易に信用しないんだよ…」と言った。) 李渔《合锦回文传》[22]

例文のように他人を信用する性質の比喩表現に使われる"软"と"硬"の両方は、プラスの意味が全くない。どちらもマイナスか、ややマイナスのイメージである。"软"は人の話に左右されやすい性質を表し、"硬"はその反対で、人の話に左右されにくい頑固な性格を表す。

1.6.19　態度

(61)　知道错了，就別嘴硬。
((自分の)まちがいに気づいたら強情を張らないほうがいい。)＜中日＞

触感形容詞は話をするときの態度を表す。"软"は優しいという意味を表すことがあるが、上の例文は弱い意味の比喩で、マイナスのイメージである。"柔和"は落ち着いて、優しい態度を表すものである。"硬"は一概にマイナスとは言いかねるが、ややマイナスの要素がある。(61)は日本語

の「口がかたい」のようであるが、実際は全く違っている。間違いを認めず言い張る意味である。

1.6.20 弱み

　　(62)　拿了人家的手软。
　　　（他人から恩を受けていると手がにぶる。）

このような比喩は"软"だけである。触覚のやわらかい感覚から抽象的な物事の「よわい」という意味に転用されたものである。このほかに、次のように同じ意味の比喩用法がある。
　　　吃別人的东西嘴软。
　　　（人からもてなされると、堂々と（その人の悪事を）批判することができない。）＜中日＞

"手软"、"嘴软"は人の恩恵を受けて、その人の立場に立たなければならない状態を表す。

1.6.21 強運

　　(63)　手硬。
　　　（いい目が出る。）

賭博などではよくついていて、運が強いことを表す。この場合、「手」の後ろについて慣用句として使われる。もし「手」の前におくと、"硬手"になって、凄腕という意味になる。日本語にはこのような比喩の使い方がない。

1.6.22 中国語触感形容詞の比喩表現の特徴

1. 中国語の触感形容詞"软"と"硬"は、よく基本形容詞の形で比喩表現に使われる。触感形容詞の総語彙数は29語で、その中に比喩のあるものは20語ある。比喩表現は21項目あり、用例数は63例ある（付録1.5参照）。語彙数はそれほど多くないが、比喩表現は発達していて、その範

囲もわりに広い。

2. 触感形容詞は主に"軟"と"硬"の二つに分けることができる。"柔"は"軟"とほぼ同じ意味であるが、基本形容詞のままの形ではほとんど使われないで、複合形容詞として使われる。表5に示したように、全体的に見ると"軟"は比喩表現の用例数がわりあい多く、項目も多いという傾向が見られる。五感の共感覚において、温度形容詞と同じように、聴覚と視覚によく共感覚が起こるが、嗅覚とはまったく共感覚が起こらない。

表5　中国語触感形容詞の比喩表現の範囲と用例数

	感情	感覚	技術	状態	健康	品質	有名	音声	口調	色彩	光	表情	風味	強力	性格	気性	無情	信用	態度	弱み	強運	
軟	3	5	1	1	0	1	0	6	2	1	2	2	1	0	3	3	0	1	0	1	0	33
硬	1	0	1	1	4	1	1	1	6	0	0	1	0	3	5	1	1	1	1	0	1	30
	4	5	2	2	4	2	1	7	8	1	2	3	1	3	8	4	1	2	1	1	1	63

1.7　日本語触感形容詞の比喩表現

日本語には触覚を表す形容詞の語彙数がとても少ないが、それに比べると、比喩表現は非常に多い。

1.7.1　状態

(1)　びんの栓が<u>かたくて</u>開かない。
　　（瓶子的盖太紧打不开。）
(2)　機械が<u>なめらかに</u>動く。
　　（机器平稳地运转。）＜日中＞
(3)　<u>やわな</u>家。
　　（<u>不坚固的</u>房子。）＜日中＞

触覚を表す形容詞「かたい」、「なめらかな」は、このようにものや物事の具体的な状態について、比喩表現をする。びんの栓が開かない状態のほ

かに、ひもなどの結び目がなかなか解けない状態にも使われる。「なめらか」は、動作が滞りなく動いている状態を物質のつるつるした触感で表すものである。「やわな」は物のやわらかい触感から、やわらかい物がこわれやすい意味になり、つまり物の丈夫ではない状態の比喩に転用したものである。例文の訳文で分かるように中国語にはこのような比喩の使い方がない。

1.7.2 順調

(4) 事がなめらかに運ぶ。
（事情进行得很顺利。）＜日中＞

　触覚において「なめらか」は、手で物体の表面をさわるときのつるつるした触感を表すものである。そのつるつるした感覚を物事の進行にたとえるものである。

1.7.3 確信

(5) この調子でいけば、わが校の優勝は堅い。
（看这个状态，我们校会稳操胜券。）＜15万例文＞

「かたい」はこのように、触感が物事についての推測に使われる。この場合、「かたい」は間違いないという確信、ほとんど変わりのないことを表す。

1.7.4 動作

(6) 少年はやわらかな身のこなしで飛びのいた。
（少年以柔软的动作跳了过去。）
(7) 体操選手の体はやわらかい。
（体操选手身体柔软。）

　このように、触感から生まれた「やわらかい」、「やわらかな」は動きの柔軟性の比喩に変わり、動作や体の柔軟さをも表現する。例文の中国語訳

に示したように、中国語も同じような表現がある。

1.7.5　意志

(8)　その秘密は絶対もらさないと、かたく約束した。
（我们约定了，那秘密决不能泄漏。）＜日中＞

　約束などを守るほかに、決心、決意にも使われる。日本語では触覚形容詞「かたい」のさわる触感が、物の硬い性質の表現にも転用され、さらに硬い物がなかなかこわれない性質から、このような人間の強い意志の比喩表現に使われる。例文の中国語には「かたい」の訳が見あたらない。"我们坚决保证"と訳すべきではなかろうか。"坚决"はすでに触覚の意味がなくなった。現代中国語の触覚形容詞は日本語のように意志の比喩表現に使われないのである。

1.7.6　寝ない

(9)　目がかたい。
（能熬夜。）＜広辞苑＞

　「目がかたい」は慣用的な言い方で、物事の状態から転じてきた比喩である。ふつう、まぶたを閉じて寝るが、まぶたが「かたい」と、閉じられない。そこから、寝ない意味が出てきた。よく子供が夜遅くなっても寝ないことを比喩する。中国語の触覚形容詞にはこのような比喩がない。

1.7.7　風味

(10)　最近のたばこは昔のに比べるとずいぶんやわらかい。
（最近的香烟比过去的柔和多了。）

　この例文はタバコの風味についての比喩で、いわゆる口当たりで、「あじ」のことである。触感形容詞で味覚を表す共感覚である。中国語も同じような比喩表現がある。

1.7.8 考え

(11) 先生は学者だが、頭が<u>やわらかい</u>。
　　（老师是个学者，但并不是<u>死</u>脑筋。）
(12) 彼の<u>柔らかな</u>頭からは驚くようなアイデアが飛び出してくる。
　　（他那聪明的头脑想出许多惊人的主意。）＜15万例文＞
(13) 奴は頭が<u>かたい</u>。
　　（他头脑太<u>死</u>。）

　日本語では「やわらかい」で頭の回転がはやくて、物事に円滑に対応できることを表す。その反対は「かたい」で表す。いずれも比喩の言い方である。中国語ではこのような場合"软"が使われない。訳文にあるように、"死"で表す。"死"はここで本来の「死ぬ」の意味から離れ、「かたい」つまり「頭がかたくて回転しない」という意味を表す。日本語のように触覚形容詞が使われない。

1.7.9 態度

(14) デパートの店員が<u>柔らかい</u>物腰で客と対応している。
　　（百货公司的店员以<u>柔和</u>的态度接待客人。）＜15万例文＞
(15) 態度を<u>やわらかに</u>する。
　　（采取<u>柔和</u>的态度。）＜日中＞

　ここの態度は人に与えている印象や感覚で、感情的な感じである。その比喩には、皮膚の触覚を表す形容詞「やわらかい」などが使われているが、対義語の「かたい」は使われないようである。例文の中国語訳のように、中国語も同じ意味の"柔和"を使っている。

1.7.10 口調

(16) <u>なめらかな</u>話しぶり。
　　（<u>口齿伶利</u>。）＜日中＞

日本語において、手でなでる時、物のつるつるした触感を表す「なめらか」は、話がすらすらしゃべられた様子を比喩するが、例文の中国語訳で分かるように、中国語にはこのような比喩表現がない。

1.7.11 音声

(17) なめらかな声。
（和谐悦耳的声音。）＜日中＞

(18) 無理にのどに力を入れて固い声を出すと、のどをいためてしまう。
（拼命使劲大声喊叫，会把嗓子弄坏的。）＜15万例文＞

音声は聴覚なのであるが、ここでは触る時に起こった感覚を、聴覚に転用し、音、話声などを表現する。触感が比喩に使われるとき「やわらかい」などでよい感覚を表し、プラスの意味で使われる。反対の「かたい」などでよくない感覚を表し、マイナスの意味で使われることが多い。

1.7.12 色彩

(19) 緑と青のやわらかな色合い。
（绿色与青色的柔和的色调。）＜日中＞

触感はこのように、色などの視覚について比喩表現する。これも前記の音声などの聴覚と同じように、さわるときの感覚をかりて、視覚で受ける感覚の表現をするのである。色彩の比喩表現は「やわらかな」だけを使っていて、対義語の「かたい」などは使わない。

1.7.13 光

(20) やわらかい日ざしをあびる。
（沐浴和煦的阳光。）＜日中＞

(21) やわらかな日ざし。
（柔和的阳光。）

光は色と同じく視覚で感じられるものであるが、光が強くなく、人にやさしい感じを与える場合、触感の「やわらかい」、「やわらかな」で表現する。

1.7.14 表情

(22)　表情は<u>やわらか</u>だった。
　　　（表情柔和。）
(23)　彼女は<u>かたい</u>表情で立ちつくしていた。
　　　（她表情<u>生硬</u>地站着。）

表情の表現も実は視覚の一つである。視覚から感じられたその人の感情の表現にポイントを置いている。この場合、「やわらか」はやさしい表情を表し、「かたい」はぎごちない表情を表す。例文の中国語訳に示したように、やわらかな表情の場合、中国語は同じ触感形容詞"柔和"を使うが、かたい表情の時の"生硬"は触感の意味がなくなったものである。

1.7.15 緊張

(24)　初めての発表で、つい<u>かたく</u>なった。
　　　（由于是初次发表不知不觉地<u>紧张</u>起来。）

精神的な緊張により、顔の不自然な表情や動作が緊張してなめらかさがない様子を「かたい」で比喩表現をする。中国語では、表情と動作のどちらか一方について、触感形容詞の"硬"から派生した"僵硬"が使われるが、"僵硬"は「硬直」の意味で、触覚の意味が失われたものである。例の中国語訳のように、中国語の"硬"は日本語のような比喩表現がない。

1.7.16 性格

(25)　<u>やわい</u>男。
　　　（软弱的男子。）＜日中＞
(26)　ちょっと注意されただけでめそめそするような<u>やわ</u>な神経では、ここの仕事は勤まらないぞ。

(稍微说一下就哭鼻子，这样的懦弱性格是干不了这儿的工作的。)
＜15万例文＞

(27) あの子は堅い性格の子ですから、かけごとなどにはいっさい手は出しません。

(那孩子很正派，所以赌博的事一概不干。)＜15万例文＞

　触感形容詞は人間の性格の比喩に使われているとき、状態や性質の比喩表現と違って、イメージが逆転されている。状態や性質の比喩の時、「柔らかい」はほとんどプラスの意味に、「かたい」はマイナスの意味に用いられることが多い。しかし、人間の性格を比喩するとき、「やわい」などはマイナスのイメージで、「かたい」はプラスのイメージである。

1.7.17　内容

(28) かたい話はこのくらいにしていっぱいやろう。
　　（一本正经的话就讲到这儿，去喝一杯吧。）
(29) やわらかい話。
　　（轻松的话题；香艳话。）＜日中＞
(30) やわらかな話。
　　（轻松的话题。）＜新国語＞

　このように、ものや物事の性質について、「やわらかい」と「かたい」の両方を使って比喩表現を表す。「やわらかい」は内容が通俗的でわかりやすいもので、「かたい」はあらたまった内容とか、儀式的なものを指す。それに対して、「やわらかい」などは気軽にしゃべられる日常的なものである。

1.7.18　けち

(31) 財布の口が堅い。
　　（舍不得花钱。）＜広辞苑＞

「財布の紐がかたい」ともいう。ここの「かたい」は「びんの栓がかたくて開かない」のような状態の比喩から、さらに転用されてきた慣用的な

表現である。つまり、最初の財布の開かない状態から、お金が出せない状態を表すが、そこから人の、お金を使いたくないことの比喩に転じたのである。中国語にはこのような比喩表現がない。

1.7.19　性質

(32)　一度や二度の失敗でへこむようなやわな人間に育てたつもりはない。
（不想培养因为一，二次失败就泄气的那种软弱的人。）＜15万例文＞
(33)　彼は口がかたいから大丈夫だ。
（他嘴很严，尽管放心。）

日本語ではこのように、やわらかい触感は人間の弱い性質の比喩に使われる。中国語では触感形容詞"软"にはこのような比喩の使い方がない。

1.7.20　日本語触感形容詞の比喩表現の特徴

1. 日本語には触感を表す形容詞の語彙数が6語しかないが、その6語は全部比喩表現を持っている（付録1.6参照）。中国語の29語に比べてずいぶん少ないが、表6に示した通り、比喩範囲が広く、用例数も少なくない。
2. 「柔」の触感形容詞は5語で、「硬」の方は1語である。「柔」の比喩用例数は「硬」より倍近く多い。中国語と同じような傾向がある。また、「硬」の触感に基本形容詞の「かたい」1語だけあり、複合形容詞がない。

表6　日本語触感形容詞の比喩表現の範囲と用例数

	状態	順調	確実	動作	意志	睡眠	風味	頭	態度	口調	音声	色彩	光	表情	緊張	性格	内容	けち	性質	
柔	2	1	0	2	0	0	1	2	2	1	1	1	2	1	0	2	2	0	1	21
硬	1	0	1	0	1	1	1	0	1	0	0	1	0	0	1	1	1	1	1	12
	3	1	1	2	1	1	1	3	2	1	2	1	2	1	3	3	1	2	33	

1.8 中国語痛痒形容詞の比喩表現

「痒い」感覚は主に皮膚によるものである。「痛い」感覚は皮膚感覚のほか、筋肉や身体の内部の「痛み」も表す。冒頭に述べたように、本論では皮膚の痛痒感と体深層の痛みを含めて触感として取り扱い、その比喩表現について考察していく。中国語の痛痒感覚形容詞において、痛覚を表す形容詞は"痛"、"疼"の二つある。どちらも日本語の「痛い」に当たるが、"痛"は古くから使われてきたもので、書き言葉の性質が強い。触覚形容詞としての複合形容詞が一語もないし、比喩表現があまりない。日本語の漢語語彙にある「痛快」、「痛恨」、「痛苦」、「痛惜」、「痛飲」などの語彙が中国語にもあるが、これらの語彙はもともとの痛みを表す意味がすっかり失われ、感情表現だけに使われている。一方、話し言葉の性質が強い"疼"は、複合形容詞をいくつか持っているが、比喩表現はほとんどない。それに比べると"痒"は生産性があるので、複合語がわりに多く、比喩表現の用例数も多い。以下、痛痒形容詞の比喩表現を見てみる。

1.8.1 歓喜

(1) 心中浮起一种异样的，从未曾有过的<u>痒丝丝</u>的感觉。
　　(心の中に一種の異様な、これまで経験したことのない、<u>むずがゆい</u>感覚がおこった。)

(2) 我的心<u>痒苏苏</u>的。
　　(私の心は<u>むずむずしている</u>。)

(3) 给人一种春天又回来的感觉，<u>痒酥酥</u>，甜丝丝的。
　　(春がまたやってきたというような、<u>うずうずした</u>幸福な感じがした。)

(4) 白玉双好长时间才听到这样叫，心里却<u>痒滋滋</u>的，忙嗯了一声。
　　(白玉双は久しぶりにこのように呼ばれたので、<u>むずがゆく感じ</u>、慌てて返事をした。) ＜重叠词＞

上の例文に示したように、"痒"は皮膚感覚を表すとき、日本語の「かゆい」と同じであるが、喜ぶ感情を表すとき、日本語の「かゆい」は使えない。中国語では強い感動を受けて起こったような、はっきりした喜びの感情は、"热"、"暖"などで喩えられる。何とも言えないような、原因もはっきりせず、弱い喜びの感情を表すときに、"痒"の感覚を借りて表現する。このような感覚についての表現は"心"と一緒に使われることが多い。

1.8.2 恨み

(5) 真叫人恨得牙痒痒。
 (歯ぎしりしたいくらいしゃくにさわる。)＜中日大＞

中国語では憤慨する感情を"牙痒痒"つまり「歯が痒い」で表すことができる。日本語にはこのような比喩がなく、「歯を食いしばる」「歯ぎしりする」などの動詞で表現しなければならない。また、日本語の「歯が痒い」から派生した形容詞「はがゆい」は、もどかしい気持ちを表す。

1.8.3 気分

(6) 看着别人游泳，我心里直痒痒。
 (他人が泳いでいるのを見ると、私はうずうずする。)
(7) 手痒难忍。
 (腕がうずうずしてたまらない。)
(8) …蓝大乐得心里痒抓抓的好喜欢。
 (…藍大はうずうずするほど喜んだ。)《传说》[23]

上の用例のように、中国語の"痒"は何かをしたくてたまらない気持ちやそのいらだち、もどかしさを表す。日本語の「痒い」にはこのような比喩がなく、動詞の「むずむずする」、「うずうずする」で表現する。

1.8.4 困り

(9) 寒假补课补得头很痛。
 (冬休みに補習ばかりやらされて頭が痛い。)《寒假补课补得头很痛》[24]

(10) 这样的抉择让我头很疼。
 (このような選択には頭が痛い。) shandongyao《不做你的红颜知己》[25]

中国語では痛覚を使って、抽象的な物事を表現する。"痛"と"疼"は同じく痛い意味である。"痛"は生理的、肉体的な痛い感覚から、精神的ないやな感じの表現に転用された比喩である。人や物事に対してうんざりしたり、困ったりする場合の比喩に使われる。日本語も同じように「頭が痛い」という比喩表現がある。

1.8.5 中国語痛痒形容詞の比喩表現の特徴

1. 中国語では痛痒形容詞は語彙数が少なく、12語しかない(付録1.7参照)。そのうちに比喩のあるものは9語で、比喩表現の用例数も少ない。中国語では"痛"と"疼"の2語は痛覚を表す基本形容詞であるが、それ以外"疼痛"と"疼丝丝"だけで、複合語はほとんどない。痒い感覚を表す"痒"は生産性がわりに高く、7語の複合形容詞がある。

2. 表7に示したように"痛"は比喩表現が少ないが、"痒"は"痛"より発達して用例数がその3倍になる。中国語では"痛"は非常に古くから使われてきた形容詞で、"痛惜"、"痛快"、"痛饮"などは感情を表す語彙として定着したので、現代中国語では痛覚形容詞としての比喩があまり見られなくなった。

表7　中国語痛痒形容詞の比喩表現の範囲と用例数

	歓喜	恨み	気分	悩み	合計
痒	4	1	3	0	8
痛	0	0	0	2	2
	4	1	3	2	10

1.9　日本語痛痒形容詞の比喩表現

　日本語の痛痒を表す形容詞の語彙数は中国語より少ないが、比喩用例数は中国語よりやや多い。比喩から見ると日本語は中国語と逆になって、痛覚の比喩用例が多く、痒覚が少ないのである。

1.9.1　羞恥

(1) 席を譲ったぐらいでこんなに感謝されるのは、なんとなく<u>くすぐったい</u>。
　　（让个座就受到这样的感谢，<u>真不好意思</u>。）
(2) 彼にほめられるとは、非常に<u>むずがゆい</u>。
　　（被他一夸、心里怪<u>痒痒的</u>。）＜日中＞

　日本語では痛痒感覚を表すとき、くすぐったい感覚やむずがゆい感覚から同時に落ち着かない感じが生じる場合がある。そこから転じて、恥ずかしい感情の比喩を表現する。例文に示したように、ほめられたことによって感じた恥ずかしい感情の比喩であるから、マイナスイメージがなく、全部プラスイメージである。

1.9.2　苦痛

(3) 昔の恋人の話を持ち出されたのは、彼には<u>いたがゆい</u>思いだった。
　　（说起过去的恋人，仍使他感到<u>不好受</u>。）
(4) 早起きすれば三文の徳と言われると、耳が<u>痛い</u>。
　　（早起能得三分利这话听起来很<u>刺耳</u>。）＜15万例文＞

「いたがゆい」は「痛い」と「痒い」から複合された形容詞で、痛みとかゆみが同時に感じられる感覚を表す。(3)のように、もともと肉体的な痛痒感は精神的なショックやダメージなどを受けた不快な感情を表す。(4)は同じように、自分の弱点や欠点が指摘された時の不快感を「痛い」で表す。

1.9.3 痛惜

(5) 百万円の損は<u>痛い</u>。
（损失一百万日元可真<u>够呛</u>。）＜中日＞

日本語では痛いという刺激の強い感覚を使って、経済的に損をするときの気持ちを表し、また、物質的な損失によりショックを受けたときの比喩にも使われる。(5)の中国語訳は、"够呛"で、痛痒感覚形容詞とはまったく関係のないものである。このような場合「损失一百万日元可真<u>心疼</u>」と言ってもよいが、痛覚の"疼"だけでは使えないのである。

1.9.4 困り

(6) 娘三人を嫁にださなければならないと思うと、親としても頭が<u>痛い</u>ですね。
（一想到要把三个姑娘嫁出去，作为父母的真是头<u>疼</u>。）

これは困っていて、どうしたらよいかわからない状態の比喩である。困っているときの精神的な苦痛は、頭が痛いときの肉体的な苦痛と置き換えて表す。例文の中国語のように、中国語も日本語と全く同じような表現をしている。

1.9.5 気分

(7) 女の子とはじめて手をつないだ時、何だか照れくさいような、<u>こそばゆい</u>ような変な気持ちがした。
（第一次和女孩子拉手时，有一种奇怪的感觉，既抹不开又<u>不好意思</u>。）
＜15万例文＞

日本語では触覚形容詞が感情の比喩表現にあまり使われていない。それに比べると痛痒感覚形容詞の感情表現における比喩は、わりに発達して、用例も多い。上記の用例に示したように、はっきり言えないような恥ずかしい感情や照れくさい感情を、ほとんど「かゆい」系列のもので表す。「痛い」の例は一つしかない。「痛い」が強くてはっきりした感覚であるのに対して、「かゆい」は刺激性がそれほど強くない、原因も分からず起こったものが多い。そのため、日本語でははっきりいえないような気持ちの表現によく借りて使われている。

1.9.6　程度

(8)　彼女の世話はかゆい所に手が届くようだった。
　　（她照顾得很周到。）

(9)　彼女の丁寧な手紙にはいたく感心しました。
　　（她那谦恭和蔼的信非常令人钦佩。）

上の「かゆい」はもともと痛痒感覚において、痒いところをかいてくれたという意味である。それをそのまま比喩に転用して、細かいところまでも面倒を見てくれることを表す。「痛い」は形容詞の連用形で動詞を修飾して、動作などの程度が普通ではない状態を表し、意味は副詞の「大変」、「非常に」などに相当する。「感心」、「感動」、「感じる」などの限られた動詞にしか使えない。

1.9.7　短所

(10)　そのひと言が彼の痛いところを突いた。
　　（那一句话揭了他的短儿了。）＜日中＞

これは痛痒感覚で、物事の性質を比喩した言い方である。痛い感覚はもともと強くて我慢できない刺激である。その感覚が精神的な強い刺激やダメージの比喩に転じられたものである。中国語の訳文は痛痒感と全く関連のない"短儿"（短所）で訳されたが、日本語と同じ"痛処"という比喩

もある。

1.9.8 懐疑

(11) 痛くもない腹をさぐられて、だれが気持ちよく思うものか。
　　（无端受到怀疑,谁心里会痛快呢？）＜日中＞

　これは慣用的な言い方で、もともと腹が痛いので、お医者さんに見てもらうという意味から生まれた、反対の意味である。何も怪しいことがなくても、無断に調べられたり、疑われたりすることの比喩である。日本語のこれらの比喩に対して中国語は同じような痛痒感覚形容詞の比喩がまったく見られない。

1.9.9 平気

(12) 痛くもかゆくもない。
　　（不疼不痒。）＜広辞苑＞
(13) 初回に一点二点取られたからって、痛くもかゆくもない。
　　（最初让对方得一分二分，也无关痛痒。）＜15万例文＞

　日本語ではこのように、痛痒感覚形容詞の「痛い」と「痒い」は一緒に慣用句として使われ、肉体の感覚から精神的な態度を表す。例文の中国語訳には"痛痒"が出ているが、名詞であって、形容詞ではない。

1.9.10 被害

(14) おい、痛い目にあいたくなかったら、素直に言うことを聞け。
　　（喂，要是不想挨打，就乖乖地听话。）＜15万例文＞

　痛覚は肉体的な不快感がともなうものである。例文のように、痛覚を利用して、被害を受ける時の精神的な苦痛や不快感などを表現する。中国語にはこのような直接的な痛覚による比喩表現がない。"挨打"は殴られるという意味で、殴られたくなかったらということである。

1.9.11　日本語痛痒形容詞の比喩表現の特徴

1. 日本語の痛痒形容詞の語彙数は中国語よりもっと少なく、6語だけで、ちょうど中国語の半分である（付録1.8参照）。しかし、その6語は全部比喩表現があるもので、比喩のないものはない。
2. 表8に示したように比喩の範囲は中国語より広く、比喩の項目数は中国語の倍で、用例数もやや多い。中国語では"痒"は"痛"より比喩が多いが、日本語では逆になって、「痛い」は「痒い」より比喩が少し多い。

表8　日本語痛痒形容詞の比喩表現の範囲と用例数

	羞恥	苦痛	痛惜	困り	気分	状態	短所	懐疑	平気	被害	合計
痛い	0	1	1	1	0	1	1	1	1	1	8
かゆい	1	1	0	0	1	1	0	0	1	0	5
くすぐったい	1	0	0	0	0	0	0	0	0	0	1
合　計	2	2	1	1	1	2	1	1	2	1	14

1.10　まとめ

以上の対照を通じて、中国語と日本語の触覚形容詞の比喩についての特徴を次のように明らかにした。

表9　五感の修飾・被修飾関係図　　　表10　共感覚的比喩の体系

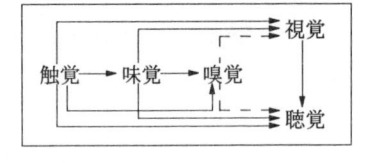

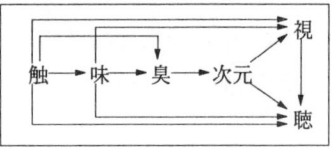

（図：触覚→味覚→嗅覚→視覚／聴覚）　　（図：触→味→臭→次元→視／聴）

1. 中日の触覚形容詞の共感覚について

日本語の共感覚の関係について、山梨氏と国広氏の示した関係図は上の表9、表10の通りである。

この二つの表はほぼ同じで、一番左の触覚は五感の中では、ほかの四感

と全部共感覚が起こることを表している。しかし、日本語の五感形容詞の共感覚においては、筆者が用例の考察によりまとめた次の表11の通り、触覚から、味覚、視覚、聴覚への比喩があるが、嗅覚への比喩が全く存在しないのである。中国語も同じような傾向を見せている。

表11　中日触覚形容詞における共感覚

		触覚	味覚	嗅覚	視覚	聴覚
温感	日本語				○	
	中国語	○			○	
冷感	日本語				○	○
	中国語				○	○
触感	日本語		○		○	○
	中国語		○		○	○
痛痒感	日本語					
	中国語					

山梨氏の示した「さすような香り、つくような臭い」[26]などの例文は、動詞の比喩表現で、形容詞ではない。国広氏の示した例文には「するどいにおい」、「刺すようなにおい」[27]のように、形容詞があるが、本論において、動詞を取り扱わず、また、「するどい」を形状を表す形容詞と見て、触覚形容詞として取り扱わなかったため、両氏と若干違う触覚形容詞の共感覚の関係図を、表12のように作った。なお、中国語と日本語の触覚の共感覚がほとんど同じなので、中日共通の関係図にしたのである。

表12　中日触覚形容詞の共感覚図

```
触覚 ┬─→ 視覚  ◎
     ├─→ 聴覚  ○
     ├─→ 味覚  △
     └─→ 嗅覚  ×
```

表に示したように、中日の触覚形容詞は共感覚において、よく似ている傾向を見せている。日本語と中国語では同じように、温度形容詞と触覚形容詞はよく共感覚が起こるが、痛痒形容詞はまったく共感覚が起こらない。

表12では、触覚からそのほかの感覚へ共感の起こる度合いについて、一番多いのは◎、多いのは〇、少ないのは△、全くないのは×でそれぞれ表される。また、触覚形容詞は味覚に対する共感覚が起こることは中国語と日本語の共通点である。中国語の温感形容詞は同じ触覚のグループ中の痛痒感に共感覚が起こるが、日本語ではこのような比喩はまったく見られない。

2. 中国語と日本語の触覚形容詞の語彙数及び比喩用例数の差

中日触覚形容詞の語彙数と比喩用例数について、分類して次の表13にまとめている。「語彙数」の欄にはその項目の形容詞の総語彙数を表示し、「比喩なし」の欄には比喩用法のない形容詞の数を表示したものである。「比喩あり」の欄には比喩用例のある形容詞の数を表示したものである。「用例数」の欄には比喩表現の用例数を表示したものである。全体的に見ると中国語の語彙数は日本語の3倍近くあるが、比喩用例数は日本語の1倍弱ある。

表13　中日触覚形容詞の語彙数と比喩用例数

分類	中　国　語				日　本　語			
	語彙数	比喩なし	比喩あり	用例数	語彙数	比喩なし	比喩あり	用例数
温度	95	44	51	103	21	6	15	55
触感	29	9	20	64	6	0	6	33
痛痒	12	3	9	10	6	0	6	14
合計	136	56	80	177	33	6	27	102

3. 中日触覚形容詞の比較

日本語と中国語はほぼ同じ数の基本的な触覚形容詞をもっている。しかし、痛痒を表す形容詞のほか、日本語の温度と触感の形容詞は生産性が低く、複合形容詞が少ない。特に温度形容詞において、中国語の複合形容詞は日本語の6.5倍になっている。日本語の触覚形容詞の比喩は基本形容詞を中心にして展開されているのに対して、中国語の比喩は複合形容詞が比喩の中心になっている。

4. 中日触覚形容詞における比喩範囲の比較

表14に示したように触覚形容詞を全体的に見て、中国語は日本語より

感情の比喩表現が発達していて、比喩の用例数は日本語の倍である。特に、温度形容詞の感情の比喩表現について、中日の差が特に大きい。中国語の温度形容詞は感情表現に使われる比喩の項目が日本語より多い。比喩表現の用例数が日本語の2.5倍あまりになっている。中国語では、感動したときの感情とうれしい感情についての比喩は日常的によく使われるもので、感情表現には欠かせないものである。

表14　中日触覚形容詞の感情の比喩と用例数

		感動	歓喜	困り	恨み	羞恥	寂寞	悲傷	恐怖	羨望	感情	痛惜	悩み	気分	失望	苦痛	平気	合計
中国語	温度形容詞	12	5			6		2	3	1					2			39
	触感形容詞										4							4
	痛痒形容詞		4	1								2	3					10
日本語	温度形容詞	2					4	2										8
	触感形容詞																	0
	痛痒形容詞			1		2						1		1		2	2	9

注

1) 村田忠男『さわることば——ウルマンのデータを中心に』「言語」1989.11 P.62
2) 国立国語研究所編　西尾寅弥著『形容詞の意味・用法の記述的研究』秀英出版　1972
3) 西原鈴子・川村よし子・杉浦由紀子共著『形容詞』（外国人のための日本語例文・問題シリーズ：5）荒竹出版　1988
4) 陈贵龙《陈妃平家中静听金鱼呼吸》北京娱乐信报　2002.7.16
5) 尹冠星《秋之叶》兰州晨报　2002.10.20
6) 陈义为《备受冷落的诗歌——当前校园诗歌现象之我见》中国教育报　2003.04.08
7) 张心松《听代表委员论小康》经济参考报　2003.3.6
8) 神戸新聞　2003.1.29
9) 魯迅『傷逝』訳・竹内好　魯迅選集第2巻　東京岩波書店　1956.11
10) 吴迎春《夏目漱石的食谱——「日本明治时代的少爷」》健康杂志　1987.11.1
11) 余光中《南半球的冬天》余光中散文精选　深圳　海天出版社　2001

12) 胡小胡《太阳雪》北京　华夏出版社　1996.12
13) 琼瑶《潮声》广州　花城出版社　1996
14) 尚学図書編集『故事・俗信　ことわざ大辞典』　小学館　1982
15) 有島武郎『生れ出づる悩み』（現代日本文学全集21）　筑摩書房　1954
16) 船橋洋一『船橋洋一の世界ブリーフィング』　週刊朝日　2000.7.21
17) 栗山一秀『日本酒のこころとかたち』　酒販ニュース　醸造産業新聞社　1996.6.21
18) 『北日本となみ野茶会3周年の一服』　特別講演　北日本新聞　2002.6.10
19) 国広哲弥『日米温度形容詞の意義素の構造と体系』　国語学会　国語学六〇集　1965
20) 王蒙《夜的眼》时代文艺出版社　2001.10
21) 魏巍《火凤凰》　北京　人民文学出版社　1997
22) 李渔《合锦回文传》　北京师范大学出版社　1993.3
23) 《传说》　浙江日报　1993.8
24) 《寒假补课补得头很痛》　新文化报　2003.1.19
25) shandongyao《不做你的红颜知己》　南方网络文学杂志　2001.3
26) 山梨正明『比喩と理解』　東京大学出版会　1988　P.58
27) 国広哲弥『五感をあらわす語彙』――共感覚比喩的体系「言語」1989.11　P.30

第2章 味覚形容詞の比喩表現

2.1 はじめに

　ここで言う味覚形容詞は「味」を表す形容詞のことである。「味」は主に舌で感じ取る感覚で、人間の基本的な感覚である五感の中の一つである。しかし、味を表す味覚形容詞は味だけを表現することにとどまらず、人、もの、ことの性質や状態などの比喩に使われているほか、五感の共感的比喩や感情、思惟などいろいろな比喩について使われることもある。本章は中国語と日本語における味覚形容詞の比喩表現にはどのような特徴があるかについて考察していくものである。

2.2 中国語味覚形容詞の感情の比喩表現

　中国語の味覚形容詞はよく感情の比喩に使われている。文学的な表現も会話的な表現も味覚形容詞を用いた比喩を使う頻度が高くて、幅が広い。中国語味覚形容詞の感情の比喩表現は次の通りである。

2.2.1 歓喜の比喩

(1) 想到这儿，她心里是<u>甜丝丝</u>的，又有一股隐隐的惆怅。
　　（ここまで思うと、彼女は<u>うれしさ</u>を感じたが、また、一抹のかすかな憂鬱を感じた。）＜ABB＞

(2) 做为会议主持人的凉一峰，在会议未开之前，心头就好像倒翻了蜜罐，<u>甜滋滋</u>的，喜盈盈的。
　　（会議司会としての涼一峰は、会議の始まる前に、胸の中では蜂蜜の

壺がひっくり返されたように、甘くて、うれしさでいっぱいだった。)＜ABB＞
(3) 丹梅吁了一口气，心里像喝下了一口糖水似的甜津津。
（丹梅はほっとして、砂糖水を飲んだように胸が甘い。）＜重畳詞＞
(4) 回忆有时那么甜蜜。
（回想は時にとても甘美である。）
(5) 胡杏把那一只踩在门槛上的脚收回去，决心退出房门之外。她的心是甜蜜蜜的。
（胡杏は敷居を踏んだその足をもどして、部屋の外へ出る決意をした。彼女はうきうきしている。）＜重畳詞＞
(6) 张安文裂开嘴巴无声地笑起来，虽然是梦，他心里照样是甜甜蜜蜜的。
（張安文は口を開けて声を出さずに笑った、夢だけど、彼は胸がやはりうれしさでいっぱいだ。）＜重畳詞＞
(7) 李老心里酸甜酸甜的，……。
（李さんは複雑な思いになった、……。）＜重畳詞＞

中国語では主に"甜"の派生語でうれしい感情の比喩をする。今の時代の人間にとってなんでもない砂糖など甘い物は、昔の人間、特に千年前の中国人にとっては大変貴重なものであった。この甘い味覚を味わった感動はそのまま感情の表現に用いられてきたのである。中国人は昔、人間が心の中でものを考えると思っていたから、このような感情の比喩の場合、必ず"心"という対象語を使わなければならない。用例で分かるように、味覚形容詞の基本語"甜"は感情表現の時には、ほとんど見られず、擬声擬態語で複合された形容詞で表す。(5)と(6)の"蜜蜜"は甘さの代表的なものの一つである蜂蜜の蜜で、非常に甘い味覚の状態を表すとともに、このようにうれしい感情の比喩にも使われる。(7)の"酸甜酸甜"は味覚において、日本語の「甘酸っぱい」とほぼ同じである。比喩表現の時「甘酸っぱい」は思い出などの過去の気持ちを表すが、"酸甜酸甜"は現在の感情や心情を表す。

2.2.2 悲傷の比喩

(8) 这件事使我很心酸。
    (このことにはとても胸が痛む。)
(9) 要和老师离别，学生们的心里都酸溜溜的。
    (先生と別れることになって、生徒たちはみんな悲しがっている。)
    ＜中日大＞
(10) 看珍儿这苦命的孩子苦得悲切，心上也觉得酸酸的，……。
    (恵まれない珍さんが苦しんでいるのを見て、悲しく思っている
    ……。)＜重叠词＞

　中国語では悲しい感情を表す味覚形容詞は"酸"だけである。"酸"は味覚において、酸味を表すものである。強い酸味は人に好まれないが、弱い酸味は場合によって、好まれる味になるかも知れない。比喩に使われる時は複合味の"酸甜"を除いて、全部マイナスイメージのものである。人は強い酸味を食べた時にその刺激性で顔をしかめたりして、顔は悲しそうな表情になる。また、強い酸味が鼻につんときて、涙が出そうなことがあるところから、"酸"は悲しい感情や気持ちの比喩に転じたと考えられる。また、"酸"は感情の比喩をする時、"甜"と同じように、対象語の"心"が不可欠なものである。

2.2.3 羞恥の比喩

(11) 刘亮妹的几句隐隐约约的带点刺激性的话，在秀秀心里沉甸甸，辣滋滋的，象几颗撞击着她情感的石头似的。
    (劉亮妹のかすかに刺激のある話は、秀秀にとって重く、石をぶつけられたような痛みを感じた。)＜ABB＞
(12) 他想起自己的错误，心里不由得一阵辣乎乎地发烧。
    (彼は自分の誤りを思い出して、思わず体が熱くなった。)
    ＜重叠词＞

辛い味は口の中や舌を刺すような刺激があり、基本的に人に不快感を与えるものである。その刺激のあるひりひりした味覚を、恥ずかしい感情が起こった時の感覚の比喩に転用されている。"辣"は恥ずかしい感情を表す時、"心"、"心里"が必要となる。日本語にはこのような比喩の使い方がない。

2.2.4 苦痛の比喩

(13) 她愧悔交加，心里象洒了一层胡椒面，又火又麻，<u>辣乎乎</u>的疼痛。
(彼女は後悔して、胸は胡椒の粉をまぶしたように<u>ヒリヒリして</u>痛い。)＜重叠词＞

(14) 他的阿谀谄媚在文殊听来，简直象吞了一把花椒，心里<u>麻酥酥</u>的不是个滋味。
(文殊は彼のこびへつらった言葉を聞いて、<u>鳥肌が立つ</u>ほど気持ちが悪くなった。)＜ABB＞

(15) 听了她的这一番道白，志伟就象吞了一把花椒，<u>麻辣辣</u>的，心里感到一阵阵的难受。
(彼女のこのような陳述を聞いて、志偉は一握りの山椒を飲み込んだように<u>ぴりぴりして</u>、悲しみを感じていた。)＜ABB＞

(16) 不知为什么，我一看见他，就烦躁，就委屈，心里就象吃了黄连似的，<u>苦英英</u>的。
(なぜか知らず、彼を見ると、窮屈でいやになり、黄連を食べたように<u>つらい</u>。)＜ABB＞

(17) 看过信后，多天来她那忐忑不安的心情才算安定下来，可却油然产生了一种<u>苦涩涩</u>的感觉，……。
(手紙を読んでから、何日間以来のびくびくしていた心がやっとおさまったが、急に<u>つらい</u>気持ちになった、……。)＜ABB＞

精神的なつらさや苦痛について、中国語は味覚形容詞の"麻"、"辣"、"苦"を使って、それを表現することが多い。"麻"は味覚において主に山椒のようなぴりぴりする辛さで、しびれる感覚を伴う辛さである。"辣"

は唐辛子のようなひりひりする辛い味で、刺されたような痛さを伴う辛さである。"辣"と"麻"は比喩の時、ほぼ同じくらい、せつない感情を表すが、"辣"は"麻"より少し程度が強い。"苦"は苦い味である。苦みを嫌う嫌悪感が、感情的な、精神的な苦しみの表現に転じてできた比喩である。中国語の"苦"には日本語では別々になっている「苦い」と「苦しい」の両方の意味があるから、比喩表現は「苦い」より、ずっと豊かである。また、⒀〜⒃の例に示したように、中国語はこのように精神的な苦痛を表す時、"象……苦"つまり、日本語の「…ように苦しい」の直喩の形を取ることが多い。

2.2.5 嫉妬の比喩

⒅ 她看到自己的男朋友跟另一个女同学要好，心里感到酸溜溜的。
（彼女は自分の男友だちがほかの女学生と親しいのを見てやいている。）＜中日大＞

⒆ 产生了酸意。
（嫉妬心が生まれた。）

中国語の味覚形容詞において"酸"は非常に大事な味の一つで、比喩の方においても、いろいろな意味に使われている。酸っぱいものを食べた時その強い酸味の刺激で顔をしかめた不快な表情が出てくる。そのしかめた顔の表情が嫉妬する時の表情を連想させているから、"酸"をやきもちをやく比喩とするのである。嫉妬の比喩は餅をやいている時のふくらんでいる様子を、ふくれる表情の比喩に転じた。中国人にとって"醋"（酢）は"酸"のもとであるから、"醋"には嫉妬する意味がある。例えば、嫉妬心の強い人は"醋罐子"、"醋瓶子"と言われる。つまり、酢入れのかめ、酢入れの瓶と喩えられる。やきもちをやくことを"吃醋"と言って、やきもちを爆発させることは"把醋瓶子摔倒了"と言う。"醋"は形容詞ではないが、名詞の前について、いろんな熟語が造られる。⒆の"酸意"は"醋意"とも言える。日本語の味覚形容詞「酸い」「酸っぱい」にも名詞の「酢」にもこのような比喩の意味がない。

2.2.6　感動の比喩

あまりの感動や悲しみにより思わず涙が出ようとする時の感覚は、日本語では「熱いものがこみ上げる」とか、「目頭が熱くなる」などというが、どちらも「熱い」を用いて表現される。中国語は日本語と同じように「熱い」を使う表現があるが、それに、味覚形容詞を用いて、鼻と目の両方を対象語として表現する。

(20)　郭祥鼻子<u>酸酸</u>地强忍住自己的眼泪。
　　　（郭祥は<u>ジンとなり</u>、やっと涙をこらえた。）＜重叠词＞
(21)　想着要和他分别，不禁有点眼<u>酸</u>。
　　　（彼と別れることを考えると、目頭が<u>熱くならざる</u>を得なかった。）
(22)　眼前一阵金光，一阵黑暗，眼睛<u>辣辣</u>的像是要哭。
　　　（目の前が光ったり、暗くなったりして、目に<u>しみて</u>泣き出しそうだ。）＜重叠词＞

中国語では、味覚の"酸"はジンとなって涙が出そうになる感覚と共感覚が起こり、その比喩表現を表す。(20)、(21)では目に涙が出る時の感覚を"酸"で表される。このように、中国語では、興奮したり、感動したりして涙が出る時の感覚はよく鼻で表されるが、日本語ではこのような表現がないようである。また、目がジンとなるような感動の時にも使われる。

　　　由不得脸上泛热，眼眶<u>酸酸</u>的。
　　　（思わず顔が赤くなって、目頭が<u>熱くなった</u>。）＜重叠词＞

(22)"辣"は味覚の唐辛子のようなぴりぴりした辛さから転用して、何か（例えば、タバコの煙、石鹸、シャンプー、タマネギなど）が目を刺激して痛く感じたり、涙が出たりした時に使われる。日本語の「目に沁みる」と言う表現に当たる。日本語の「酸っぱい」と「辛い」は、中国語のこのような涙や感情に関連する感覚の比喩がない。(22)は目が何かに刺激されて涙が出そうになる感じである。ここでは感動した時に、ジンとなって、涙が出そうな感じを表す。

2.3　日本語味覚形容詞の感情の比喩表現

前記のように、中国語では感情の表現は味覚形容詞に対する依存度が高い。日本語では感情の比喩に使われている味覚形容詞はその数が少なく、「えぐい」と「酸っぱい」の２語だけである。しかも、両方とも比喩表現の使用頻度の非常に低いものである。

2.3.1　悲傷の比喩

(1) <u>酸っぱい</u>思いをする。
　　（感到<u>不愉快</u>。）＜新国語＞

日本語の「酸っぱい」も不快な感情を表すことができる。中国語の"酸"は具体的感情の比喩を表すのに対して、日本語の「酸っぱい」はわりに抽象的な感情の表現に使われる。また、"酸"の表す感情は「悲しい」や「つらい」もので、「酸っぱい」の表す不愉快よりはるかに強烈なものである。

2.3.2　恐怖の比喩

(2) ホラー映画の<u>えぐい</u>メーキャップ。
　　（恐怖电影里使人<u>毛骨悚然</u>的化妆。）

「えぐい」はもともとあくが強くて、のどにはげしい刺激を与える味を表すが、それがそのまま感情の比喩に用いられ、刺激やショックを受けている感情を表す。『現代形容詞用法辞典』では、「刺激的である対象としては、目で見て強烈な刺激を受けるもの、（災害・事故・恐怖映画など）について用いられることが多く、聴覚によるものについて用いられることはない。」と説明している。[1]

2.3.3　中日比較

以上の例文にあげた感情比喩に使われる中国語と日本語の味覚形容詞の

比喩範囲と用例数は次の表1にまとめている。

表1　中日味覚形容詞の感情比喩の範囲と用例数

	歓喜	悲傷	羞恥	苦痛	嫉妬	感動	恐怖	合計
中	甜6 酸甜1	酸3	辣2	辣1 麻2 苦2	酸2	酸2 辣1	0	22
日	0	甘い1	0	0	0	0	蕨い1	2

　表1に示したように、日本語の味覚形容詞が感情の比喩に使われるのはわずか2語であり、中国語のほうには22語もある。その原因は、大河内氏の指摘されたように、「中国語には日本語の感情形容詞にあたるものが存在しない。あるいは存在してもきわめて影が薄いことである。」[2)] 中国語は日本語のように抽象的な感情形容詞があまり発達していないので、感情を表現するためには、特に味覚形容詞の比喩表現を借りなければならないと考えられる。中国語では基本の味覚を表す形容詞は全部感情の比喩に使える。"澀"は表1には出ていないが、例文(18)の中に"苦澀澀"という複合形容詞として使われている。また、中国語には「えぐい」という味覚を表す独自の形容詞がないため、「辛い」にあたる"辣"を使って表される。たとえば、

　　　のどがえぐい。
　　　（辣嗓子。）《新日漢》

2.4　中国語味覚形容詞の視覚の比喩表現

　味覚は主に食べ物を食べた時に感じられる感覚であるが、中国語でも日本語でも味覚がよく視覚の表現に使われることがある。味覚で視覚を表現することにより、もっとインパクトがある。中国語の味覚形容詞の視覚に対する比喩表現は次の通りである。

2.4.1 色彩の比喩

(1) 我不喜欢那种颜色<u>浓</u>的家具，喜欢这种颜色淡的。
(私はそのような色の<u>濃い</u>家具は気に入らないが、この種の色の薄いのが好きです。)

(2) 颜色<u>淡</u>点儿好。
(色は<u>明るい</u>ほうがいい。)＜日中＞

(3) 这红色儿太<u>酽</u>。
(この赤は<u>濃</u>すぎる。)

(4) 这幅油画的颜色<u>浓酽浓酽</u>的。
(この油絵は色が<u>濃厚です</u>。)＜重叠词＞

　中国語では味そのものを表す味覚形容詞は色彩の比喩に使えないが、味の濃淡など程度を表す味覚形容詞は色彩の比喩に使われる。"浓"は味覚の表現において、味が濃いという意味である。味のほか、においの方にもよく使われる。"淡"の本意は味が薄い、塩気がないことである。その意味が色の表現に転じて用いられる。"酽"はもともと酒の味が濃いことを表す形容詞であったが、後にお茶などの味の濃い状態を表すようになった。そして、さらに(3)のように色の程度の表現に転じたのである。(4)の"浓酽"は複合形容詞である。これらの形容詞はいずれも、その味の濃淡から、色彩の濃淡の表現に転じたものである。

2.4.2 表情の比喩

(5) 笑得很<u>甜</u>。
(笑い方が<u>かわいい</u>。)＜中日＞

(6) 谁知道那姑娘二话没说反倒对他<u>甜甜</u>一笑走了。
(意外にその娘は何も言わずに却って彼に<u>やさしく</u>笑って行ってしまった。)＜重叠词＞

(7) 孩子们笑得那么<u>甜蜜</u>。
(子供たちはあんなに<u>たのしそうに</u>笑う。)

(8) 她不喊不叫，脸上甚至还挂着甜蜜蜜的笑容。
　　（彼女は叫ぶどころか、顔にはやさしい笑みさえ浮かべていた。）
　　＜重叠词＞

(9) 一张极普通的脸上挂着温和的甜腻腻的笑容。
　　（そのきわめてありふれた顔に、やさしくて甘ったるい微笑みが現れていた。）＜重叠词＞

(10) 和蔼的微笑，甜滋滋的目光，……。
　　（やさしい微笑み、やさしい目つき、……。）＜ABB＞

(11) 丝丝甜津津地笑了。
　　（糸糸はやさしく笑った。）＜重叠词＞

(12) 她朝我甜美地一笑，我的心都要醉了。
　　（彼女は悩ましげにわたしに笑いかけた。わたしはぼーっとなってしまった。）＜中日大＞

(13) 甜甜蜜蜜的笑脸。
　　（満面の笑み。）＜中日＞

(14) 苦涩的表情。
　　（苦痛を浮かべた表情。）

(15) 大家都显出苦脸来了。
　　（みんなは不快な表情をあらわにした。）

(16) 我问她害的什么病，她淡淡地一笑，用开玩笑的口气说："也许是思乡病吧，谁知道呢。"
　　（何の病気にかかったのかと聞いたら、彼女は少し笑みを浮かべて、冗談めいた口調で「郷愁病かもしれません。よく分かりません。」と言った。）＜重叠词＞

　人間の表情は感情を表すものであるから、感情の比喩に多く使われる味覚形容詞は表情においても比喩表現が多い。"甜"から派生したいろいろな味覚形容詞は笑う表情の比喩に使われる。もともと甘い物を食べた満足感がうれしい表情ややさしい表情の比喩に転じたのである。日本語では「甘い」は笑うなどの比喩にほとんど使われない。仮に、たまに用例があ

るとしても、中国語のようにごく日常的に使われる比喩ではないだろう。味覚表現において"甜"の対義語は"苦"である。にがいものを食べた時のしかめた顔は苦痛のある時の表情によく似ているから、表情の比喩に転じたのではないだろうか。日本語も中国語と同じように「にがい」を用いて表情を表す。"苦涩"は複合形容詞で、味覚の時は「苦み」と「渋み」とが混合した味を表し、比喩の時は"苦"や"涩"よりもっと強い苦痛や不快感を表すものである。"淡淡"は味覚の場合に味が薄いという意味である。ここではあっさり笑ったというプラスの意味を表すが、場合によって、マイナスの意味に使われる。

2.5 日本語味覚形容詞の視覚の比喩表現

中国語の味覚形容詞と同じように、日本語の味覚形容詞も色彩の比喩表現に使われる。次はその用例である。

2.5.1 色彩の比喩

(1) あのお母さんは、上品な渋い色の洋服を上手に着こなしていて、とてもセンスがよい。
（那位妈妈穿着很合身的素色西服，雅致大方。）＜15万例文＞
(2) 彼女はしつこい色のインテリアが好きだ。
（她喜欢颜色浓艳的室内装饰。）
(3) ぼくはこういうくどい色は好きじゃない。
（我不喜欢这种太艳的颜色。）
(4) その絵は色彩が薄い。
（那幅画颜色太淡。）
(5) 淡いピンク色。
（浅红色・淡红色。）＜日中＞
(6) 右から三番目の、濃い緑のセーターを着ているのがわたしの兄です。

(右数第三个，穿着深绿色毛衣的是我哥哥。)＜15万例文＞
(7) 淡泊な色。
(素色。)＜日中＞

以上のように、日本語では味覚形容詞は色の比喩によく使われている。しかし、上にあげた例には、味覚そのものを表す形容詞は「しぶい」だけである。山梨正明氏『比喩と理解』には、次のような「甘い」の例文がある。たとえば、

甘い色調。
(暖色調。) 山梨正明『比喩と理解』[3)]

しかし、本論の調査対象となる辞書、及びそれ以外の辞書にはこのような使い方が全く見つからない。

「あわい」、「しつこい」、「くどい」などの形容詞は「あじ」そのものではなく、その程度つまり濃淡を中心に表現するものであるから、「あじ」に限らず、色彩やにおいの比喩にも使われる。中国語の"淡"、"浓"も同じような使い方がある。しかし、「しつこい」、「くどい」はほとんど好ましくない感じを表すマイナスの意味に使われるが、中国語の"淡"、"浓"はどちらかというと、プラスの意味に使われることが多い。

2.5.2 表情の比喩

(8) おこづかいをせびられてしぶい顔をする。
(被讨要零用钱而弄得脸色阴沉。)
(9) つい怒ったら、その子はしょっぱい顔をした。
((大人)一生了气，那孩子皱起了眉头。)
(10) 話を聞いて彼は苦い顔になった。
(听了这话以后，他哭丧起脸来。)
(11) 疲労の色が濃い。
(显得很疲劳。)＜広辞苑＞

表情の比喩表現はいずれも直接に味と関連した比喩用法である。同じ視

覚の表現であるが、色彩のように、心理、感情に左右されることがなく、渋み、塩の辛み、苦み、酸味などに刺激された時に顔に現れる、ゆがんだ不快な表情をそのまま比喩用法に用いたものである。日本語の用例の中国語訳文では「阴沉／くもらす」、「皱／しかめる」、「哭丧／なきべそ」などの表現が使われている。日本語のように味覚形容詞が使われていない。つまり、中国語は味覚形容詞を顔の表情の比喩にほとんど使わないようである。同じ「しょっぱい」でも、中国語には"皱"と"苦"二つの表現がある。それは"苦脸"と言う表現は子供に使わないからである。(11)は疲れている時の顔の表情について、色の濃淡を表す「濃い」で比喩表現をするのである。

2.5.3 形状の比喩

(12) <u>渋い</u>柄。
    （雅致的花样。）＜日中＞
(13) 夜空に<u>まろやかな</u>月が昇った。
    （夜空中升起了圆圆的月亮。）
(14) <u>まずい</u>顔をしている。
    （面相长得<u>丑</u>〔难看〕。）＜日中＞

　日本語では、織物や着物などの上品な模様などについて、味覚形容詞の「しぶい」で表現することができる。これは渋柿から取れた渋の色から由来したものである。『現代形容詞用法辞典』では以下のように説明した。「色を言う場合には黒や茶系統の枯れ葉や枯れ草のような色を言うことが多く、暖色系統や明るい青・緑系統の色を言うことは少ない。」[4]

　視覚の色彩の比喩において、日本語と中国語はほぼ同じ傾向を見せている。しかし、用例(12)の「渋い柄」という形についての比喩表現は、直接「しぶい」から派生したものではなく、渋柿→渋→柿渋色→落ち着いている色の、プロセスを経て生まれたものである。中国語ではこのようなイメージチェンジがないから、このような比喩表現がないのである。

　例文のように、日本語では顔つきについて、味を評価する味覚形容詞で

評価する。上記の例文のほかに次のような用例もある。たとえば、
　　まずい面。
　　（丑脸。）
このように親譲りや生まれつきの顔の様子について、日本語においては味覚形容詞の「まずい」を使うが、中国語にはこのような用法がなく、みにくいという意味の"丑"(醜)や、よくないと言う意味の"不好"で表現する。日本語にはこのような比喩用法が多いが、中国語にはこのような比喩用法が少ない。

2.5.4　中日比較

中国語と日本語の色彩の比喩に使われる味覚形容詞を表2にまとめている。それに示した通り、色彩を表す中国語の味覚形容詞は味そのものを表すものではなく、全部、味の程度、つまり濃淡を表現するもので、基本味覚を表す味覚形容詞は一語も色彩の表現には使えない。日本語も同じ傾向があるが、「渋い」だけはほかの味を表す形容詞と違って、色彩を表現することができる。

表2　色彩の比喩表現に使われる中日味覚形容詞

中	浓・酽・浓酽浓酽	×	×	淡	×
日	濃い	しつこい	くどい	薄い・淡い	渋い

また、表3に示したように、中国語では表情に"甜"などが笑いなどのプラスの比喩に使われる。それに"甜"とその複合形容詞をあわせて9語も表情の比喩を持っている。日本語は中国語のように「甘い」が表情の比喩には使われないため、日本語の味覚形容詞が表情の比喩に使われる時、笑いなどのうれしい表情を表すものは一つもなく、全部不快な表情を表すものである。

日本語の味覚形容詞は視覚の比喩において、色彩と表情を表すほかに、ものの形の表現に使われる。中国語の味覚形容詞は色彩と表情の比喩に使われるが、日本語のようにものの形を表すことができない。

表3 表情の比喩表現に使われる中日味覚形容詞のイメージ

	快感	中間	不快				
中	甜	淡淡	苦	苦涩	酸	×	×
日	×	×	苦い	渋い	×	しょっぱい	濃い

2.6 中国語味覚形容詞の聴覚の比喩表現

前節では中日の味覚形容詞の視覚に対する比喩表現を見てみたが、次は聴覚に対する比喩表現を見てみる。中国語も日本語も聴覚形容詞がとても少ない。聴覚を表すためには、ほかの感覚からの借用がほとんどである。味覚形容詞が聴覚の比喩に使われるのはその一つである。中国語味覚形容詞の聴覚表現は次の通りである。

2.6.1 よい声の比喩

(1) 王美新发出一阵清亮甜润的唤猪声。
（王美新はよく通るつやのある声でブタを呼んだ。）

(2) 娘听得熟悉的声音，立刻叫起来："是，有人叫门！像是运涛，那声音甜甜儿的！"。
（お母さんは聞き慣れた声を聞いたら、すぐ叫んで言った。「そうです。誰かノックしていますよ。運涛さんのようです、そのやさしい声が。」）＜重叠词＞

(3) 在摇摇摆摆的红绿灯球底下，颤着醇醇的歌喉，……。
（揺れ動いている赤と緑の電球の下で、のぶとい声で歌を歌い、……。）＜重叠词＞

用例(1)と(2)は"甜"から派生した味覚形容詞である。中国語ではかわいい声とやさしい声に対して"甜"で比喩を表す。女性の声について表現することが多い。

日本語も「甘い」が声の比喩に使われる。日本語ではやさしそうな、愛

嬌のある声、つまり、よい感じが与えられる声について、「甘い」を、わざと愛嬌をふるまって、かえってよい感じが感じられない場合、「甘ったるい」を使って、それぞれちゃんと使い分けている。日本語の「甘い」は味覚においてプラスとマイナス両方のイメージがある。それはそのまま、延長されて比喩に転じる。中国語の"甜"は味覚において、マイナスの意味をほとんど持っていないから、声の比喩に使われる時もマイナスのイメージがないのである。

中国語の味覚形容詞"醇"はもともと酒の味や香りが濃厚である意味から、濃いお茶の表現に転じたものである。また、(3)のように味の濃厚である意味を聴覚の声に喩えて、よい歌声という意味を表す。

2.6.2 悪い声の比喩

味覚形容詞の本来持っている味覚のイメージがそのまま聴覚の比喩に転じたものが多い。つまり、よい味がよい音声に使われ、好ましくない味がいやな音声に使われる。次は感じの悪い音声の比喩表現である。

(4) 他又用苦澀的声音说。
    (彼はまた苦渋にみちた声で言った。)
(5) 一个女孩子打来的，她要找你，声音很辣唷。
    (女の子が電話してきて、きみを捜していた。その声はとてもかわいいよ。) 藤井樹《猫空爱情故事》[5]

"苦澀"は苦みと渋みが複合した味を表す形容詞である。日本語には漢語語彙の「苦渋」があるが、味覚の意味がまったくないもので、中国語のような複合形容詞がない。味覚としての"辣"は非常に刺激性があって、ぴりっと辛い味である。その刺激性で聴覚の表現をして、女性の非常にかわいい声の比喩に使われる。

2.7 日本語味覚形容詞の聴覚の比喩表現

2.7.1 よい声の比喩

　日本語の味覚形容詞は中国語と同じように聴覚の比喩に使われているが、次の用例に示したように、聴覚に使える味覚形容詞の語彙数は中国語より少ない。

(1) 気を付けよう、暗い夜道と甘い声。
（多加小心呀，黒夜路上亲切的寒暄声。）
(2) 芸者が渋いのどを聞かせた。
（艺妓放开了圆润的歌喉。）
(3) 円やかな声。
（圆润的声音。）＜日中＞

　日本語では「甘い」、「甘ったるい」、「しょっぱい」、「渋い」などの味覚形容詞が比喩に使われている。声について味覚形容詞を使う場合、味の感覚をそのまま比喩に使うのが一般的である。昔、砂糖などの甘い物が容易に手に入らなかった時代には「甘い」味が人に与えた感動は大変なものであった。そのため、「甘い」味は感動だけでなく、好感を持つものの比喩にも使われている。日本語は声について親切そうに感じられた時、愛嬌が感じられる時に「甘い」でその声を表現する。

　味覚において「渋い」は人には好まれず、ほとんどマイナスの意味である。しかし、例文(3)のように声の比喩に使われる時、低くて魅力のある声を表す。「女性や子供に関するものについて用いることは少なく、おもに老人にふさわしい性質として用いることが多い。」[6]どうやらこの比喩は渋の黒ずんだ色から円熟した意味に転じてきたようである。

　「まろやか」は、もともと形状を表す形容詞「円い」と同じ源から生まれたものと考えられるが、それが味覚の評価に使われ、味がちょうどよい度合いを表す。ここではよい声の比喩に使われる。

2.7.2 悪い声の比喩

(4) 奴はいつも甘ったるい声で話す。
（那家伙总是娇声娇气的说话。）
(5) あのおやじ、あんなしょっぱい声でどなってる。
（那个老头用很沙哑的声音吼着。）
(6) 塩辛い。
（声がしわがれている。）＜広辞苑＞

　味覚の場合、甘味が濃すぎて、いやに感じる時、「甘ったるい」を使って、それを表現する。そこから、声に愛嬌がありすぎたり、わざとやさしそうな声を出したりして、聞き手に反感がおこる場合、それを「甘ったるい」で表す。中国語の"甜"は日本語のように、味覚において細分化されていないため、「甘い」と「甘ったるい」の味覚表現の使い分けがないのである。しかも、"甜"は比喩の場合、プラスのイメージがあるが、マイナスの意味を持っていないから、「甘ったるい」のような比喩表現がまったくないのである。

　「しょっぱい」「塩辛い」は味覚表現において、塩のような味を表す形容詞である。塩気の多いものを食べすぎると、のどがおかしくなって、声がしわがれることになる。そこから発展して人のしわがれた声の比喩に転じてきたのである。中国語では、「渋い」と「しょっぱい」にあたる味覚形容詞は声の比喩を持っていない。

2.7.3 中日比較

　聴覚の比喩について、表4に示したように、中国語には5語、日本語には6語ある。中国語では"辣"以外全部重ね型形容詞や複合形容詞である。『現代形容詞用法辞典』によると、日本語の「渋い」はあまり華やかではないやや低めの声という意味である。中国語の"酽"は味覚において、酒の味が濃いことを表すが、ここでは歌声に情緒があることを表す。歌声以外の声にはあまり使わない。中国語と日本語の味覚形容詞は聴覚を

表す時、好ましい味で感じのよい声を表し、好ましくない味で感じのよくない声を表す。ただ、「渋い」は違って、柿の「渋い」味から柿渋という黒や茶色系統の色の表現に変わり、また、その色彩表現から、声に落ち着きがあり、奥深いという比喩の評価に転じたものである。

表4　聴覚の比喩表現に使われる中日味覚形容詞

	感じのよい声				感じのよくない声					
中	甜甜	甜润	×	醇醇	×	×	×	×	辣	苦涩
日	甘い		渋い	×	まろやか	甘ったるい	しょっぱい	塩辛い	×	×

2.8　中国語味覚形容詞の嗅覚の比喩表現

　味とにおいとはとても緊密な関連があるので、味覚と嗅覚も非常に密接に関連して、共感覚の傾向が強い。味覚がにおいに使われる比喩は、よい感じがする香りと悪い感じがするにおいという二つに分けられる。以下は中国語味覚形容詞の嗅覚比喩を表す用例である。

2.8.1　香りの比喩

(1) 小嘎子顿觉心胸开朗，便扬起鼻尖儿，贪婪地吸那甜丝丝的香气。
　　（小嘎子は急に胸がさっぱりした気がして、鼻を上げて、どん欲にその甘い香りを吸った。）＜重叠词＞

(2) 清冷新鲜，甜滋滋的空气使人浑身力量充沛精神抖擞。
　　（涼しく新鮮で、甘い空気は人を元気いっぱいにさせる。）＜ABB＞

(3) 空气中流荡着一种芝麻花的香味，甜蜜蜜的沁人心肺。
　　（空気中に胡麻の花の香りが漂って、甘くて気持ちよい。）
　　＜重叠词＞

(4) 点心铺充满了甘芳的气息。
　　（お菓子屋さんには甘くてかぐわしい香りがたちこめている。）

(5) 气味甘美。
　　（こころよい香り。）

(6) 清凉甜润的空气。
（さわやかで潤いのある空気。）

(7) 他站在一棵白杜梨树下，呼吸了一口杜梨树花那酸甜酸甜的香气。
（彼は白い棠梨の木の下に立って、その花の甘酸っぱい香りを一口吸いこんだ。）＜重叠词＞

(8) 清淡的荷花香气。
（すがすがしいハスの香り。）

(9) 醇釅的奶茶。
（香りとこくのある'奶茶'。）

(10) 玫瑰花香味很浓。
（バラは香りが強い。）

(11) 兰圃吐着淡淡的幽香，紫荆树梢停放着千万只粉蝶。
（蘭畑が淡い香りを出し、ハナズオウの梢に何千何万匹のシロチョウがとまっている。）＜重叠词＞

　五感の中では味覚は嗅覚といちばん関係が近いから、お互いに通ずるものが多い。中国語では名詞の"味儿"は味を表すとともに、においも表すものである。中国語でにおいの比喩に一番よく使われている味覚形容詞は"甜"である。(1)～(6)は味覚のよい感覚はそのまま、においの比喩に延長して、よい香りに対して"甜"を用いて表現する。(7)の"酸甜酸甜"は"酸"と"甜"の味から複合されたものである。においの比喩に使われる時、マイナスのイメージがまったくない。味覚において、もともと酒の味が純粋で濃厚である意味を表した"醇釅"は、後に書き言葉として、広く食物のよい味やにおいを表すようになった。(10)、(11)は味の濃淡を表すと同時に、嗅覚のにおいの濃淡を表すことができる。

2.8.2　においの比喩

(12) 春风荡漾，花香、草香和镇旁小湖中那股暖洋洋、酸溜溜的气味混合在一起。
（春風がそよ吹き、草花の香りが町のそばの小さな湖の、暖かくて

酸っぱいにおいといっしょになっている。）宋宜昌《燃烧的岛群》[8]
(13) 这屋里有味儿，快开开窗户吧.
（この部屋は臭い、早く窓を開けなさい。）＜中日大＞

　"酸"は味覚において、"甜"の対義語の一つであるから、特に大昔の人間にとってはよい味ではなかった。においに使われる時、腐敗した酸っぱいにおいを表す。日本語でも酸っぱいにおいという表現が使われる。また、"有味儿"は味覚において、よい味がする、おいしいという意味であるが、(13)のように、においの比喩に使われる時、不快な感じがするにおいを表し、日本語の「臭い」にあたる。

2.9　日本語味覚形容詞の嗅覚の比喩表現

2.9.1　香りの比喩

(1) バラの甘い香りが会場いっぱいに漂っていた。
　　（会场飘满了玫瑰花甜甜的芳香．）
(2) ハーブティーはまろやかな香りが好まれる。
　　（薄荷茶因醇和的香味而受人喜爱．）
(3) ビニールハウスの中は、イチゴの甘酸っぱい香りがたちこめていました。
　　（塑料大棚中充满了草莓酸甜的香味．）＜15万例文＞

　味覚形容詞「甘い」は嗅覚の比喩に使われる時、味覚のイメージはそのまま生かされている。つまり、味覚の甘いものを食べる時のよい感じは、嗅覚の場合、香りをかぐ時の感覚と共感覚が起こる。日本語では香りの比喩に使われる味そのものを表す形容詞は「甘い」一語だけである。「まろやか」は味の程度を表すものであるが、よい味の表現だけに使われるものである。嗅覚の比喩も同じように、香りを表すが、くさいにおいの比喩には使われない。

2.9.2 においの比喩

(4) 香水の甘ったるい香りにふらふらした。
　　（香水刺鼻的香味儿使人头晕。）
(5) 母乳を飲んでいる赤ん坊のうんちはすっぱいにおいがする。
　　（喝母乳的婴儿大便有一股酸味儿。）
(6) この香水の香りは甘すぎてしつこい。
　　（这种香水香味太刺鼻。）

　日本語において甘味と酸味などの味覚がにおいと共感覚を起こすから、「甘い」、「あまったるい」、「すっぱい」などの味覚形容詞はにおいの比喩にも使われているのである。「からい」、「にがい」「しぶい」などの味覚はにおいと共感覚をおこさないから、比喩表現をもっていない。味覚形容詞がにおいの比喩に使われる場合、味に対するイメージがそのままいかされる。日本語ではほどよい香りには「甘い」が使われるが、強すぎていやになると、「あまったるい」が用いられて、味覚と同じように使い分けている。「しつこい」や「まろやかな」はおもに味の程度を表現する形容詞であるが、「あじ」と「におい」両方に共感覚がおこって、においの比喩にも使われる。

2.9.3 空気の比喩

(7) 山の新鮮な空気がうまい。
　　（山上的新鲜空气沁人心肺。）
(8) 新鮮な山のおいしい空気を胸いっぱいに吸い込む。
　　（深深地吸着山上的新鲜空气。）

　空気は呼吸するため嗅覚に大きく関わるが、このような比喩表現は日本語の独特なもので、中国語にはないのである。空気は無臭無味のものであるから、それについて具体的な味覚形容詞が使えず、「うまい」、「おいしい」のような、味に対するプラスの評価の形容詞がその比喩に使われてい

る。空気のよくない時の比喩に味覚形容詞は使わない。日本語に対する中国語訳は"新鮮"や"清新"などを使っている。(7)の中国語訳の"沁人心肺"は熟語表現である。冷たい飲み物を飲んだり、新鮮な空気を吸ったりしたあとの快さを表現することばである。

2.9.4 中日比較

表5に示したように、中国語の味覚形容詞は、"甜丝丝"、"甜滋滋"、"甜蜜蜜"、"酸甜"などがあり、甘い味の形容詞が多い。日本語も同じように、「甘い」、「甘ったるい」、「甘酸っぱい」など甘い味を中心に嗅覚の比喩表現に使われることが多い。中国語の"甜"系の味覚形容詞は比喩表現に7語使われている。いずれも、香りの表現に使われるが、日本語の「甘ったるい」のように不快なにおいを表す比喩を持つものがない。中国語と日本語は同じように聴覚の比喩に使えるのは甘み、酸味を表す味覚形容詞と味の濃淡を表す味覚形容詞で、そのほかの味覚形容詞は使えない。全体的に見ると、中国語には嗅覚の比喩に使える味覚形容詞が13語あり、香りを表現するものが圧倒的に多く、不快なにおいを表すものが非常に少ないことが特徴になっている。日本語は嗅覚の比喩に使える語彙数が少ないが、香りとにおいの比喩に使える形容詞はそれぞれ3語ずつで、平均的である。また、中国語では見られない、空気の比喩がある。

表5 嗅覚の比喩表現のある中日味覚形容詞

	中国語													日本語							
	甜潤	甜丝丝	甜滋滋	甜蜜蜜	甘芳	甘美	酸甜	清淡	醇酽	浓	淡	酸溜溜	有味儿	甘い	甘酸っぱい	まろやか	うまい	おいしい	甘ったるい	酸っぱい	しつこい
香り	○	○	○	○	○	○	○	○	○	○	○			○	○						
空気																○	○				
匂い												○	○						○	○	○

2.10　中国語味覚形容詞の状態の比喩表現

2.10.1　もの

(1)　油揩布沾手很膩。
　　（油ぞうきんに手がふれるとねばねばする。）
(2)　膩乎乎的大米粥。
　　（ねばっこいコメのかゆ。）
(3)　他用科学的方法有効地擦洗了机器上膩膩的油垢。
　　（彼は科学的な方法で機械の上のべとべとした油の汚れをきれいに取った。）＜重畳词＞
(4)　这双鞋穿的太苦了，不能修理了。
　　（この靴はもうぼろぼろで、修理がきかなくなった。）
(5)　轮轴发涩该上油了。
　　（シャフトの滑りが悪い、油を少し差さねばならぬ。）

　味覚形容詞は味を感じる状態をもって、ものの状態に転用する。"膩"はもともとあぶらが多くて、あぶらっこい味を表すものである。その味のあぶらっこいことから油が多すぎてべとべとになる状態を表現するようになった。"膩膩"は"膩"から派生したもので意味がほとんど同じである。
　"苦"は味覚において、好まれていない味であるから、それを食べた時に感じられた感覚は感情と共感して、味覚の「にがい」はイコール精神感覚の「つらい」で、よく抽象的な物事の比喩に使われている。味覚の表現でも、比喩の表現でも"甜"の対義語になる。(4)は具体的なものについて、ぼろぼろになる状態、あるいは、使いすぎて、非常に悪い状態になったことを比喩する。
　味覚における"涩"は、その渋みと同時に舌にはざらざらした刺激のある感覚が感じられる。それは物事のなめらかでない状態の表現に使われるものである。

2.10.2　物事

(6) 他爱上了乒乓球，对象棋的兴趣逐渐淡薄了。
　　（彼は卓球が好きになって、将棋に対する興味がだんだん薄らいだ。）

(7) 兴趣正浓。
　　（まさに興たけなわである。）

　物事について、中国語の味覚形容詞では味そのものを表す形容詞には比喩表現がなく、味の程度を表す形容詞は味の濃淡の表現が物事の比喩に転用されて、使われている。抽象的な事柄は具体的なイメージがなかなかなく、わかりにくい。味覚形容詞の比喩は味のイメージをそのまま事柄の世界に持ち込み、ある程度具体的なイメージを与え、描写を生き生きさせるのである。(6)、(7)の"淡薄"と"浓"は対義語で、味のほかによく気体、水などの状態を表し、例文では趣味に対する関心や熱心さがなくなっている状態や盛んな状態を表す。

2.10.3　不景気

(8) 生意淡，货价就得低。
　　（商売が振るわなければ、価格を下げねばならない。）

(9) 生意淡薄。
　　（商売がひまである。）

(10) 生意比较清淡。
　　（商売はかなり不景気だ。）

　"淡"は味覚の表現において塩気が薄い、味が薄いことを表す味覚形容詞である。その味が薄い、足りない状態は商売のあまり繁昌していない状態の表現に置き換えられ、このような比喩ができたのである。ちなみに、オフシーズンのことは"淡季"であるが、シーズンは"浓季"ではなく、"旺季"で、旺盛の季節の意味である。

2.10.4　人間関係

(11)　人情淡薄。

　　　（人情が薄い。）

(12)　蔡大嫂与罗歪嘴的勾扯，依然如场上人所说那样的酽。

　　　（蔡家の嫁と羅歪嘴との不倫関係は、相変わらず村の人々の言う通りに親密である。）《漢語大辞典》

　中国語の味覚形容詞は人間関係の比喩に、味そのものを表す形容詞が使えず、"淡薄"、"酽"などのような味の状態や程度を表す形容詞が用いられる。味や塩気が薄い状態が人間関係の表現に借りられたのである。(11)は人情や情けがない状態を表す。日本語も同じように、味覚形容詞の「薄い」が使われている。"酽"は味覚において、酒や液体状のものの濃い味を表すものである。味の状態の表現から感情が厚い状態の表現に転じて、男女の不倫関係を表す。

2.10.5　睡眠

(13)　睡得真甜。

　　　（ほんとうにぐっすり眠る。）

(14)　睡得甜蜜。

　　　（熟睡している。）＜中日大＞

(15)　郭祥在老乡的暖炕上，甜甜地睡了一晚。

　　　（郭祥は農民の暖かいオンドルで、一夜ぐっすりと寝た。）＜重叠词＞

(16)　他一味自作多情，欲火中烧，几乎每个晚上，都要做甜滋滋，滑腻腻的美梦。

　　　（彼はひたすら片思いをして、欲望の火が燃え、ほとんど毎夜甘くてべったりした夢を見る。）＜重叠词＞

(17)　伙伴们耐不住长途旅行的疲劳，已经含着甜蜜蜜的笑意昏昏入睡。

　　　（仲間たちは長い旅の疲労に耐えきれず、甘い笑みを浮かべて眠りに入っていった。）＜ABB＞

(18) 睡了一个甜美的午觉。

　　（<u>快適な</u>昼寝をしました。）

(19) 睡得<u>香甜</u>。

　　（<u>ぐっすり</u>眠った。）

　"甜"、"香"は比喩表現において、ほとんどプラスの意味に使われる。甘いものやおいしいものを食べる時の快い感じをそのまま用いて、気持ちよく眠っている状態の比喩を表す。(13)～(18)はいずれも"甜"とその複合形容詞である。中国語では味覚で感じる甘い味の快い感覚が、ぐっすりと眠る時の気持ちよい感覚と共感しているので、甘い味を表すほとんどの味覚形容詞は熟睡状態の比喩に使われるのである。また、(19)のように"香"と"甜"は一緒に複合形容詞になる場合もある。日本語の「甘い」は睡眠などの状態について使えないので、このような比喩表現がない。そのため、例文の日本語訳では副詞の「ぐっすり」、「よく」などで、表現されるしかない。

2.10.6　程度

(20) 他的那番话我都听<u>腻</u>了。

　　（彼のその話にはもう<u>うんざりした</u>。）

(21) 可把他骂<u>苦</u>了。

　　（まったく彼をののしり<u>すぎた</u>。）

(22) 农会有钱赎回，我也不<u>咸涩</u>。

　　（農民協会にうけだす金があれば、私も<u>ぐずぐず</u>していない。）

(23) 而对这种世态，夜深人静时，辗转反侧中，他心头竟时时泛起一种<u>酽酽</u>的怀旧情绪……。

　　（このような世の中に対して、夜静まった時、何度も寝返りを打っている中、彼の脳裏に<u>濃厚な</u>懐旧の思いが浮かんできた……。）＜重叠词＞

(24) 他满口'诗云'，'子曰'的真是<u>酸巴溜丢</u>。

　　（彼は口を開けば「詩に云う」「子曰く」と、学者じみていて<u>きざっぽい</u>。）

(25) 江波扬扬手说:"够了够了,你跟谁学的这一套,酸溜溜的真不嫌腻味!"。
(江波は手をちょっと挙げて言った。「もういい。きみはどこからこんなことを学んだ。貧乏書生くさくて、あきれたもんだ。」)
〈重叠词〉

(26) 那栋房子最近卖出了,价钱真辣。
(その家屋は最近売り出されたが、値段は実にべらぼうだ。)
〈中日大〉

　中国語の味覚形容詞は動作の状態に対する比喩の時、味を味わう時に感じ取った感覚をそのまま転用することが多い。(20)"腻"は味覚のあぶらっこくて、食べるのがいやになることを、物事に対するいやになる状態と置き換えて表現する。(21)の"苦"は、にがい味を食べたがらない思いが起こって、いやなことやみじめな状態の比喩に転じたのである。

　"咸涩"は、渋いものを食べた時に舌に渋みの刺激を受けてざらざらした感覚が起こる。その感覚を物事や動作のなめらかでない様子や状態に表現して、物事をスムーズに実行しない状態を表す。"醇"はもともと酒の味が濃厚な度合いを表す味覚形容詞であったが、後にお茶などの液体状の味を表すようになった。(23)のように思いや情緒などの抽象的なものについて、味を表す"醇"を使ってそれに喩えて、具体的なイメージを与える。

　酢のような"酸"は味覚においてはそのまま口に入れては、刺激が強すぎる。中国語ではそのような酸っぱいものを食べた時の、顔をしかめた表情から、例文(24)、(25)のように反感や響慼の意味に転じたが、日本語にはこのような比喩が全く見られない。

　"辣"は味覚の中では最も刺激の強い味で、その強い味覚の刺激は物事のひどい性質や状態の比喩に使われる。例文はびっくりするほどの値段の高さを表す。

2.10.7　演技

(27) 她的演唱韵味醇酽。

(彼女の演技は味わい深い。)

(28) 这出戏还是马连良唱得有味儿。

(この芝居はやはり馬連良の歌に限る。)＜中日大＞

　日本語では演技について味覚形容詞の「うまい」や「まずい」で評価する。中国語はマイナスの評価を味覚形容詞で表さないが、プラスの評価は日本語と同じように、味覚の状態を表す形容詞で比喩する。(27)の"醇酽"は味覚の表現では酒の味が濃い状態を表す形容詞である。味の濃厚な状態が演技のうまい状態に喩えられたものである。日本語の訳文の「味わい深い」は、味覚を表す意味がないが、「あじわい」や「味わう」などは明らかに味に由来したものである。

　"有味儿"は、味覚においておいしいという意味である。"醇酽"とほぼ同じ意味である。"醇酽"がやや書き言葉的な表現であるのに対し、"有味儿"は話し言葉的な性質を持っている。

2.10.8　態度

(29) 他们甜蜜蜜地谈话来着。

(彼らは親しそうに話していた。)＜中日大＞

(30) 他忽然柔情起来，捧起竹青嫂的脸，甜腻腻地说道："过些日子，咱俩结了婚，这粮食是留着过日子的。"

(彼は突然やさしくなって、両手で竹青姉さんの顔を持ち上げて、「しばらくして、僕たち結婚したら、これらの穀物はその生活のために取っておいたのだ。」とやさしく言った。)＜重畳詞＞

(31) "老舅"。姑娘眼尖，老远就甜生生地喊了他一声。

(「おじさん」と娘は目が鋭く、遠くから親しく彼に声をかけた。)
＜ABB＞

(32) (孔武珠)随后透出一脸鄙弃嘲笑的神气，酸溜溜地说……。

((孔武珠は)その後軽蔑し嘲笑する表情を浮かべて、ねたんだ口調で言った……。)＜重畳詞＞

(33) 为这件事我曾问过她，可是得到的却是淡淡的回答。

(それについては彼女に尋ねたことがあったが、<u>気のなさそうな</u>返事しかもらえなかった。)

　中国語では愛嬌のある表情の比喩に味覚形容詞の"甜"がよく使われる。プラスの意味が非常に強い表現である。"酸溜溜"は味覚を表す時の強い酸味の刺激でしかめた顔の表情から、比喩表現ではやきもちや嫉妬の態度を表す。このような比喩表現は中国語でよく使われているが、日本語の「酸っぱい」にはまったくない比喩である。"淡淡"は味があっさりしていることや味が薄い状態から、情熱が入っていない、冷たい態度、語気などの比喩に転じたものである。

　以上にあげた中国語の状態を表す味覚形容詞を、次の表6にまとめている。

表6　状態の比喩のある中国語味覚形容詞

甜	酸	苦	辣	涩	咸涩	腻	酽	淡	醇酽	有味	合計
10	3	2	1	1	1	4	4	5	1	1	33

　表6に示したように、中国語ではほとんどすべての味は状態の比喩に使える。表6にあげた味覚形容詞は、基本形容詞を中心に取り上げた代表的な11語である。その中に複合形容詞が含まれているから、語彙別に計算すると26語もある。また、比喩表現の範囲と用例数は表7にまとめている。

表7　中国語味覚形容詞の状態の比喩範囲と用例数

もの	こと	不景気	関係	睡眠	程度	演技	態度	合計
5	2	3	2	7	7	2	5	33

2.11　日本語味覚形容詞の状態の比喩表現

2.11.1　ゆるい

(1) 三番目のねじが<u>あまく</u>なっている。

　　(第三个螺丝有点儿<u>松了</u>。)

日本語では物の具体的な状態について、「甘い」で表現されるが、中国語の"甜"にはこのような比喩がまったく見られない。(1)はしっかりついているはずの物がゆるんでいる状態をいう。味覚において、「甘い」味から気持ちよい感じが生まれ、「甘い」は幸福感の比喩にまでなったが、その気持ちのよい状態により気がゆるみ、油断してしまうというマイナスの面も生まれてくる。日本語では「甘い」はこのようにプラスの比喩表現が行われると同時に、ものの状態についてマイナスの比喩を表す。

2.11.2 不正確

(2) この写真はピントが甘い。
（这张照片焦距没调准。）

これは写真のピントが合わず、ぼやけて鮮明ではない状態の比喩である。(1)は緩い状態を表すが、(2)は視覚から見る状態を表現するものである。

2.11.3 鈍り

(3) 甘いのこぎり。
（钝锯。）＜日中＞

刃物がよく切れない状態を日本語では「甘い」を用いて比喩するが、中国語にはこのような比喩がない。日本語において、「甘い」は塩気の足りない味を表すところから、物足りない状態や鋭さのない状態の比喩に転じて、このようなマイナス状態の比喩が生まれた。中国人の味覚においては、"甜"に対するマイナスのイメージがないので、日本語のこのような比喩がないのである。

2.11.4 物事

(4) 明日釣りに行こうと父を誘ったら、渋い返事しか戻ってこなかった。
（约爸爸明天一块儿去钓鱼，可得到的却是待搭不理的回答。）

＜15万例文＞
(5) 工程が<u>うまく</u>ないから立て直そう。
   （工序的进度<u>不理想</u>，应该重按排一下。）

(6) あの先生は採点が<u>辛い</u>。
   （那个老师判分很<u>严</u>。）

(7) その先生は採点が<u>甘い</u>。
   （那个老师判分很<u>松</u>。）

(8) 彼の文章は<u>くどい</u>。
   （他的文章<u>冗长乏味</u>。）＜日中＞

(9) 金に<u>淡泊</u>である。
   （对金钱<u>恬淡</u>。）＜日中＞

(10) 興味が<u>薄い</u>。
   （兴趣<u>不浓</u>。）＜日中＞

(11) あの病気は<u>しつこくて</u>、なかなか治らない。
   （那种病很<u>顽固</u>，不好治。）＜日中＞

　物事の状態について、「しぶい」はその物事がスムーズに行われていないことを表す。これは味覚を表す時に、「しぶい」味が舌にざらざらした感覚を与えるところから生まれたものである。その味覚は触覚のざらざらした感覚と共感して、さらに、抽象的な物事の順調ではない状態を表現するようになった。

　「うまい」は味覚のよい気持ちや感じが、抽象的な物事が順調に行われていることに転じてできた比喩である。(5)は打ち消しにより、状態のよくないことを表す。物事の状態は直接に目で見ることができないことが多い。特に抽象的な物事の状態について、その状況を表すことは、なかなかむずかしい。そこで、それを何か人間の感覚と結びつけたら、リアルに描写でき、ありありと具体的なイメージを目の前に浮かべることができて、理解しやすくなる。味覚の感覚から「からい」はよくない、いやな感じがする。「甘い」は反対に、快い感じ、好ましい感じがする。その感覚が物事の程度の表現に転じて、(6)の厳しい要求や対応に対して「からい」を

使って比喩する。「からい」は味覚において、唐辛子のような強い刺激性のある味から、物事のきびしい性質や状態の表現に転じた比喩である。きびしくない要求や寛大な対応に、(7)のように「甘い」で表す。

　味の濃淡を表す味覚形容詞はもともと、味の性質や状態などの具体的な物を表す形容詞であるから、物事の性質や状態などの抽象的な表現に転じやすい性格を持っている。(8)〜(11)のように、味の濃淡を表す味覚形容詞は物事に使われ、味覚の具体的なイメージでその状態を表現する。

2.11.5　懐疑

(12)　新たな証言により、彼が犯人である疑いはいよいよ<u>濃厚</u>となってきた。
　　　（由于有了新的证言，他是犯人的嫌疑<u>越来越大</u>了。）＜15万例文＞
(13)　詐欺の疑いが<u>濃い</u>。
　　　（诈骗的可能性<u>很大</u>。）＜広辞苑＞

「濃厚」と「濃い」は味そのものではなく、その状態つまり、濃淡の状態を表す味覚形容詞である。例文のように、もともと味の状態を物事の判断に転用して抽象的に疑う状態を表す。

2.11.6　雰囲気

(14)　<u>甘い</u>雰囲気に酔う。
　　　（陶醉于甜蜜的气氛。）
(15)　各地で暴動が相次ぎ、戦争の起きる気配が<u>濃厚</u>だ。
　　　（各地相继暴动，战争爆发的可能性<u>很大</u>。）＜15万例文＞

このように、日本語において雰囲気、気配やムードなどについて、味覚形容詞の一部で比喩的に表す。「甘い」は味覚のよい感覚を、そのまま感じる雰囲気の比喩に使われる。マイナスの意味の多い「甘い」にはこのようなプラスの比喩表現はめずらしい。中国語訳文の"甜蜜"は甘い意味の"甜"と蜂蜜の"蜜"で構成され、蜂蜜のように甘い意味である。幸せの

感じや愉快な気持ちの表現に使われている。(15)の「濃厚」は味などの濃淡を表す基本的な意味から抽象的な気配やムードを表し、「甘い」などのような感情的な色彩を持っていない。

2.11.7 関係

(16) あの夫婦関係はうまくいっていない。
（那对夫妇关系不好。）

(17) 母親が介入したばかりに夫婦仲はまずくなった。
（母亲的介入使夫妻的关系恶化了。）

(18) ぼくに隠しだてをするなんて、君もずいぶん水くさいね。
（还瞒着我，你也太见外了！）＜日中＞

(19) 甘ったるいふたりの仲。
（过分甜蜜的情侣。）＜日中＞

(20) 濃い仲に水をさす。
（挑拨亲密关系。）＜広辞苑＞

日本語においては、「うまい」、「まずい」のような味を評価する形容詞を使って、夫婦関係、人間関係について比喩する。これらの味覚形容詞は「甘い」「にがい」などと違って、具体的な味を表すものではなく、味について好悪の評価をくだすものである。あるいは味の質について評価をくだすものである。「うまい」、「まずい」、「水くさい」などは味覚表現の意味をそのまま延長して、人間関係の親疎の比喩に使っている。中国語では味を評価する味覚形容詞である"好吃"、"难吃"などは日本語のように発達していないから、比喩表現を持っていないのである。次の例のように中国語では「におい」の形容詞で人間関係を表現する。これは夫婦関係ではなく、友達関係に使われているものである。

他们俩原来很香，可最近又臭了。
（その二人はもともと仲がよかったが、最近仲間割れをした。）

2.11.8 判断

(21) 彼の考えが非常に甘い。
（他的想法太天真。）

(22) そんな甘ったるい考えでは業界で生き残れない。
（思維这么幼稚，在同业界里可是生存不下去的。）

(23) あまり学業成績がふるわない兄だけれど、両親は大学進学に淡い望みをかけているようだ。
（尽管哥哥的学习成绩不太好，可是父母还是对他抱有能考上大学的一线希望。）＜15万例文＞

(24) 五対三のまま試合は終盤戦を迎え、我がチームの敗色は濃厚となってきた。
（以三比五的比分迎来了尾声，我队取胜的可能性不大了。）
＜15万例文＞

(25) 望みが薄い。
（希望不大。）＜日中＞

　日本語の「甘み」は味覚において「甘い」と「あまったるい」のように、プラスの意味の時「甘い」、マイナスの時「あまったるい」に使い分けている。しかし、ここでは同じくマイナスの比喩表現になっている。一方、中国語では味覚の表現において"甜"は日本語のように使い分けていないし、甘みを表す"甜"にはマイナスの表現を持っていない。比喩の場合でも、"甜言蜜語"のほかに"甜"にはほとんどマイナスの比喩用法がない。「甘い」と「あまったるい」はもともとの味覚の甘みから得られた快い感じを借りて、物事の考え方や判断について油断してしまった軽率さやきびしい現実を見ずに、楽観しすぎたことを表現するのである。「あわい」はもともとは液体の薄い状態を表す形容詞で、味のほか、色やにおいにも使われるが、ここにおいては、元の性質を考えて、味覚形容詞に分類した。「濃厚な」は味の表現において、味の濃淡について表現する形容詞である。比喩において、物事の可能性や現実性の強い、あるいは薄いという判断に

その性質が用いられている。

2.11.9　経験

(26) 少年時代の思い出はあまずっぱい。
　　（少年时代的回忆有幸福也有悲伤。）

(27) 酸いも甘いもかみわけた。
　　（饱尝了甜酸苦辣。）＜日中＞

(28) 所詮彼の視点は、酸いも甘いもかみわけた話の判る小父さん、という所から物事を見ているので、原爆のような化物を扱うには限界があるんだ。
　　（毕竟他的观点是站在一个饱经风霜的大叔的立场上来看待事物的,因此处理原子弹这样的怪物是有困难的。）中山茂＜世界の原爆文学＞[9]

(29) 彼は苦い経験を生かして現在の地位を築いた。
　　（他历尽艰辛才创下了今天的地位。）

(30) 初恋の思い出はほろ苦い。
　　（初恋的回忆有点苦涩。）

　日本語では経験や思い出などの抽象的なことについて、味覚の感覚を借りて表現する。「あまずっぱい」は味を表す時、甘い味と酸っぱい味とミックスした味である。「甘い」はしあわせや愉快な気持ちを表し、「酸っぱい」はつらさや悲しさを表し、味と同じように両方が入り混じっている複雑で微妙な感情や思い出を表す。
　(27)と(28)は慣用語であるが、「酸い」と「甘い」で喜びと悲しみを表す。(29)の「苦い」はつらい思いや苦しいことを表す。苦い味から転じてきた比喩で、二度と経験したくないいやな気持ちが入っている。味覚の表現において「ほろ苦い」は「苦い」より苦みが弱い。「苦い」は好まれない味であるが、「ほろ苦い」は「多少苦さがあるが好ましいものとして受けとられている暗示がある」。比喩に使われる時「心理的な苦痛が自分の人生にとってプラスになっているという判断のもとにくだされる評価である」と飛田氏が指摘されている。[10]「甘いも辛いもわきまえる」は慣用語である。

このように、味覚形容詞の基本語は「甘い」以外、全部マイナスの比喩である。上の例文のように、日本語では味覚形容詞を経験の比喩としていろいろ使っている。これに対し、中国語の味覚形容詞にはこのような比喩表現が全く見られない。中国語では名詞で経験の比喩表現をしている。

2.11.10 程度

(31) 小さいころ、だれでも一度や二度、先生やクラスの友達に<u>淡い</u>恋を感じた経験があるはずだ。
（小时候,谁都有过一两次对老师或班里同学产生了<u>轻微</u>眷恋的经历。）
＜15万例文＞

(32) <u>濃厚な</u>ラブ・シーン。
（(刺激性) <u>强烈</u>的恋爱场面。）＜日中＞

(33) 後半はずっと押されっぱなしだったが、ゴールキーパーのがんばりで<u>からく</u>も逃げきった。
（后半场虽然一直处于被动,但是由于守门员的努力,<u>好不容易</u>虎口逃生。）＜15万例文＞

日本語は味の状態や程度を表す味覚形容詞「淡い」、「濃厚な」で恋を表現するが、例文の中国語訳に示されたように、このような表現の時、中国語の味覚形容詞が比喩表現に使われず、"轻"や"强烈"などの状態や程度を表す形容詞が用いられている。また、「からい」はその非常に強い刺激性のある味覚から、つらいことの比喩に転じ、さらに物事のひどい状態から脱出した比喩に使われる。

2.11.11 技能

(34) 芸が<u>渋い</u>。
（演技很老练。）＜日中＞

(35) 彼女はピアノが<u>うまかった</u>。
（她钢琴弹得很好.）

(36) 彼女の字は相当<u>まずい</u>。

（她字写得很<u>不好</u>。）

　日本語において、味覚形容詞で人間の能力、技能などを評価することができるが、中国語の味覚形容詞はこのような使い方がない。このような場合、プラスの評価をする時、"好"などで表現し、マイナスの評価をする時、"不好"、"差"を使うが、それに嗅覚形容詞の"臭"でまずさを表す。

2.11.12　動作

(37)　口を<u>酸っぱく</u>して注意したのに全然きかない。
　　　（<u>苦</u>口婆心地劝说，可是根本不听。）
(38)　<u>しつこく</u>言い争う。
　　　（争论<u>不休</u>。）＜日中＞
(39)　<u>くどく</u>念を押す。
　　　（罗罗嗦嗦。）＜日中＞

　「口を酸っぱくして」は慣用的な表現で、話の内容ではなく、何回もくり返したその回数に重点が置かれ、話をする時の状態を表現するものである。おもしろいことには日本語の「酸っぱい」の中国語訳は"苦"である。つまり、中国語では「口を苦くして……」という意味である。味覚の違いや比喩表現の違いがうかがえる。

　「しつこい」と「くどい」は味覚の表現において、味が濃すぎてずっと残っている状態を表すもので、ここではその動作がずっと続いて終わらない状態を表す。例文の中国語訳で分かるように、中国語はこのような動作の状態を味覚形容詞で表現しない。

2.11.13　中日比較

　中国語も日本語も味覚形容詞は、よく状態の比喩に使われることはこれまでの考察で分かった。状態の比喩に使われる中国語と日本語の味覚形容詞の分類と用例数は表8にまとめている。表8に示したように、比喩表現は全体で16項目ある。その中に中日の重なった共通の比喩項目は5項目

しかない。中国語の比喩は9項目ある。日本語は12項目ある。日本語は中国語より項目数が多い。また、比喩に使われる味覚形容詞の語彙数においても、日本語は中国語より多いことが分かる。

表8　中日味覚形容詞の状態の比喩表現の範囲と用例数

	もの	こと	不景気	関係	睡眠	程度	天気	演技	態度	不正確	鈍り	懐疑	雰囲気	判断	経験	動作	合計
中	5	2	3	2	7	7	2	2	5	0	0	0	0	0	0	0	35
日	1	8	0	5	0	3	0	3	0	1	1	2	2	5	5	3	39

2.12　中国語味覚形容詞の性質の比喩表現

2.12.1　物事

(1)　话说得甜。
　　（うまいことをいう。）
(2)　他守规矩说话甜甘。
　　（彼は規則を守り、話もうまい。）
(3)　他的手段很辣。
　　（彼の手段は辛辣だ。）＜中日大＞
(4)　我干不了这个苦差。
　　（私はこの苦しい報われることのない仕事をやりとげられない。）
(5)　近来生意比较清淡。
　　（最近商売が振るわない。）
(6)　和这个亲戚走着也香甜。
　　（この親戚とは往来がなかなかうまくいっている。）＜中日大＞

"辣"は、やり方や手口がひどくてむごいことを指す。味覚の強い刺激のある「辛い」意味から転じてきて非常に悪い性質を表現するものであ

る。熟語の"辣手"もよく使われている。日本語の「辛い」は味覚の感覚からきびしいという比喩があるが、中国語の"辣"に比べて性質の程度が非常に低い。

　味覚において"苦"は好まれる味ではない。このような味覚の性質は物事の性質の比喩に移り、「つらい」、「苦しい」という意味に使われる。"清淡"は味覚において、あぶらっこくなく、あっさりしている味を表す。その味覚のあっさりした性質は景気がよくないことや商売の売れ行きがよくない比喩に転じて使われる。日本料理はあっさりした味がその代表的な味であるが、中華料理はあぶらっこい味がその特徴である。そのため、中国語ではあぶらっこい味は必ずしもマイナスだとは限らない。利益のことは"油水"というのである。

2.12.2　生活

(7)　我们现在的日子可甜多了。
　　（我々の生活は今はずっと楽しくなった。）

(8)　……一家人团聚在一起，过得甜津津的，……
　　（……一家団らん、幸せにくらしている、……）＜ABB＞

(9)　过着甜美的生活。
　　（甘美な生活を送る。）

(10)　生活过得非常甜蜜。
　　（幸せな日々を送る。）＜中日＞

(11)　难为她过这份苦日子。
　　（彼女はよくもまあこんな苦しい暮らしをしているものだ。）

(12)　他的童年是苦涩的。
　　（彼の童年時代は苦しかった。）《笑星马季》[11]

(13)　他愈想愈觉得人生无味。
　　（彼は考えれば考えるほど人生がつまらなく思われた。）

　"甜"は基本的な味覚形容詞で、甘い味を表すものである。"甘美"と"甜美"は"甘"や"甜"に"美"がついてできた複合形容詞で、甘くて

おいしい味を表す。(7)～(10)は、その味覚の快感を比喩に延長させて、抽象的な生活について、非常にプラスのイメージで評価するものである。

"苦"は味覚において、"甜"の反対の意味を表し、対義語になっている。その「にがい」味覚から、不快な感じが生じ、つらいことやくるしいことの比喩に転じたのである。日本語の「にがい」には中国語の"苦"のような比喩がない。「苦しい」は「にがい」とはぜんぜん関係がない。その「苦」という漢字は漢語の影響を受けて借りたものであろう。ちなみに、日本語の漢語語彙の中には名詞の「苦渋」があって、味覚の意味でも比喩の意味でも中国語と同じように使われている。

"无味"は味がないことである。(13)では、味は人生の生き甲斐やおもしろみなどに置き換えて使われ、日本語の「味気ない」という意味もあるが、「味気ない」は味覚表現の意味がすっかりなくなっている。

2.12.3 内容

(14) 这篇文章语言很涩，不好懂。
(この文章は言葉が難解で、読みにくい。)《现代汉语形容词辞典》[12]

(15) 阿雄进屋后转了一圈，就开始跟她说些很"咸湿"的话。
(阿雄は部屋に入り、一回りしてから、彼女にわいせつな話をし始めた。) 何家弘《神秘的古画》[13]

(16) 袭人话说得很淡，语意却很明显，……。
(襲人は平淡に話したが、意味がはっきりしている、……。)
湍梓《驭狐记》[14]

(17) 语言无味，面目可憎。
(言うことにもおもしろみがなく、顔つきも憎々しい。)

味覚において生じた舌のざらざらした"涩"の感覚は、よくなめらかではない状態や性質に移転してその比喩をする。言葉が難しくて、なかなかスムーズによめない文章の性質を"涩"で表す。中国語の味覚形容詞では塩辛い味を表す"咸"には比喩表現が一つもない。"咸湿"はその複合形容詞で、塩辛くて湿っぽいというもとの意味から、淫猥で、いやらしいとい

う比喩に使われている。"淡"は味の薄いことから話の内容がつまらない比喩に使われる。"无味"は味覚を表す時、味がない、おいしくないことを指すが、ここでは言葉の表現には内容がなく、おもしろみのないことを表す。

2.12.4 性格

(18) 这个人见了谁都是<u>酸巴溜丢</u>的。
(この人は誰にあっても<u>傲慢</u>で人の意見を聞こうとしない。)
(19) ……她脸圆圆，人很<u>甜</u>的。
(……彼女は顔が丸くて、<u>かわいい</u>です。) 岑凯伦《哟女孩子》[15]

"甜"は味覚のよい味からよい感じに移り、話の内容を食べ物に、それを聞いた感じを味にたとえる表現である。若い女性や子供の可愛らしさの比喩によく使われる。"甜"に比べると"酸"はもっと広く人間の性格の比喩に使われる。味覚において"酸"は"苦"とともに"甜"の対義語であるから、比喩のイメージも"甜"と違って、全部マイナスである。酸っぱいものを食べて、その酸味で顔をしかめた顔つきや表情から、転じてきたものである。つまり、"酸"は味覚から、不機嫌な表情に転じて、そして表情から傲慢な性格の比喩に変わった。味覚形容詞において"辣"は刺激性が一番強い。"辣"はその強い刺激性からむごい性質に転じたのであるが、今そのような語は性格だけに使われるようになり、味覚には使われなくなった。たとえば、

娶个性情<u>辣躁</u>的媳妇。
(性情の<u>強悍</u>な妻を娶った。) ＜中日大＞
她不是个特别<u>泼辣</u>的妇人。
(彼女は特別<u>あばずれ</u>というわけではない。)

以上にあげた中国語の味覚形容詞とその比喩範囲は次の表9にまとめている。中国語の味覚形容詞は性質の比喩において、4項目あるが、表現の範囲がそれほど広くない。しかし、表9に示した通り、ほとんどすべての

味が性質の比喩に使える。

表9　中国語味覚形容詞の性質の比喩表現の範囲と用例数

	甜	酸	苦	辣	涩	咸	淡	无味	合計
物事	3	0	1	1	0	0	1	0	6
生活	4	0	2	0	0	0	0	1	7
内容	0	0	0	0	1	1	1	1	4
性格	1	1	0	0	0	0	0	0	2
	8	1	3	1	1	1	2	2	19

2.13　日本語味覚形容詞の性質の比喩表現

2.13.1　物事

(1) この作家特有のあぶらっこい文体が人気の秘密だ。
　　（这个作家浓描艳写的文体是他受人欢迎的秘密。）
(2) 好みが渋い。
　　（趣味很古雅。）＜日中＞

　日本語では味覚形容詞を使って、物事の性質を表す。(1)の「あぶらっこい」はもともと味覚の表現において特定の味を指すのではなく、食べ物の油の多いことを中心に表すものである。
　渋柿から取れた渋色は暖色と冷色の中間のくすんだ黄褐色である。(2)の「しぶい」はその渋色から、派手ではなく落ち着いている、奥が深い性質が転じてきたのである。

2.13.2　性格

(3) あの男はちと甘い。
　　（他有点儿头脑简单。）＜日中＞
(4) 彼は失恋の痛手で甘ったるい男になった。

(失恋的打击使他变得娇嫩了。)

(5) なかなか渋いやつだ。

(他是个吝啬鬼。)

(6) 彼はしょっぱいから金は貸さない。

(他是个吝啬的人不会借人钱的。)

(7) あの少女の物にこだわらない淡泊な性格は、みんなに好かれるでしょう。

(那个女孩是因为不追求物质的恬淡性格，才受到大家的喜爱的吧。)

＜15万例文＞

(8) 頼む、頼むったって、だめなものはだめなのに、くどい人だね、きみは。

(不行就是不行。还说求求了，求求了。你这个人太罗嗦了。)

＜15万例文＞

(9) 彼はしつこい人だ。

(他是个很执拗的人。) ＜日中＞

(10) あぶらっこい。

(执拗、不干脆。) ＜日中＞

　日本語では「酸っぱい」以外、基本的な味覚形容詞はほとんど人間の性格について、比喩表現がよく使われる。例文に示したように、味覚形容詞は人間の性格の表現に使われる時、マイナスの意味が多い。

　「甘い」は、味覚を表現する時、プラスのイメージである。しかし、人間の性格に比喩する時、マイナスの評価になってしまう。(3)のように、性格や考えがしっかりしていないことは、「甘い」で表現されている。また次のような比喩があり、間が抜けている性格に喩えるものである。たとえば、

　　　困ったことにぶつかるとすぐ人になきついてくるんだから、
　　　まったくあいつは人間が甘いよ。

(一遇到为难的事立刻就哭哭啼啼的求人，这人真是太天真了。)

＜15万例文＞

「あまったるい」はもともと味を表す時、甘すぎていやになる感覚があ

る。人間の性格を比喩する時、その性質がそのまま残っている。(4)は人にこびていて、いやな感じがする性格に喩えている。

「しぶい」は味覚から生まれたなめらかではない、スムーズではない性質の比喩で、そこからさらに、なかなかお金を出さない性格に比喩して、人間のけちな性格を表す。中国語では"澁帳"つまり、お金の返済を渋っているという表現があるが、人間のけちな性格の比喩には用いられない。

(5)の「渋い」は(6)の「しょっぱい」と同じように、けちな意味を表し、人間の性格に比喩するものである。なぜ、このような比喩ができたのかについていろいろ調べたが、説明がない。表情を表す「しょっぱい顔」を考えると、おそらく、塩をなめて、その塩辛さで顔をしかめてしまう表情から生まれた比喩だろうと思われる。つまり、塩辛さで顔をしかめる表情から、けちな性質の表現に転じた比喩だと思われる。

「淡泊」は味覚ではあっさりする味を表すが、人間の性格に使われる時、欲のないことを表すのである。

「くどい」、「しつこい」は味覚の表現では、濃すぎる状態で、わるい後味が残り、不快を感じる味を指すものであり、「あぶらっこい」は油が多すぎて、不快を感じる味を指すものである。いずれもマイナスのイメージである。このような味覚のイメージから、(8)のように、同じことをくり返し言う人に喩える。(9)と(10)は、わるい後味がずっと残っているように、自分の意見などを固持し続ける人の性格に比喩する。

2.13.3 内容

(11) 甘いことばで女を誘惑する。
　　（用甜言蜜语诱惑妇女。）＜日中＞

(12) あまったるいおせじ。
　　（谄媚的恭维话。）＜日中＞

(13) おいしそうな話につれられあやうく詐欺にひっかかるところだった。
　　（听信了那甜言蜜语差一点上当。）

(14) うまい話には注意が必要だ。
（対甜言蜜语多加注意。）

(15) しまった。まずいことを言っちゃった。
（糟了，我说走嘴了。）

上にあげた例文は主に話の内容と性質に使われている比喩表現である。「甘い」は食べる時に感じる味の快い感覚を、聴覚のほうまで延長したのである。しかし、この比喩表現を使う場合、言葉から感じられる優しさや親切の背後には人をだまそうとする下心があるようである。

「うまい」、「おいしい」、「まずい」などは味を表す時、味そのものよりむしろ味や風味を評価する形容詞であるが、ここでも同じように、話の性質の比喩に使われている。

「うまい」、「おいしい」の中国語訳は「甘い」にあたる"甜"が使われている。「まずい」の中国語訳には味覚形容詞が見えず、「口が滑った」というような動詞の表現である。味覚形容詞「まずい」にあたる中国語は、"难吃"、"不好吃"である。"难吃"と"不好吃"は比喩表現がまったくない。

2.13.4　利益

(16) 親分はいいな、おれたちの稼ぎで一人だけ甘い汁を吸って。
（当头头真不错，我们大家出力，他一个人独占好处。）
＜15万例文＞

(17) 旨い汁を吸う。
（占便宜。）＜日中＞

利益の比喩をする時「甘い汁を吸って」という慣用句の形で表す。味覚では「甘い」味にはうれしい感覚が起こって、よい気持ちになる。それは利益を得た時のうれしい気持ちを表現する。しかし、その利益は正当な利益ではなく、人を搾取することによって得た不当な利益を指すことが多い。マイナスのイメージが強い。

2.13.5 中日比較

性質の比喩において、表10に示したように、意味の項目別を見れば、中国語は日本語と大差がない。性格の比喩において日本語の味覚形容詞の比喩は中国語より多いが、「酸っぱい」は性格の比喩に使われない。中国語では性格の比喩に"酸"が2語使われるが、日本語のように"渋"、"咸"が使われない。また、生活の比喩について、中国語では"甜"と"苦"は使われるが、日本語ではそのような比喩表現が全く見られない。中国語では日本語のように、味覚形容詞が利益を表す比喩に使えない。

表10 中日味覚形容詞の性質比喩の項目と用例数

	物事	性格	生活	内容	利益	合計
中	6	2	7	4	0	19
日	2	8	0	5	2	17

2.14 中国語味覚形容詞の生理感覚の比喩表現

生理感覚とは人間の肉体で感じられた感覚のことで、触覚に属する痛痒感なども含まれている。中国語では味覚形容詞はよく生理感覚の表現に使われるが、日本語の味覚形容詞にはこのような比喩は一例しかない。

2.14.1 痛みの比喩

(1) 一咬牙就咳嗽，心口窩辣蒿蒿的。
　　(歯を食いしばったら咳をする。胸が痛くなる。)＜重畳詞＞
(2) 走了一天的路，腿肚子有点儿酸。
　　(一日歩いて、足が少しだるい。)
(3) 肩头有些红肿，腰部、两腿酸溜溜的……。
　　(肩が少し腫れ上がり、腰、両足がだるくて……。)＜ABB＞
(4) 酸不唧。
　　(からだがだるい。)

(5)（牛大水被俘，敌人用小米泡凉水，往他鼻子里灌）大水忍不住，一吸气，呼的就吸进去了，呛得脑子<u>酸酸</u>的，忽忽悠悠的又昏过去了。

((牛大水は捕虜になり、敵が粟を浸した水を彼の鼻に入れようとして）大水は我慢できず、呼吸したら、水を吸い込んで、むせて頭が<u>痛くなり</u>、ぼんやりとまた気絶してしまった。）＜重叠词＞

(6) <u>辣豁豁</u>。

（<u>刺すように痛い</u>。）

　例文で示したように、味覚形容詞では主に"辣"と"酸"が痛みの比喩表現となる。もともと、味において、"辣"はひりひりして、針で刺されたような強い刺激がある味である。それは延長されて、非常に痛い感覚の比喩に転じたのである。(1)の"辣蒿蒿"は、病気にかかり、咳をすると、胸が痛くなる場合の痛みに使われる。また、タマネギなどを切る時、目にしみる時の感覚も表すが、この場合、"辣眼睛"というように使われ、目的語を持っているから、形容詞ではなく、動詞として取り扱われることが一般的である。

　味覚の表現において、"酸"は"辣"に比べて、その刺激が弱い。感覚の比喩においても、疲れによる筋肉痛などのような弱い痛感、鈍い痛みやだるい感じを表し、"痛"より弱い痛みを表すことが多い。(2)～(4)のように、よく肩、腰、手、足、ふくらはぎなどの身体部位の疲れた時の表現に用いられる。日本語の味覚形容詞にはこのような比喩表現がないから、「足が棒になる」とか、「だるい」とかの表現で表される。また、(5)のように、水を鼻に吸い込んでむせた時に生じた痛みについても"酸"で表す。(6)のように激しい痛みの場合、味覚形容詞の"辣"の複合形容詞で比喩表現できる。

2.14.2　目の疲労感の比喩

(7) 他眼睛<u>涩</u>刺刺的，看不了几行字，直打瞌睡。

（彼は目が<u>渋</u>くて、何行かの字を見終わらないうちに、しきりにいね

(8) 両眼酸涩难睁。
　　（両目がしょぼしょぼして開けられない。）
(9) 眼睛又涩又疼。
　　（目がぐりぐりして痛い。）＜日中＞

上の例文に示したように、目の疲労感について使われる味覚形容詞はほとんど"涩"だけである。味覚形容詞の"涩"は渋柿を食べた時に舌にはざらざらした刺激が起こる。このように、もともと味の感覚から、なめらかでない触感の比喩に転用されたり、生理の感覚に転用されたりする。例文のように目が疲れて、「まぶたが重い」とか、「目がしょぼしょぼしてあけられなくなった」などの時に使われる。(8)では"酸"と複合形容詞となって、目のしょぼしょぼした感覚を表し、(9)では"涩"は"疼"といっしょに並べて目の疲れた感覚と痛い感覚を同時に表す。

2.14.3　麻痺感覚の比喩

(10) 可恨这碗面太热了些，把个舌头烫得麻辣辣的怪痛。
　　（いまいましい、このうどんはいささか熱すぎだ、舌がやけどしてひりひりと痛い。）
(11) 两腿麻酥酥地站不起来。
　　（両足に力がなく立ち上がれない。）＜中日大＞

"麻辣辣"、"麻酥酥"は味覚において、ほぼ同じ意味で山椒のようなぴりぴりする辛さと唐辛子のようなひりひりする辛さが混合した味を表す形容詞である。ここではしびれている感覚と痛い感覚とを表現する。中国語の味覚形容詞の"麻辣辣"、"麻酥酥"は痛感と体のしびれた感覚の表現に転用されているが、用例の日本語訳に示したように、日本語の味覚形容詞にはこのような比喩表現がない。

2.15　日本語味覚形容詞の生理感覚の比喩表現

2.15.1　目の疲労感の比喩

(1)　午後には目が渋くてたまらない。
　　（午后困的眼睛发涩.）

　中国語の味覚形容詞はわりあいよく生理感覚の比喩に使われるが、日本語の味覚形容詞は生理感覚への比喩が非常に少なく、用例はこの一例しかない。日本語では味覚形容詞が生理感覚の比喩に使えるものは「渋い」だけである。「渋い」は味覚の時、中国語と同じように、渋みにより生じたざらざらした感じと軽い麻痺感から、動きの鈍いことの比喩に転じたものである。

2.15.2　中日比較

　以上にあげた例文のように、中国語では"甜"と"苦"、"咸"以外の味を表す基本的な形容詞は生理感覚に使われている。つまり、"辣"、"酸"、"涩"、"麻"などの四つの基本的な味覚が生理感覚に共感覚が起こっているのである。中国語の味覚形容詞の比喩は次の表11に示したように、四つの味はその派生語とあわせて11語も生理感覚を表すことができる。日本語の味覚形容詞はこのような生理感覚の比喩があまりなく、目の疲労感の比喩に「渋い」一つしか使えない。

表11　中日味覚形容詞の生理感覚の比喩表現と用例数

		痛感	疲労感	麻痺感	合計
中	辣	2	0	0	2
	酸	4	1	0	5
	麻	0	0	2	2
	涩	0	2	0	2
日	渋い	0	1	0	1

2.16 まとめ

以上、中日の味覚形容詞の比喩表現についての考察を通じて、次のようなことを明らかにした。

1. 中日味覚形容詞における共感覚

以上の考察を通じての中日味覚形容詞の五感における共感覚関係は、それぞれ次の表にまとめている。

表12、13では、中日両言語では同じように、味覚形容詞が視覚、嗅覚、聴覚に対する共感覚を起こすので、それを片方の矢印で表す。なお、中国語の味覚形容詞は触覚に共感覚が起こるとともに、第1章に示したように、触覚形容詞が味覚にも共感覚が起こるので、それを双方の矢印で表す。一方、日本語の味覚形容詞は生理感覚では、目の疲労の比喩に使われるが、中国語のように、痛感や麻痺感など触感に共感覚が起こらないため、触覚からの共感覚を受けるだけである。

表12　中国語共感覚関係図

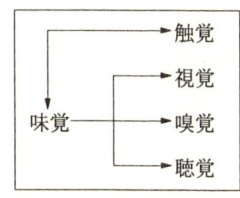

味覚 → 触覚
味覚 → 視覚
味覚 → 嗅覚
味覚 → 聴覚
（味覚⇔触覚は双方向）

表13　日本語共感覚関係図

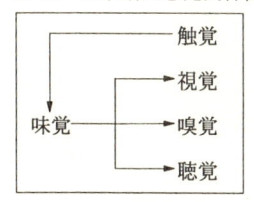

味覚 ← 触覚
味覚 → 視覚
味覚 → 嗅覚
味覚 → 聴覚

2. 中日味覚形容詞の語彙数と比喩表現の差

中国語の味覚形容詞の語彙数は89語ある。日本語には30語しかない（付録2.1、2.2参照）。嗅覚形容詞語彙数の差は大きい。日本語の味覚形容詞は中国語に比べて、それほど発達していないから、語彙数は少ない。英語や中国語に比べて日本語の形容詞の語彙数が少ないという指摘があるように、味覚形容詞の語彙数は中国語の3分の1でその傾向が目立っている。比喩表現において、中国語には122例あるが、日本語には87例あり、中国語より少ない。なお、味覚別による比喩表現用例数は次の表14にま

とめている。

表14　中日味覚形容詞の味覚別の比喩表現用例数

	甘味	酸味	鹹味	苦味	辛味	渋味	薮味	美味	淡味	濃厚	無味	その他	合計
中国語	40	20	2	10	14	4	0	2	11	12	2	5	122
日本語	20	4	4	3	2	9	1	8	10	17	0	9	87

3.　中国語の豊富な感情の比喩表現

　日本語では味覚形容詞が感情の比喩にあまり使われていないが、中国語では多く使われている。表15に示したように、日本語のわずか2例の比喩は恐怖と哀愁の比喩で、それほど日常的に使われているものではない。しかし、中国語では22例の比喩があって、喜怒哀楽に嫉妬など、感情表現のほとんどが含まれている。これは中国語の感情形容詞は日本語のように発達していないから、味覚形容詞の比喩表現を借りなければ、感情の表現ができないのである。

表15　中日味覚形容詞の比喩表現の範囲と用例数

	感情	視覚	聴覚	嗅覚	状態	性質	感覚	合計
中	22	16	5	13	35	20	11	122
日	2	14	6	8	39	17	1	87

4.　中国語の生理感覚の比喩

　中国語では"辣"、"酸"、"涩"、"麻"などの味覚形容詞は生理感覚に使われている。生理感覚とは、つまり、五感の中の触感に属するもので、体で感じる痛みなどの感覚を指すものである。中国語において、これらの味を表す味覚形容詞はよく生理感覚に共感覚が起こる。文学的な表現にしろ、話し言葉的な表現にしろ、これらの味覚形容詞の比喩表現がごく普通に使われているのである。

5.　味覚から見られる中国語と日本語との差異

　日本語でも中国語でも甘い味は味覚形容詞の中における比喩用例の数が一番多いものである。これは甘い味が人間の生活の中において非常に重要

であることを物語っている。

　中国語には甘い味に関する形容詞は15語もある。うれしい感情やたのしい感情を、優しい表情やうれしい表情などを表し、マイナスの比喩はない。日本人の甘い味に対する感受性が中国人より繊細であるから、日本語では甘い味を表すには、よい感じのある「甘い」といやな感じのある「甘ったるい」に分けている。「甘ったるい」は比喩に使われる時、マイナスの意味しかないが、「甘い」は状態を表す時に、ゼロかややマイナスで、性格や考え方などに使われる時、マイナスの意味になる。

　日本人は昔から渋柿を栽培して、渋柿から取れたその渋を染色に利用したので、それにまつわる「渋い色」という比喩が生まれて、さらに、その落ち着いている色のイメージから演技、趣味や歌声を比喩するようになった。中国では昔から渋柿を食べてきたから、味覚から生じた比喩は日本とほぼ同じである。しかし、日本人のように、柿の渋が利用されていないから、「渋い色」のような視覚的な比喩がないし、「渋い声」のような聴覚の比喩もない。

　酸味の代表的なものは酢である。中国では"醋"、つまり酢を作って、調味料として使用された歴史は少なくとも千年以上もあった。その名詞である"醋"は形容詞の"酸"と同じように嫉妬、やきもち、悲しみの比喩に古くから使われてきた。しかし、日本人は酸っぱい味に対して、それほど敏感ではなく、感情の比喩表現には使われない。漢語の語彙の「酸辛」、「酸楚」、「酸愴」、「酸鼻」などは悲しい意味に使われているが、しかし、日本語の「酸っぱい」にはその意味が全くない。

　中国語の"苦口"に対して日本語は「口を酸っぱくして」で、まったく違う味の比喩表現になっている。表14に示したように、中国語では味覚形容詞"苦"は精神的な苦痛などの比喩に多く使われているが、日本語の「苦い」には比喩が少ない。これは日本語において、精神的な苦痛などを表す形容詞「くるしい」は味覚とまったく関連がないからである。漢語語彙の中に「苦～」がたくさんあり、そのほとんどは「にがい」と置き換えることはできないが、「くるしい」と置き換えることができる。

注

1) 飛田良文・浅田秀子著『現代形容詞用法辞典』東京堂出版　1991　P.90
2) 大河内康憲　『中国語の諸相』白帝社　1997　P.270
3) 山梨正明『比喩と理解』東京大学出版会　1988　P.58
4) 同上1)　P.282
5) 藤井树《猫空爱情故事》北京　作家出版社 2003
6) 同上1)　P.508
7) 同上1)　P.282
8) 宋宜昌《燃烧的岛群》太原　山西人民出版社 1985.6
9) 中山茂『世界の原爆文学』『思想の科学』1969.8
10) 同上)
11) 汪景寿　曾惠杰著《笑星马季》人民日報海外版
12) 陶然　等主编《现代汉语形容辞典》中国国际广播出版社　1995
13) 何家弘《神秘的古画》生活时报　1998.8.31
14) 湍梓《驭狐记》台北　禾杨出版事业有限公司　1997.12
15) 岑凯伦《哟女孩子》花城出版社　1997

第3章　嗅覚形容詞の比喩表現

3.1　はじめに

　嗅覚形容詞はにおいを表す形容詞である。日本語でも中国語でも、嗅覚形容詞の数はそれほど多くないようである。筆者の調べたところ、中国語には41語あり、日本語には33語（すでににおいの意味を失ったものを除く）ある。日本語の方が少ない。これらの形容詞は、大きく、感じのよいにおいと感じのよくないにおいの二種類に分けることができる。よくないにおいを表す形容詞が圧倒的に多い。香りを表す形容詞はとても少ない。嗅覚は鼻によってにおいを感じる感覚なので、視覚、聴覚、味覚、触覚とともに五感と言われている。もともとにおいを表すために生まれた形容詞はだんだん嗅覚の範囲を超えて、ほかの感覚の表現に借りられ、味覚、視覚、生理感覚などを表し、また、物事の具体的な性質や抽象的な性質を表現するようになった。このような語彙の意味的派生と変化はいわゆる比喩表現である。比喩表現は形容詞だけに限らず、日本語の動詞にも見られる。中国語のにおいの語彙には動詞がないが、日本語には「におう」、「香る」がある。これらの動詞は歴史がとても古いが、現代日本語においてはだんだん形容詞によって取って代わられる傾向がある。『大辞林』に載っている「におう」の比喩表現は次の通りである。たとえば、

① 美しく照り映える。あざやかに照り輝く。「いつも薄紅に匂ってゐる岡田の顔は碗に一入赤く染まった」森鴎外『雁』
② 美しさ、魅力などが、その内部からただよい出る。美しくつややかである。「匂うばかりの美少年」「愛嬌が匂う女性」
③ なんとなくそれらしい雰囲気が感じられる。「婚約したでしょう。隠

しても匂うわ」「不正が臭ってくる」
④ 他のものの色に映り染まる。「手に取れば袖さへにおふをみなへし」『万葉集』二一一五
⑤ 他のものの影響を受けて、はえる。恩恵やおかげをこうむる。「人ひとりを思ひかしづき給はむ故は、ほとりまでもにおふ例こそあれ」『源氏物語・真木柱』
⑥ 染め色、襲（かさね）や縅（おどし）の色目で、色を次第にぼかしていく。「うへはうすくて、したざまにこくにおひて」『雅亮装束抄』

また、「香る」について次のような比喩表現がある。
① 煙・霞・霧などがただよう。「塩気のみ香れる国に」『万葉集』一六二
② 顔などがつややかに美しく見える。「つらつき、まみの香れるほどなどいへば更なり」『源氏物語・薄雲』

　このように、古代日本において、香りが非常に重視されたので、それを表す動詞「におう」、「香る」は比喩表現もとても豊かだった。しかし、現代の日本語では色や表情などにほとんど使わなくなった。このような傾向はにおいの形容詞にも見られる。古典において「かぐわしい」には、心を引きつける、魅力的だという比喩があり、「こうばしい」には、心がひかれる、望ましく思うという比喩があった。しかし、現代日本語ではそれはすっかり姿を消した。このような変化は日本人のにおいに対する意識の変化だと思われる。今の日本語では、香りを使った比喩がなくなり、マイナスのイメージが強い「くさい」とその複合形容詞がにおいの比喩表現の中心となった。本章は嗅覚形容詞の比喩表現に焦点を絞り、日本語と中国語との相違と特徴を考察していく。

3.2　中国語嗅覚形容詞の比喩表現

　中国語の嗅覚形容詞は比喩表現に使われている。これから中国語の嗅覚形容詞の比喩表現について、用例を見てみよう。

3.2.1 味覚

(1) 这火腿很香。
　　（このハムはとても味がよい。）＜中日＞

　中国語においては一部の語彙が味とにおいの両方に使われているものがある。味覚形容詞において、"有味"、"清淡"のように、嗅覚のにおいを表すことができる。嗅覚形容詞の"香"は香りのほかに、味覚の表現もできる。味覚と嗅覚はとても近い関係にある。おいしい食べ物はほとんどよい香りがする。逆によい香りがする食べ物は味がよいと言ってもよい。このような共生関係によって嗅覚と味覚との共通の比喩ができたのではないかと思われる。

3.2.2 視覚

(2) 浓烈的色彩。
　　（濃厚な色づかい。）＜中日＞

　"浓烈"は、においそのものを表すものではないが、香りが強いことを表すもので、その嗅覚程度の表現は視覚の色彩表現に転じられた比喩である。

3.2.3 関係

(3) 他俩有时候香，有时候臭。
　　（彼ら二人は仲がよかったり悪かったりだ。）＜中日大＞
(4) 他们俩这回子臭了，谁也不搭理谁啦。
　　（二人は今度は仲が悪くなり、お互いに知らん顔をするようになった。）

　中国語の嗅覚形容詞の"香"と"臭"は嗅覚において、対義語になっている。ここで"香"はよい香りを表現するところから人に好かれていることにたとえて、関係のよいことに転用されている。"臭"の本来の意味はくさいにおいがするから、気持ちが悪くなり、誰もが近づこうとしないこ

とであるが、仲が悪くなって、顔を合わせないとか、互いに口を利かない「疎遠」を表す。例文でわかるように、人間関係に使われている時も対義語関係である。"香"はかぐわしいという意味であるが、(3)のように親密な関係、仲のよいことを表すものである。(4)の"臭"はくさいにおいを表現することばで、そのにおいの不快な感覚で、悪くなった人間関係、仲が悪いなどの人間関係の感覚に表現する。

3.2.4 感覚

(5) 感到浑身香喷喷儿的。
　　(全身気持ちよく感じた。)
(6) 大家的喜悦心情更浓烈了。
　　(みんなの喜びの気持ちがいっそう強くなった。)

"香"はかぐわしい、よい香りという意味である。よい香りを嗅いだ時の快い気持ちから、このような感覚的な比喩が生まれた。中国語では香りをよい気持ちと連想して比喩としてよく使われるが、日本語にはこのような使い方がまったく見られない。(5)は日常的によく使う言い方とは思わない。五冊の辞書の中にこのような表現があるものが一冊しかない。"浓烈"はにおいそのものを表すものではなく、においの強い程度を表すものである。その程度の表現を喜ぶという、感情の程度の比喩に使われる。

3.2.5 熟睡

(7) 睡得正香。
　　(気持ちよく眠っている。)＜中日＞
(8) [天一亮，屋里的苍蝇就开始在人的脸上飞来爬去] 像这个，你还能香香地睡个早觉吗。
　　((夜が明けると、部屋の中のはえが顔の上を飛んだり、這ったりして) こうなると、ぐっすり朝寝できるのか。)＜重叠词＞

中国語では嗅覚形容詞の"香"で、熟睡の状態を表現することはごく日

常的な使い方である。香りが人に与える気持ちの良い感じを、ぐっすりと眠っている心地のよさに転用されたものである。第二章にあげた味覚形容詞の"甜"は甘味に対するよい気持ちが心地のよい睡眠の比喩に使われたものである。

3.2.6　状態

 (9)　枝叶浓郁。
   （枝葉がぎっしり茂っている。）
 (10)　他干活很冲。
   （彼は仕事をするのにほんとうにはりきっている。）
 (11)　这颗枪弹臭了。
   （この銃弾は不発だった。）＜中日＞

　例文(9)と(10)の嗅覚形容詞は、においそのものを表現するものではなく、においの程度、つまり濃淡について表現する嗅覚形容詞である。においの程度を、物事の特色、色彩の色合い、仕事ぶりなど状態に転じている比喩表現である。日本語には(9)、(10)の中国語のような比喩が見られない。(11)は銃弾のほか手榴弾、大砲、爆弾などの不発について使われている表現である。これは昔使っていた大砲は、湿気を帯びた火薬を点火したとき、煙が出るだけで、発火しない場合があった。主成分である硫黄は完全燃焼しないと非常に臭いであろう。このように、(11)の"臭"はもともと、ほんとうに臭いにおいからできたものである。今でも同じように爆竹や花火の不発にも使われる。日本語ではまったく見られない比喩である。

3.2.7　性質

 (12)　他的作品涌动着芳醇的边疆生活气息。
   （彼の作品にはかぐわしい辺境の生活の息吹があふれている。）
 (13)　这些作品具有浓郁的农村生活气息。
   （これらの作品には農村生活の息吹が強く感じられる。）＜中日＞
 (14)　浓烈的乡土气息。

(強烈なふるさとのにおい。)＜中日＞

(15) 腥的臭的弄到家里来。

(素性のわからない人を家につれてくる。)

(16) 施展腥臊的政治手腕。

(あくどい政治手腕を発揮する。)＜中日大＞

(17) 跟坏人交往，沾惹了腥秽的人格。

(悪人と交わってなまぐさくて汚い人格に染まった。)＜中日大＞

例文(12)の"芳醇"は嗅覚表現において、お酒の香りを表すものである。その香りは物事のよい性質の比喩として使われる。(13)、(14)はにおいの濃淡を表す嗅覚形容詞である。香りの濃いことを表すが、不快なにおいには使われない。比喩の時も物事のよい性質のたとえに用いられる。"浓郁"、"浓烈"は嗅覚を表すとき、香りが高いという意味である。これは花の香りやお酒のよい香りの表現によく使われている。比喩に使われる場合、香りが物事のよい性質に転じられ、よい特質や特徴を表し、非常にプラスの評価の表現である。

(15)の"腥"、"臭"は「なまぐさい」、「くさい」にあたるが、その非常によくないにおいのイメージから、よくない人間、怪しい人間にたとえて使われる。(16)は「生臭い」と「小便臭い」が合体してできた複合形容詞で、一種の悪臭を表すものである。くさいにおいによって、ものが腐ったり、悪くなったりしたことが判断できる。また、その悪臭が人々に嫌われる。(17)はこのような嗅覚表現から転じて、物事の非常によくない性質を喩えるものである。

3.2.8 評判

(18) 名声很臭。

(評判はくそみそだ。)＜中日大＞

嗅覚において、"臭"などのくさいにおいは人に反感を与える。そのにおいの不快なイメージを利用して、人のよくない名声の比喩をするのであ

る。評判の悪いという意味を表す。"臊"は次のように名詞としての表現があるが、形容詞としての使い方は見られない。

　　　　臊声布于朝野。
　　　　(悪評が朝野に広まった。)

3.2.9　技能

　(19)　面对乙级队踢得太臭，章洙怒打懒散队员。
　　　　(2部リーグのチームを相手に、プレーが下手だったので、章洙は激怒して怠けた選手を殴った。) 体文《李章洙怒打懒散队员》[1]
　(20)　他手艺冲，准保能修。
　　　　(彼は腕がよいから、きっと直すことができるにちがいない。)

ここでは「くさい」というにおいの不快感を、下手なやり方や様子について"臭"を用いて表現する。この場合、対義語はにおいを表現するときの"香"ではなく"好"である。例えば、

　　　　那个队员球打得很臭（好）。
　　　　(あの選手は球技がたいへんまずい（うまい）。)
　　　　他字写得很臭（好）。
　　　　(彼は字がとても下手だ（じょうずだ）。)

例文の日本語訳に示したように、中国語の"臭"が技能や腕前などの評価において「へた」や「へぼ」、「まずい」という意味として使われる時、対義語は"好"で、「うまい」、「上手」という意味である。また、においの強い程度を表す"冲"は技能の上手な状態の比喩ができる。

3.2.10　人気

　(21)　这货在农村很香。
　　　　(この品物はいなかでとても人気がある。)
　(22)　买卖很冲。
　　　　(商売は非常に盛んである。)＜中日大＞

人気の表現をする時、中国語では"香"と"臭"の対義語がよく使われる。"香"はもともとかぐわしいという香りの意味である。嗅覚において香りは好まれるにおいであるから、それを人々に好まれるもの、とても人気あるものに転じたのである。この場合の対義語の"臭"は、においが臭くて敬遠されている意味から、人々に嫌われているとか、人気がなくなっていることを表す。

3.2.11 口調

(23) 我平时说话太冲，你也多担待点。
   (私はふだん口が悪いですが、あなたは少し大目に見てください。)
(24) 这人嘴太臭……。
   (この人は口が汚い……。) 二月河《乾隆皇帝》[2)]

このように、中国語は嗅覚形容詞を使って、話の抽象的な性質を表現する。(23)の"冲"はもともとにおいがつんときて強くにおう意味であるが、そこから転じて、話し方や口調などがとてもきついのを比喩する。(24)の"臭"は口がくさいという本来の意味から、罵言をとばしたり、汚いことを言ったりする比喩に転じたものである。

3.2.12 軽蔑

(25) 各地政府都要煞住借开会之机游山玩水，臭吃臭喝的歪风。
   (各地の役所が会を開くのにことよせて、景勝地に遊び、はでに飲み食いする悪い習慣はやめなければならない。)

例のように"臭"は連用修飾語として動詞を修飾し、その動作に対する軽蔑を表すことができるが、ごく限られた動詞しか使えない。同じ意味から名詞の転じてきた"臭"、"臊"はもともと悪臭を表すものであるから、いやであるとか、嫌っているとか、憎んでいるような憎悪の感情がとても強く、罵言の表現としてよく使われる。たとえば、

   谁要你的臭钱。

（だれがおまえの腐れ銭などいるものか。）

她是个臊货。

（あの女は淫乱な女だ。）

臭老头

（くそ爺）

臭老太太

（くそばば）

　また、職業や身分の前に"臭"をつけると非常に軽蔑や卑しい感じを表す。場合によって語気の強いとき、罵言にもなる。"臭"は本来のにおいに対するいやな感じから生まれてきた極端にいやな感情を表現するものである。"臊"はもともと小便くさい意味であるが、そこからセックス、淫乱という意味が生まれ、主に女性に使われることが多い。スケベという意味では男性にも使われる。中国語のこのような嗅覚形容詞の"臭"、"臊"を使って人を罵ったり、軽蔑したりする使い方は日本語の「くそ〜」とほぼ同じである。

3.2.13 強調

　⑶　他臭骂了一顿。

　　　（彼はひどくののしった。）＜中日大＞

　このように"臭"は連用修飾語として動詞を修飾し、いやであるほどの意味を表し、修飾する動詞の意味を強める。これはプラスの意味としては絶対使わず、もっぱらマイナスの時に用いられる。嗅覚の表現において、"臭"の悪臭を表すマイナスのイメージが動詞の意味を強めに転じて、その動作に対する反感や憎悪の感情を表す。日本語の「〜くさい」にも、強めの役割がある。しかし、中国語の"臭"は日本語よりもっと強い。

3.2.14　中国語嗅覚形容詞の比喩表現の特徴

　中国語の嗅覚形容詞は41語あるが、その中に比喩のあるものは12語

だけである（付録 3.1 参照）。比喩のある語の比例は非常に低い。表1に示したようにその比喩表現が13項目あり、比喩用例の総数が26例ある。また、比喩のある語のうちにプラスのイメージの形容詞は7語で、マイナスのイメージの6語よりやや多いが、用例数から見るとプラスは15例で、マイナスは11例である。プラスの比喩用例が多い。

表1　中国語嗅覚形容詞の比喩表現の範囲と用例数

	味覚	視覚	関係	感覚	熟睡	状態	性質	名声	技能	人気	口調	軽蔑	強調	合計
香	1	1	1	2	2	2	3	0	1	2	0	0	0	15
臭	0	0	1	0	0	1	3	1	1	0	2	1	1	11
	1	1	2	2	2	3	6	1	2	2	2	1	1	26

3.3　日本語嗅覚形容詞の比喩表現

前節において中国語の嗅覚形容詞の比喩表現を見てきたが、日本語の嗅覚形容詞も同じように、比喩表現がある。以下、日本語の嗅覚形容詞の比喩表現を見てみよう。

3.3.1　味覚

(1) かなくさい水を捨てて、新しくくんでください。
　　（把有铁锈味儿的水倒掉，换成新的．）

日本語の嗅覚形容詞ではこのように、味覚と共感覚が起こるものはとても珍しい。また、「水臭い」のように、「くさい」から派生したが、嗅覚の表現の意味がまったくなく、味だけを表すものもある。「かなくさい」はにおいと味の両方つまり、嗅覚と味覚の両方を表すものであるが、水以外には使われない。

3.3.2 視覚

 (2) 彼はいかにも<u>おとこくさい</u>風貌の持ち主だ。
   （他颇有<u>男子汉</u>风度。）
 (3) <u>バタくさい</u>顔立ち。
   （<u>西洋人</u>长相的面孔。）＜新国語＞
 (4) <u>つちくさい</u>身なり。
   （<u>土里土气</u>的打扮。）＜新国語＞
 (5) 彼はわざと<u>泥くさい</u>恰好で銀座を闊歩する。
   （他故意穿得<u>土里土气</u>的在银座大街上昂首阔步。）
 (6) 人形のような顔で、初めて見るひどく<u>人くさい</u>笑みだった。
   （一张玩偶一样的脸，带着我从没见到过的特别有<u>人情味</u>的微笑。）
   赤座麻里子『キキなるセカイ』[3]

 例文のように、日本語の嗅覚形容詞は視覚に共感覚が起っている。鼻でにおいを嗅ぎわける嗅覚の表現を借りて、目に見える視覚的なものを表すのである。(2)、(3)は視覚から受けた体や顔の特質を嗅覚形容詞で表すものである。(4)と(5)は人の身なりや格好についての比喩である。二つの例文の中国語訳には"土里土气"が使われている。中国語では"土里土气"は「やぼったい」とか、「いなかくさい」の意味で使われているが、嗅覚形容詞ではない。

3.3.3 聴覚

 (7) <u>つちくさい</u>迫力に満ちた演奏。
   （充满<u>乡土气</u>息的演奏。）＜新国語＞

 日本語の嗅覚形容詞では聴覚の比喩の使われるものは、「つちくさい」だけである。においはものの特質に喩えて、ここにおいては演奏した音楽にある素朴な特色を表す。

3.3.4 性質

(8) うちの女房もだいぶぬかみそ臭くなってきた。
　　(我老婆差不多成了地道的家庭妇女了。)＜日中＞

(9) みそくさい。
　　(あまりにその道の人らしいいやみがある。)『広辞苑』

(10) 泥臭いやつ。
　　(土包子。)＜日中＞

(11) 少女はいつのまにかかぐわしい乙女に成長した。
　　(少女不知不觉长成了美丽的姑娘。)

(12) 土臭い娘。
　　(土里土气的姑娘。)＜日中＞

(13) 少女は香り高い乙女に成長した。
　　(少女长成了美丽的姑娘。)

(14) あの人はバタくさいところがある。
　　(他有些洋气。)＜日中＞

(15) 彼は青臭いところがまだぬけていない。
　　(他乳臭未干。)＜日中＞

(16) 図体は一人前だが、やつはまだまだちちくさい。
　　(个子长成大人了，但他还太嫩。)

(17) かれは小便くさい。
　　(他还不成熟；他乳臭未干。)

　嗅覚は味覚や視覚に共感覚が起こるのと同じように、日本語では嗅覚形容詞の具体的なにおいのイメージは抽象的な人間の性質に喩えて使われる。(8)、(9)はみその特有のにおいから転じて、嗅覚を使って、人間の特有の性質や特色について表現する。(10)は土のにおいから、田舎の意味に転じて「いなかっぽい」、「やぼったい」などの意味が生まれる。このように、においという具体的な嗅覚の感覚を使い、もともと嗅覚とはまったく関係のない抽象的な性質を表すことにより、言語の表現力がいっそう強め

られ、生き生きしたものとなっている。

　「かぐわしい」の比喩表現は書き言葉で、日常会話ではあまり使わない。気持ちのよい香りから生まれた「美しい」、「すばらしい」という比喩である。(12)の「土臭い」は(10)の「どろくさい」と同じように、土のにおいから、土地いっぱいの田舎を連想して、そして、田舎の人間のようなやぼったい、地味である服装に喩える。(13)の「香り高い」は嗅覚の香りを使ってすばらしい、美しい意味を表すものである。中国語の嗅覚形容詞にはこのような比喩の使い方がないから、(13)の訳文は"美丽"（美しい）を使っている。(14)は西洋人がよくバターを食べるから、バターのにおいを西洋風や西洋かぶれに喩えてできた比喩である。中国語では日本語「バタくさい」のような嗅覚形容詞が存在しないから、(14)の訳文は、"洋气"（西洋風や西洋かぶれ）になっている。

　(15)、(16)、(17)の中国語訳は"乳臭未干"、"嫩"、"不成熟"が使われる。"乳臭未干"はまだ乳のにおいがしている、つまり乳臭いという意味であるが、嗅覚形容詞ではない。"嫩"はわかい、"不成熟"は未熟であるという意味で、においとはまったく関係のない言葉である。

3.3.5　作品

　(18)　作者のおとこくさい文体が魅力です。
　　　　（作者具有男子汉气魄的文体很有魅力。）
　(19)　彼女の作品はおんなくさい表現にあふれている。
　　　　（她的作品中充满了女性特有的表现方式。）
　(20)　作者のつちくさい文体が人気の秘密だ。
　　　　（作者受欢迎的秘密是其具有泥土气息的文体。）
　(21)　文学のかおり高い作品。
　　　　（很有文学味儿的作品。）＜日中＞

　上記例文のように、日本語では嗅覚形容詞はものに属している性質をにおいに喩えて、文章の作風などに使われている。つまり、ものの抽象的な性質などがにおいによって具体化されている。対照の中国語の訳文でわか

るように、中国語にはこのような比喩表現がない。(18)と(19)の中国語訳の"男子汉气魄"(男の気魄)、"女性特有"(女性の特有な)は「男らしい」、「女らしい」という意味で使われている。(20)の中国語の"泥土气息"は土のにおいという意味で、プラスの評判の時に使われる言葉である。逆に軽蔑やマイナスの意味を表す時に"土里土气"というマイナスの評価の言葉が使われる。中国語の"土里土气"はもともと土のにおいがするという意味があったが、のちにそのにおいの意味がすっかりなくなって、作風や人間性に限って表現するものとなった。(21)は嗅覚の香りをもののよい性質に喩えて、格調の高いよい文章の比喩を表す。

3.3.6 生活

(22) かおりたかい生活を送る。
(过着高雅的生活。)
(23) 彼は土くさい生活を嫌って家を出た。
(他讨厌土里土气的生活而离开了家。)

日本語では、嗅覚形容詞はものの性質を表現するのと同じように、物事の性質の比喩も表す。(22)の「香り高い」は気持ちよい香りを抽象的な物事のよい性質に喩えて、上品で、優雅なことを表すが、(22)の訳文でわかるように中国語にはこのような比喩がない。(23)は土のにおいを農業や田舎の質素で地味な生活に喩えて使われるものである。中国語の"土里土气"は、ただやぼったい、ださいなどの意味があって、嗅覚を表す意味をまったく持っていないものである。

3.3.7 名声

(24) かぐわしい名声。
(美好的名声。)＜日中＞

嗅覚形容詞「かぐわしい」は嗅覚の場合、香りを表現するものである。その嗅覚におけるよいイメージが物事の表現に使われ、よい評判やよい名

第3章　嗅覚形容詞の比喩表現　151

声を表す。

3.3.8　状態

　(25)　検査の結果は<u>かんばしくなかった</u>。
　　　（检查的结果<u>不太好</u>。）
　(26)　事件はまことに<u>ちなまぐさい</u>ものだった。
　　　（非常<u>血腥</u>的事件。）

　例文(25)はプラスの香りを表す形容詞であるが、そのままの肯定の使い方が用いられず、打ち消しをつけることによって、逆に思わしくない結果などを表すことになっている。(26)は血のにおいから流血の事件や殺戮などを連想して使われる。

3.3.9　演技

　(27)　新人の演技はどうも<u>くさくて</u>いけない。
　　　（新演员的演技还不行太<u>做作</u>。）＜新国語＞
　(28)　彼の芸は<u>泥臭い</u>。
　　　（他的技艺还<u>不到家</u>。）＜日中＞

　日本語では(27)のように「くさい」というにおいの形容詞を用いて、不快を感じる演技、新人俳優のわざとする動作の不自然さを表現するが、中国語の訳文には嗅覚形容詞が見られず、においと関連のない"做作"になっている。中国語では次のように、日本語の「くさい」にあたる"臭"で表現すれば、意味が変わってしまう。

　　　新演员的演技太<u>臭</u>。
　　　（新人の演技はたいへん<u>下手</u>だ。）

　本来「くさい」の嗅覚表現は不快なにおいだけでなく、ふつうのにおい、ただ気になるにおいに対しても使えるが、中国語の"臭"は不快なにおいしか使えない。このような嗅覚のイメージはそのまま比喩表現に受け継がれたのである。(28)の中国語訳の"不到家"は未熟という意味で、日

本語のように、土のにおいで演技などの比喩をしない。

3.3.10 行為

 (29) 彼は<u>くさい</u>飯を食ったことがある。
   （他坐过牢。）
 (30) あの坊さんは<u>なまぐさい</u>噂がある。
   （人们传说那个和尚不守戒律。）

　「くさい飯」は慣用句で、むかし牢屋では古米で炊いた飯を犯人に食わせることから、臭い飯は刑務所生活に転用された。中国語にはこのような比喩表現がないので、直接に"他坐过牢"（彼は刑務所に入ったことがある）と訳す。(30)の「なまぐさい」はもともと生の肉のにおいについて表現する形容詞であるが、肉を食べたりすると、その肉のにおいがすることから、お坊さんがお酒を飲んだり、女遊びをしたりするなどの仏教の戒律を守らないことを指す。中国語訳でわかるように、中国語には日本語のこのような使い方がない。「なまぐさい」にあたる中国語の形容詞の"腥"、"膻"にはこのような比喩がない。なお、なまぐさ坊主の場合、中国語の"花和尚"にあたる。中国語の"花"は「色事」「はなやか」や「いろいろ」という意味があり、戒律に禁じられていることも平気でいろいろやっているお坊さんのことに使われる。ちなみに、プレーボーイのことを中国語訳では"花花公子"である。

3.3.11 疑惑

 (31) 犯人が隠れるとすれば、このあたりが<u>くさい</u>。
   （犯人要是藏起来的话，这附近很可疑。）
 (32) 彼の話は何となく<u>きなくさい</u>。
   （他的话让人感到可疑。）
 (33) <u>なまぐさい</u>関係。
   （关系可疑。）＜広辞苑＞

「くさい」と「きなくさい」は、なにかにおいがして鼻で嗅ぎつけることができるという本来の意味から、事柄、事件の現象、関連でその真相が分かる。ちょうど何かにおいを感じて、匂うものの正体がわかると同じように、疑わしいことや事件、あやしい人物などに使われている。男女関係上の推測にも使われている。日本語では、嗅覚がよく判断に転じられて使われることは、日本人の嗅覚が敏感である証拠であろう。中国語にはこのような比喩表現がまったく見られない。(31)～(33)の日本語の比喩に対し、中国語はストレートな表現の"可疑"しかない。

3.3.12 不吉

(34) 他社が倒産だなんてまっこうくさい話はするな。
（不要说别的公司破产之类的不吉利话。）

嗅覚において「抹香くさい」は抹香のにおいがするという意味である。抹香とは仏前の焼香に用いる香である。そのにおいから葬式が連想されるところから、縁起が悪い、景気がよくないという意味の比喩に使われる。

3.3.13 気配

(35) 国境のあたりがきなくさい。
（国境附近气氛紧张。）

(36) 人くさい。
（似乎有人。）＜日中＞

「きなくさい」は燃えたり、焦げたりしたにおいで、火事などの災難を連想させる。また、火薬のにおいがして、戦争が起こりそうな緊迫している雰囲気に使われる。中国語には「きなくさい」にあたるにおいの形容詞がないから、この場合"气氛紧张"（雰囲気が緊張している）という訳になる。あるいは、名詞の"火药味"（火薬のにおい）という表現で表す。「人くさい」はもともと人間のいる部屋などにある体臭を表すものである。そこから転じて、直接目に見えないが、何となく感じられる人のいる気配を表す。

3.3.14　考え方

(37)　彼はいまだにかびくさい理論を振り回している。

（他现在还在鼓吹他那套陈腐的理论．）

(38)　高遠な理想のことかと思ったら、金儲けだなんて話が急になまぐさくなったな。

（本以为讲的是远大理想，可说的却是赚钱的事，话题突然变得庸俗了．）

(39)　そんなちちくさい考えでは世間は通らないよ。

（那种幼稚的想法在社会上是行不通的．）

(40)　そんな抹香臭い説教はごめんだ。

（把你那套佛教气味十足的说教收起来吧．）＜中日＞

　日本語では考え方がふるくなって役に立たない場合や時代遅れになった場合の比喩として「かびくさい」が用いられる。考えのほかに、話の内容がふるいというたとえとしても使われる。これはにおいの具体的なイメージを借りて物事の抽象的表現に転用してできた比喩の使い方である。中国語には「かびくさい」にあたるに嗅覚形容詞がないから、上の訳文のように"陈腐"が用いられる。あるいは、"腐朽"で表現する。(38)の嗅覚形容詞の比喩表現に対して、中国語は対応するものがなく、俗っぽいという意味の"庸俗"で表す。あるいは、本心をむきむきに出している"露骨"という表現を使う。"话显得很露骨"という表現もある。「乳くさい」は乳飲み子が乳のにおいがするところから未熟の比喩に使われ、「まっこうくさい」はお寺の線香のにおいから仏教的な思想や考えなどに転じたのである。

3.3.15　日本語嗅覚形容詞の比喩表現の特徴

　以上、日本語の嗅覚形容詞における比喩について用例をあげて説明した。その比喩の範囲について次の表２にまとめている。

表2　日本語嗅覚形容詞の比喩表現の範囲と用例数

味覚	視覚	聴覚	性質	作品	生活	名声	状態	演技	行為	疑惑	不吉	気配	考え	合計
1	5	1	10	4	2	1	2	2	2	3	1	2	4	40

　日本語の嗅覚形容詞の総語彙数は33語、その中に比喩表現をもっているものが21語ある（付録3.2参照）。中国語総語彙数は41語あり、比喩表現をもっているものが12語ある。表2に示した通り、日本語の嗅覚形容詞の比喩表現は14項目あり、比喩用例数は40例ある。表1に示した中国語の13項目の26例を大きく上回っている。日本語の五感形容詞の中でも中国語より比喩用例数が多いのは嗅覚形容詞だけである。

3.4　「くさい」複合形容詞の嗅覚表現

　筆者が調べた結果、調査対象となる5冊の辞書に出ている「くさい」複合形容詞はあわせて55語ある。その中の29語はにおいの意味がすっかりなくなっているものである。においの表現に使われているのは26語であるが、そのうちに17語は比喩をもっているものである。ここではこれらの形容詞を嗅覚形容詞の「くさい」からの複合されたものだと見なして、その嗅覚表現の範囲を考察する。「くさい」の複合形容詞は嗅覚を表す時、主に名詞の後ろについて、複合形容詞になって、いろいろなにおいを表現することができる。「くさい」の複合形容詞は嗅覚を表現する範囲がとても広く、香りを含めてほとんどのにおいを表すことができる。そのにおいの表現について次のように詳しく分類した。

3.4.1　香り

(1)　<u>白粉くさい</u>（白粉のにおいがする）。
　　（有香粉味儿。）

(2)　<u>抹香くさい</u>（抹香のにおいがする）。
　　（有沉香味儿。）

日本語ではこのように、香りのものに対しても「くさい」がついて複合形容詞が造られる。もちろん、このような場合はそれを香りではなく、反感や不快感のあるにおいとしてとらえることが多い。

3.4.2　体臭

(3)　<u>汗くさい</u>部屋。

　　（有汗臭味儿的房间。）

(4)　<u>男くさい</u>柔道着。

　　（带有男人气味儿的柔道服。）

(5)　女子寮に一歩入るとぷんと<u>おんなくさい</u>。

　　（一走进了女生宿舍就有一股刺鼻的女人气味儿。）

(6)　<u>寝ぐさい</u>。

　　（就寝产生的气味。）＜広辞苑＞

(7)　<u>人くさい</u>。

　　（有人气味儿。）＜日中＞

人間の体臭などのにおいについて、ややマイナスの意味である傾向があるが、場合によって、中間のイメージや(5)のように、ややプラスの意味である場合もある。

3.4.3　飲食物

(8)　このドジョウは<u>泥くさい</u>においがする。

　　（泥鳅鱼有土腥味儿。）

(9)　豆腐に<u>生ぐさい</u>においがうつる。

　　（豆腐沾上了腥味儿。）

(10)　<u>糠味噌くさい</u>。

　　（有酱菜味儿。）＜広辞苑＞

(11)　<u>味噌くさい</u>(味噌のにおいがする)。

　　（有大酱味儿。）＜広辞苑＞

(12)　<u>金くさい</u>水。

（有铁锈味儿的水。）
⒀ 青くさい野菜ジュース。
　　（有青草气味儿的蔬菜汁。）
⒁ 乳くさい赤ちゃん。
　　（有奶气味儿的婴儿。）

　このように飲食物についてのにおい表現は、それほど強くないものである。話し手は確かにこれらのにおいに対して、いやな感じやマイナスのイメージをもっている場合もあれば、あまりもっていない場合もある。

3.4.4　自然

⒂ 浜のほうから磯くさい風が吹いてくる。
　　（从海边吹来海腥味儿的风。）
⒃ 土くさいにおい。
　　（有土腥味儿。）
⒄ 日向くさいふとん。
　　（有一股太阳晒过的味儿。）

　自然のにおいについて、このような表現はほとんど中間的なイメージであるから、不快感のない表現である。

3.4.5　黴

⒅ この本はなんだかかび臭い。
　　（这本书似乎有点霉味儿。）＜日中＞
⒆ 押し入れに入れっぱなしのふとんはすえくさい。
　　（一直放在壁橱里的被子有一股酸味。）

　このように、かびが生えてできたにおいは基本的に不快なにおいである。しかし、例文に示したように、かびくさいにおいはそれほど強い不快感を表すものではない。「すえくさい」は饐えたもののにおいであるが、中国語ではご飯とか料理などの場合、"馊味儿"、つまり、饐えたにおいと

いう表現であるが、食べ物以外には使えないので、例文のような酸っぱいにおいの"酸味儿"で訳されるのである。

3.4.6 息

⑳　酒くさい息を吹きかけながら話す。
　　（说话时喷着酒气。）
㉑　酔っぱらいはじゅくしくさい息を吐きかけた。
　　（醉汉吐着酒气。）
㉒　おじいちゃんのはく息はたばこ臭かった。
　　（爷爷出气儿有一股烟味儿。）＜15万例文＞

人間の出した息には不快なにおいがある場合がよくある。⑳、㉑は酒を飲んだあと出したくさい息、㉒は喫煙によるニコチンのにおいを指すが、中国語では日本語のような嗅覚形容詞がないので、その中国語訳文に"酒气"（酒のにおい）、"有一股烟味儿"（タバコのにおいがする）が使われている。これらのにおいはどちらもかなり不快感があるにおいで、マイナスのイメージである。日本語と違って中国語にはこれらのにおいを表す嗅覚形容詞がないのである。

3.4.7 血

㉓　血腥ぐさい。
　　（有血腥味儿。）＜広辞苑＞

「血なまぐさい」は血のにおいを表すものである。嗅覚の表現として、日常的に使われることが少ないが、むしろ比喩として、殺人現場や戦争の惨状などを表すのによく使われている。

3.4.8 焦臭

㉔　二階の方がきな臭い。
　　（二楼有糊味儿。）

㉕ 焦げくさいにおいがする。
　　（有一股糊味儿。）

　例文のように燃えたり、焦げたりするにおいは、不快感がそれほど強くない。悪臭とは度合いがかなり違っているものである。日本語では「きなくさい」は紙や布などが焦げるにおいに限定されるが、「こげくさい」はより広い範囲に使われるものである。中国語では日本語のように区別せずに同じように"糊味儿"で表される。

3.4.9　小便臭

㉖ 小便くさい。
　　（有尿臊味儿。）

　「くさい」の複合形容詞では強い不快感のあるにおいを表すのはこの「小便臭い」一語だけである。「くさい」はほとんどの悪臭を表すことができ、複合形容詞を作る必要性があまりないからである。

3.4.10　「くさい」の嗅覚表現の特徴

　このように日本語では「くさい」とその複合語はよくないにおい、つまり悪臭を表すばかりでなく、中間的なにおいについても、時にはよいにおいについても表現することもできる。前記の例文に示したように、においの形容詞には比喩の使い方を持っている語が非常に多い。ここであげた26語のうちに、「汗くさい」、「いそくさい」、「熟柿くさい」、「酒くさい」、「焦げくさい」、「すえくさい」、「たばこくさい」、「寝ぐさい」などの8語は嗅覚表現だけで、比喩表現をもっていないが、そのほかの18語は嗅覚表現と比喩表現の両方を持っているものである。「くさい」複合形容詞のにおい表現範囲とその語彙数は次の表3にまとめている。

　日本語の「くさい」はほとんどのにおいを表現することができる。だから、いろいろなにおいを表現する「くさい」の複合形容詞がある。それにあたる中国語の"臭"はほとんど極端にくさいにおいにだけ使われるか

表3 「くさい」複合形容詞の嗅覚表現範囲と語彙数

香り	飲食物	体臭	自然	かび	息	血	焦臭	小便臭	合計
2	7	5	3	2	3	1	2	1	26

ら、その複合語の数が限られている。中国語の"臭"は「くさい」のようにいろいろなにおいを表現する機能を持っていない。よくないにおいに対し特定した表現をする時、においによって、"腥"（魚や肉の生臭さ）、"臊"（小便くさい）、"膻"（羊のにおいや羊肉の生臭さ）などに使い分けている。また、これらのにおいを強調するとき、その"腥"、"臊"の後ろにつき、"腥臭"、"臊臭"、のような複合形容詞ができるが、"膻"にはつかないようである。

「くさい」は活発な造語能力がある。においを表現するとき、名詞の後に付けると、「～くさい」という形容詞が簡単にできてしまう。日常生活の中でよく使われている「ガス臭い」、「ニンニク臭い」、「石油臭い」などの複合語はほとんどの辞書には載っていない。日本語ではこのような話し言葉に出てくる「～くさい」という複合形容詞を辞書に載せるまでにはなお時間がかかりそうである。

3.5 「くさい」複合形容詞の非嗅覚表現

日本語の嗅覚形容詞において、「くさい」によって複合されている語が圧倒的な多数を占めている現象は目立っている。それは、「くさい」が嗅覚形容詞の中心的な役割を果たしているとても重要な形容詞であることを物語っている。「くさい」はつよい悪臭からやや不快なにおいまでも表すことができるから、それによって複合された形容詞も比喩表現において、幅広い意味を持っている。しかし、「くさい」からできた形容詞は、本来のにおいを表す嗅覚の表現がすでになくなったものもあれば、においの表現しか使われないものもあるため、前の第2節では嗅覚形容詞の比喩表現としてそれを取り扱うことができなかった。ここでは、嗅覚表現のない「くさい」複合形容詞を対象として取り扱って、その表現を調べることにした。

3.5.1 味覚

(1) 水くさい酒。
 (稀薄的酒。)＜日中＞

「水くさい」は、味を表現することができる形容詞である。中国語には、味とにおいの両方を表現する形容詞"有味"、"香"などがあり、比喩にもよく使われている。しかし、「水くさい」は嗅覚のにおいを表す機能を持っておらず、もっぱら味の濃淡について表現するものである。

3.5.2 温度感覚

(2) 熱れくさい。
 (闷气熏人。)＜広辞苑＞

むっとする暑さ、熱気についての体感表現である。これは古いことばである。いまはほとんど使わないため、用例が見つからない。建物や部屋に入るとき、その一瞬にその中の熱気を感じる場合、あるいは近づくと熱さを瞬間に感じ取るという感覚を、嗅覚の表現を借りて表すものである。

3.5.3 視覚

(3) 古くさい着物。
 (显得很旧的衣服。)
(4) やぼくさい服装。
 (显得很俗气的衣服。)
(5) 田舎くさい服装。
 (显得很土气的衣服。)
(6) そんなばばくさい格好はよしなさいよ。
 (別打扮得那么老气横秋的。)

「くさい」は嗅覚のとき、何かにおいがして、そのにおいを嗅ぎつけて物事の性質を判断し、区別することができる。いわゆる、五感の一つの嗅覚

を表すものである。「～くさい」という複合形容詞は人間やもののにおいをその性質や特徴と置き換えて、嗅覚を視覚と置き換えることによって、人間や物事の性質や特徴を具体的に表現する。このように嗅覚を視覚と置き換えたり、抽象的な感覚を具体的な感覚に変化させたりして、いろいろな比喩的な用法が生まれている。上記の「くさい」の複合語はもともと全部においを表したものであった。「古くさい」は古くなったもののにおいから、「かびくさい」はかびの生えたにおいから、発展してきたものである。「やぼくさい」と「田舎くさい」は農作業をしていた人が土のにおいがすることから由来したものである。これらの複合形容詞はあきらかににおいから派生したものであるが、いまはすでににおいの意味が無くなっている。

3.5.4 状態

(7) <u>素人臭い</u>手つき。
(外行一般手的动作。)＜日中＞

(8) ぼくに隠しだてをするなんて君もずいぶん<u>水くさい</u>ね。
(还瞒着我，你也太<u>见外</u>了！)＜日中＞

　例文の複合形容詞のほとんどはすでに本来のにおいを表現する意味がなくなり、嗅覚のにおいが物事の状態と置き換えられて、状態だけを表す形容詞となった。もともとにおいがぷんぷんと感じられるという嗅覚状態から、視覚や聴覚の感じた物事の状態の表現に置き換えて表したものである。「水くさい」は味が薄いことから、抽象的な物事の情が薄いことの表現に転じたものである。よそよそしいという意味や他人行儀という意味の比喩である。

3.5.5 性質

(9) 若いくせに<u>年寄りくさい</u>考え方をする。
(虽然年轻却是<u>老年人</u>的思惟方式。)

(10) 今更そんな<u>どろくさい</u>ことを言うな。
(到了现在就不要说那样<u>土里土气</u>的话了。)

(11) 何となく<u>坊主</u>くさい話だ。

（总觉得是教训人的话。）

(12) 子供のくせに、<u>分別</u>くさいことを言う。

（小孩子却说出有道理的话。）

(13) そなたは言語道断<u>ねだり</u>くさいことをおっしゃる。

（你的话荒谬绝伦，死气白赖。）＜広辞苑＞

(14) こんな<u>辛気</u>くさい話、聞いておられん。

（这种急人的话，让人听不下去。）

(15) 青二才のくせして<u>しゃらく</u>さい口をきくな。

（小毛孩子别说大话。）

(16) <u>自慢</u>臭い。

（吹牛、说大话。）＜日中＞

(17) <u>インチキ</u>くさい説明。

（骗人的说明。）

　用例のように、「くさい」複合形容詞は話の性質の表現に数多く使われている。これらの複合形容詞は嗅覚を表す機能をまったく持っていないもので、ただ話の性質を表すだけとなっている。

3.5.6　性格

(18) 得体の知れぬ<u>うさん</u>くさい人物。

（来路不明可疑的人。）

(19) <u>どん</u>くさい男。

（很笨的人。）＜新国語＞

(20) <u>陰気</u>くさい人物。

（不开朗的人。）＜日中＞

(21) <u>半可</u>くさい。

（愚蠢。）＜広辞苑＞

　物事の性質の表現と同じように、「くさい」の「何かにおいがする」と

いう意味を「何かを感じる」と置き換えて、人に対して感じられるいろいろな性格について表現できる。「うさんくさい」は人間の外面的な性質についての表現で、得体の知れない、怪しいという意味を表す。このような外面のほかに、(18)～(21)は内面的な性質、つまり人間の性格を表すものである。このほかに、日常生活に使われているが、辞書に載っていない(あるいは、見出し語に出ていない) 複合形容詞がある。たとえば、

　　　爺（じじ）くさい、 ばばくさい、 おやじくさい、 仙人くさい、
　　　老人くさい

　これらの複合形容詞は人に対して、そういう傾向があることを表すものである。もともと嗅覚を表す「くさい」の「～においがする」という直感的な感覚から転じてきたので、これらの「くさい」の複合形容詞は普通ではない感じがする人間の外見的な性質について表すが、より抽象的な内面的な性格についてはほとんど表せない。

3.5.7　意味の強め

(22)　そんなあほうくさいこと、だれがするもんか。
　　　（那种蠢事，谁干。）
(23)　わかりきったことを何度も説明されるのはばかくさい。
　　　（完全明白的事还一遍遍地说明，真是太愚蠢了。）
(24)　七面倒くさい注文。
　　　（麻烦的要求。）
(25)　返事を書くのがめんどうくさい。
　　　（写回信太麻烦。）
(26)　邪魔くさい。
　　　（太碍事。）＜広辞苑＞
(27)　照れくさくて顔が上げられない。
　　　（羞得抬不起头来。）
(28)　やることがのろくさいのでいらいらする。
　　　（干得太缓慢让人着急。）

上にあげた「くさい」複合形容詞の特徴は、名詞につかないことである。(22)～(25)は形容動詞の語幹について、複合されたもので、数も一番多い。(26)、(27)は動詞の連用形と形容詞の語幹につくものである。この場合の「くさい」はにおいの意味がすっかりなくなって、複合する形容動詞、形容詞、動詞の意味を強めて、不快な感情を表現する。もともと嗅覚を表す「くさい」がよくないにおいに対して不快感を持っているところから、転じられた比喩である。「くさい」がつくことによって、その不快な感情、いやな感情が表される。

3.5.8 「くさい」複合形容詞の非嗅覚表現の特徴

「くさい」は非常に生産性の高い形容詞で、その複合形容詞の数が多い。日本語の嗅覚形容詞の総語彙数は33語あるが、「くさい」とその複合形容詞をあわせて30語あり、その圧倒的大多数を占めている。「くさい」とその複合形容詞には比喩のあるものが18語ある。また、表4に示したように、嗅覚を表さない27語の「くさい」複合形容詞には7項目、28用例がある。それに比べて、中国語の"臭"の複合形容詞は語彙数が少なく、生産性が低い。非嗅覚複合形容詞がほとんどないのである。

表4 「くさい」複合形容詞の非嗅覚表現の範囲と用例数

	味覚	触覚	視覚	状態	性質	性格	強め	合計
非嗅覚くさい	1	1	4	2	9	4	7	28

3.6 まとめ

1 中日嗅覚形容詞の共感覚の異同

以上の考察を通じて、中日の嗅覚形容詞の五感における共感覚の関係について、それぞれ次の表にまとめている。

表5　中国語嗅覚形容詞の共感覚図　　表6　日本語嗅覚形容詞の共感覚図

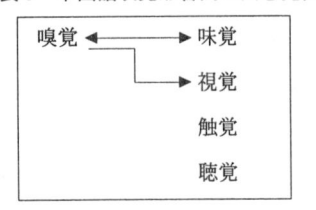

```
┌─────────────────┐      ┌─────────────────┐
│ 嗅覚 ←──→ 味覚  │      │         → 視覚  │
│      └──→ 視覚  │      │ 嗅覚 ←──→ 味覚  │
│           触覚  │      │      └──→ 聴覚  │
│           聴覚  │      │           触覚  │
└─────────────────┘      └─────────────────┘
```

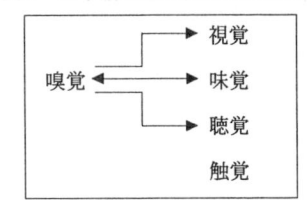

　表5に示したように、中国語嗅覚形容詞は味覚と視覚に共感覚が起こるものである。中国語では、香りを表す"香"とその複合形容詞はこのような共感覚の比喩を持っているが、"臭"とその複合形容詞はそのような使い方がまったくない。中国語の味覚形容詞は嗅覚に共感覚が起こるので、嗅覚と味覚とは、お互いに共感覚が起こる関係にある。それを両方の矢印で示す。なお、触覚と聴覚は矢印がなく、全く共感覚が起こらないことを表す。表6に示したように、日本語嗅覚形容詞は共感覚において、中国語と同じように味覚と視覚を比喩するが、聴覚に起こる共感覚は中国語にはないものである。序章にあげた国広氏の「共感覚的比喩の体系」[4]の図では嗅覚は直接に聴覚と視覚を表さず、次元形容詞「大きい」、「小さい」などによって二次的に比喩表現をするということである。また、山梨氏の「五感の修飾・被修飾関係」[5]の図では、嗅覚から視覚と聴覚への修飾関係が認められる。これに対して、「嗅覚は，視覚，聴覚のいずれの原感覚に対しても共感覚となりうるが，触覚，味覚の共感覚にはなり得ない。」[6]と説明する。

　中国語の嗅覚形容詞"香"は、香りのほか、味覚のおいしいという意味で日常的にもよく使われているものである。日本語の「かなくさい」は『広辞苑』の説明によると、「金気のにおいや味がする」という中日嗅覚形容詞が同じように、味覚に共感覚が起こり得るから、表5、表6において、味覚形容詞との関係は双方の矢印で示されたのである。山梨氏は「五感の修飾関係」では、味覚→嗅覚、国広氏は「共感覚的比喩の体系」では味→臭、という比喩関係を述べている。つまり→の方向は比喩可能である。反対には比喩できないという。しかし、実際、日本語は中国語と同じように、嗅覚は味覚を表すことができる。「味覚→嗅覚」という比喩関係は「味

覚←→嗅覚」のように修正しなければならない。

2　嗅覚から見られる中日の差異

　中国語の嗅覚形容詞では香りを表す語彙は22語で、臭みを表す嗅覚形容詞の語彙数は19語ある。香りを表す形容詞が少し多い。比喩表現においても、香り形容詞は15例であり、臭み形容詞は11例ある。香り形容詞は語彙数と比喩表現用例数が共に多い。日本語は中国語と違って、臭み形容詞は27語あり、香り形容詞はわずか4語ある。臭み形容詞は圧倒的に多い。比喩表現も同じように、香り形容詞はわずか6例あるのに対して、臭み形容詞の比喩用例数が34例ある。香り形容詞は語彙数と比喩表現の用例とともに少ないのである。

　日本語の嗅覚形容詞において、「くさい」は、香りを含むほとんどすべてのにおいを表すことができるので、においを表現する幅が非常に広い。同じ香りでも、日本語では好ましい場合は香りと見なすが、好ましくない場合は「くさい」を使って、マイナスの表現をする。たとえば、醤油のにおいについて、評価するときは醤油の香りと言う。しかし、評価しない時は醤油くさいと言う。中国語にはこのような香りと臭みの両方に使える嗅覚形容詞がない。表6に示したように、日本語の嗅覚形容詞では「くさい」とその複合形容詞は27語あって、全体の87％を占めており、そのほかの形容詞はわずか4語で、全体の13％に過ぎない。

　中国語の嗅覚形容詞において、"臭"とその複合形容詞は8語あり、全体の20％を占めているが、80％はそのほかの形容詞である。"臭"は嗅覚形容詞で占める割合が低く、「くさい」とちょうど逆になっている。これは嗅覚の表現において、「くさい」のように幅広くにおいのほとんどをカバーすることができず、極端にわるいにおい、悪臭にしか使わないからである。そのため、比喩表現において、マイナスのイメージがとても強く、嗅覚の時の「嫌う」、「いやだ」、「憎む」などの感情がそのまま残されているのである。

注

1) 体文《李章洙怒打懒散队员》 齐鲁晚报　2003.3.4
2) 二月河《乾隆皇帝》郑州　河南出版社　1996.12
3)《小説》最優秀賞・文部科学大臣奨励賞　赤座麻里子（石川県立金沢桜丘高2年）『キキなるセカイ』 読売新聞朝刊　2001年12月14日
4) 国広哲弥『五感をあらわす語彙―共感覚比喩的体系』「言語」 1989.11　P.28
5) 山梨正明　『比喩と理解』 東京大学出版会　P.60
6) 同上　P.59

第4章　視覚形容詞の比喩表現

4.1　はじめに

　視覚は目で見る感覚で、視覚形容詞は視覚を表す形容詞のことである。本章において、色を表す色彩形容詞と光を表す明暗形容詞をあわせて、視覚形容詞と呼ぶことにする。視覚形容詞は色彩と明暗そのものを表現するだけではない。視覚が人間の心理感覚に対する影響はとても大きい。その視覚的なイメージからいろいろな意味が派生し、比喩表現として使われている。本章において、中国語と日本語の視覚形容詞を、色彩形容詞と明暗形容詞に分けて、その比喩表現を考察していくことにする。

　まずは、日本語と中国語の色彩を表す基本的な形容詞を見てみよう。現代中国語には色彩形容詞が次のように10語ある。

　　紅（赤い）　白（白い）　黒（黒い）　青（青い）　黄（黄色い）　緑（緑、あおい）　藍（紺、あおい）　灰（灰色）　粉（桃色）　紫（紫）

　括弧の中にある、対照する日本語でわかるように、日本語には中国語の"灰"、"紫"、"粉"の形容詞に対応するものがないのである。また、「あおい」は色彩の表現範囲が広く、中国語の"青"、"緑"、"藍"の三つをカバーしている。そのため、中国語の10語に対して、日本語にはその半分の5語しかない。

　中国語は日本語のように語尾の変化や品詞のきまった形がないので、品詞を分類する場合、時々困難を感じる。上にあげた10語は形容詞であると同時に、名詞でもある。大河内康憲氏は中国語の色彩形容詞について次のように述べている。

　　程度副詞"很"は色彩語においてあまり見かけない。ひとつには、

これらの色彩語の述語機能が、"黒"、"白"、"红"、"黄"、"绿"までであることによる。たとえば"他脸白"（かれは色白である）、"他脸红"（かれは赤ら顔である）のようにいうが、「空が青い」からといって"天空蓝"というわけではないし、いわゆる一音節形容詞の述語は副詞を伴わなければならないという制約をいれて"很"を加え、といっても成立はむずかしい。……しかしこれも、"青"、"紫"、"灰"となるとむずかしい。さらにまた、色彩語には、たとえ形容詞であっても、絶対性質形容詞の性格が伴う。程度問題になりにくい。[1]

たしかに、"天空蓝"という言い方はおかしい。しかし、それは"蓝"は"天空"との相性が悪いのではないかと思われる。"天蓝"というのは書き言葉みたいで、それより、むしろ"天很蓝"のように"很"をいれた言い方が自然である。また、次のような例文もよく使われているものである。

　云很白，天很蓝，大街上过往的姑娘，一个比一个好看。
　（雲が白く、空が青くて、大通りを行き交っている娘たちはそろってきれいな人ばかりだ。）韩石山《自己的病》[2]

現代中国語では一音節形容詞の述語は副詞を伴わなければならないという制約がある。これは形容詞であるかどうかを判断する基準の一つであると朱德熙氏は述べている。[3] 実際"青"、"紫"、"灰"は、次の例文に示したように、"很"といっしょに使われる。

　蚕落地铺的时候，桑葚已很紫而甜了，比杨梅好吃多了。
　（蚕カゴが並べられた頃、桑の実が紫色になり、甘くなった。山桃よりずっと美味しかった。）丰子恺《忆儿时》[4]

　他突然看见旁边不远的草把上有一条很小的，颜色很灰的蛇，正昂着头看着他。
　（彼は突然そばの近くの草束に小さくて灰色の蛇がいるのに気がつき、その蛇が頭を上げて自分を見ている。）陈卫《碧波荡漾》[5]

　竹子的颜色很青，但是充满了生气。
　（竹は色が青いが、活気がみなぎっている。）张波《竹》[6]

"很"という副詞は必ずしも程度を表現するものではなく、一音節形容

詞に対して調子を整える役割をして具体的な意味を持たないことが多い。たとえば、

　　那很好。
　　（それはよかった。）
　　她很美。
　　（彼女が美しい。）

　このように日本語は"很"を訳さない場合が多いようである。一音節の形容詞には"很"のかわりに、ほかの程度副詞"太"と"真"をつけることができる。上記の中国語の色彩形容詞10語は全部この副詞"太"の修飾を受けることができる。"很"に比べて程度副詞"太"と"真"は実際に程度を表し、話し手の主観的な気持ちなどを伝えることができる。

　日本語は中国語に比べると、色彩形容詞が極端に少ない。中国語には前記の基本形容詞のほかに、また、複合された色彩形容詞がいろいろある。話し言葉では特にABB型や重ね型の複合形容詞がよく見られる。中国語の色彩形容詞の基本語は日本語とほぼ同じであるが、しかし、それによってできた複合語が非常に多い。中国語の色彩形容詞の総数は306語あって、非常に発達している。それに比べて、日本語の色彩形容詞は24語だけで、中国語に比べて語彙数が少ないと言えよう。

　また、中国語の色彩形容詞"黑"、"紅"、は生産性のとても高いもので、ＡＢＢ型などの派生の形容詞が多く見られる。"黄"、"緑"、"白"、"蓝"、"青"なども生産性が高い。"粉"はもっとも低いもので、複合形容詞が少なく、比喩表現もあまりない。

　以上の形容詞のほかに、大東文化大学『中国語大辞典』、王同亿主編《新現代汉语词典》などで形容詞として取り扱っている以下の語がある。

　　緋（赤い、ピンク）　　赤（赤い）　　乌（黒い）　　碧（青い）
　　翠（みどり）　　金（黄金色）　　銀（銀色）

　この7語は、程度副詞"很"、"太"、"真"などの修飾をほとんど受けない性質をもっている。これらの語は古語や書き言葉であるため、口語表現の程度副詞の修飾を受けないと考えられる。したがって、本章において

は、このような語彙を形容詞として取り扱わず、除外する。

4.2 "红"と「赤い」の比喩表現

赤の色を表す日本語の「赤い」と中国語の"红"は、色以外にどのような比喩表現があるかについて、次のように、用例をあげて比較した。

4.2.1 革命的

(1) 又<u>红</u>又专。
(思想面に優れ、また技術面でも優れる。)
(2) 大学にはいってから、あの人は<u>赤</u>くなったようだ。
(他进了大学后似乎<u>思想左倾</u>起来了。)＜日中＞

中国語と日本語は同じように形容詞の表現があるが、名詞の表現もある。特に中国語はこの意味において、形容詞より、むしろ、名詞のほうがよく使われている。たとえば、红区（中国共産党の解放区）、红军（赤軍）、红帽子（共産主義者レッテル、共産党の党籍）などのような名詞である。日本語にも「彼は赤だ（彼は共産主義者である）」とか、「赤軍」などのような名詞の表現がある。

4.2.2 女性

(3) キャンパスに女子大生が大勢集まって、何やら<u>赤い</u>気炎をあげている。
(校园里聚集了许多女大学生，<u>气势高涨</u>。)＜15万例文＞

日本では今も幼稚園や小学校の女の子のものは赤、男の子のものは青であるように、色で分けている。日本語の「赤い」も同じように、女性を表す色であるが、その形容詞としての使用範囲は限られていて、用例はこの一例しかない。昔、女性がお化粧をするとき、よくべにを使い、また、女性がよく赤い衣装を着ていたことから、中国では"红"は女性を代表する

色になった。次のような漢字熟語は中日共通のものである。
紅裙／紅裙（赤色のすそから美女や遊女）　紅粉／紅粉（べにとおしろいから美人や遊女）紅袖／紅袖（女の赤い袖から美女）　紅妆／紅粧（女性の化粧から美人）　紅泪／紅涙（血の涙、美人の涙）　紅楼／紅楼（女性の部屋や妓楼）　紅闺／紅閨（婦人の部屋）

しかし、現代中国語ではこのように形容詞として使われる表現は全く見られない。

4.2.3　人気

(4)　一个很<u>红</u>的作家。
　　（とても<u>人気のある</u>作家。）

中国語では特に人気のある役者や俳優の人気ぶりを"红"で表す。芸能人のほかに、社会において、権力者のお気に入りものについても使われる。次の例のように、名詞としての使い方は形容詞より多い。たとえば、

　在星期六她是这个镇上的<u>红</u>人。
（土曜日に彼女はこの町の<u>人気者</u>だ。）＜中日大＞

日本語では人気役者、人気歌手のことを、中国語では"红角"、"红歌星"と言う。"角"は役で、"歌星"は歌のスターである。日本語の「あかい」はこのような比喩には使われないのである。

4.2.4　盛ん

(5)　韦邦家具在上海浦东新区开了一家专卖店，专卖布艺沙发，生意很<u>红</u>，每月营业额都在50万元以上。
（韋邦家具は上海浦東新区で専売店を開き、布アレンジメンソファーを専売して、売れ行きが<u>上々で</u>、毎月の売り上げは50万元以上になっている。）徐积民《顺德家具应瞄准高端市场》[7]

(6)　当人家<u>红火</u>了你才看人家<u>红火</u>。
（人の<u>意気込み</u>は人が<u>意気込んだ</u>ときしかわからない。）

(7) 红红火火的农博会。
（にぎやかな農業博覧会。）马昱华《红红火火的农博会》[8]

"红"は商売繁盛など物事が盛んに行われるよい状態の比喩に使われる。日本語の色彩形容詞の「赤い」にはこのような比喩はまったくない。"红火"はもともと、火のあかあかと燃える様子である。火が燃えれば燃えるほど盛んになることから、その旺盛な気勢を借りて、物事が盛んになるたとえに使われている。生活がよくなっている場合、"日子过得红火"と言われる。"红红火火"は"红火"から複合されたものである。比喩の意味がそれよりもっと強い。

4.2.5 吉事

(8) 今天是你的好日子，总得红扑扑儿的，取个吉利。
（今日はあなたにとってよい日で、にぎやかにもりあげて縁起をよくしなくちゃ。）《现代北京口语辞典》

"红扑扑儿"は雰囲気を盛り上げることと、"红"の色には縁起がよいことの両方にかかった言い方である。中国人にとって"红"は非常にめでたい色で、珍重されている。特に結婚について、よく使われているのである。媒酌のことは"红媒"、結納のことは"红定"と言って、結婚する時に花嫁が"穿红"、つまり赤い衣装を身にまとうことである。必ず赤い輿の"红轿子"に乗っていく。新婚の夜具のふとんは"红被"である。また、ご祝儀としてのお金は赤い紙に包んでいる"红包"である。ボーナスも"红包"と言うのである。このほかに、次のように、結婚以外のめでたいことにも使われる。たとえば、

名字上了红榜。

（表彰された（名前は表彰の掲示に発表された）。）

中国では昔から表彰されたときの公表と科挙の合格の発表がどちらも赤い紙に書いて貼り出されたことから由来した表現である。これらはいずれも名詞であり、色彩形容詞の比喩としての使い方はむしろめずらしい方で

ある。

　しかし、日本人は中国人のように、赤が「めでたい」、「吉」を代表するという意識があまりない。だから、日本語では形容詞「赤い」にも名詞の「赤」にも、このような比喩の使い方がみられない。ただ、「紅白」幕は祝日や祭りなどの行事に使われて、ご祝儀には「紅白」の水引が使われるように、紅白の二色でめでたいことを表す。

4.2.6　表情

(9)　他有这样的本事，你是感到幸运呢，还是感到脸红。
　　（彼にこのような才能があるのを、あなたは幸運だと思いますか、それとも恥ずかしいと思いますか。）
(10)　電車を待っているとき、セーターを裏返しに着ているのに気づき、思わず顔が赤くなった。
　　（在等电车时，才发现把毛衣穿反了，不由的脸红了。）＜15万例文＞

　"红"は中国人にとってとてもよい色であるから、得意気にしているときの顔や血色のよい顔について"红光满面"が使われ、形容詞の"红"は健康の顔色としてよく使われている。また、表情として恥ずかしい時に色が赤くなることから、このような比喩ができたのである。日本語の「赤い」は中国語の"红"と同じように、顔色や表情に使われている。

4.2.7　羨む

(11)　看见人家发财了就眼红，这是不应该的。
　　（人が金をもうけたのを見てねたむのはよくない。）

　"眼红"はもともと目が赤くなるという意味であった。"红"は血の色を表し、人のことをねたむときの目つきを比喩するものである。日本語の表現では、「目の色が変わる」、「血まなこになる」と同じである。しかし、「赤い」はこのような表現には使われていない。

4.2.8 怒り

(12) 仇人相见分外眼<u>红</u>。
　　（敵に合うと<u>怒り</u>は格別だ。）
(13) 冷やかされて<u>赤くなる</u>。
　　（受到嘲弄而<u>火了</u>。）＜新国語＞

　中国語も日本語も同じように、赤色を表す形容詞で立腹することを表す。これは実際、人間が怒ったときや興奮した時に顔色が赤くなったり、目に血筋が走ったりすることがあるから、その視覚の直感的な色からその物事の内容や性質を表す比喩である。

4.2.9 幸運

(14) 开门<u>红</u>。
　　（事が最初から<u>順調に運ぶこと</u>。）＜中日＞

　中国語の"红"は色としてたいへん好まれているので、めでたいことや女性などにたとえているほか、ラッキーなことや何かよいことに恵まれるときにも使われる。また"红运高照"という4字熟語があり、「運がむいてくる。好運にのっている」ことを表す。中国の民間信仰に出ている"财神"（日本の財の神様、恵比寿にあたる）も赤い兜をかぶり、真っ赤な鎧を着ている。"红"は盛んに燃えている火に象徴されるように、旺盛を代表し、向上することを意味する。もちろん、金儲けの意味もある。日本語では、色彩形容詞の「赤い」や名詞の「赤」にはこのような比喩の意味がない。

4.2.10 明白

(15) 少年が「おおかみがきた。」といったのは<u>真っ赤な</u>うそだった。
　　（少年说的"狼来了！"<u>完全是在撒谎</u>。）＜15万例文＞

　日本語では色彩形容詞の「あかい」は明暗形容詞の「あかるい」に通じ

る部分がある。ここではあかるくてはっきり見えるという意味である。例文に出てきた形容詞のほか、「赤の他人」のように、名詞の「赤」にも同じ意味がある。しかし、形容詞「あかい」にはこのような比喩がない。中国語の"紅"にはこのような比喩的な使い方が見られない。

4.2.11 中日比較

　中国語の色彩形容詞"紅"とその複合形容詞は併せて46語ある（付録4.1参照）。しかし、この数多いものの中に比喩を持っているものは4語だけで、そのうち"紅火"と"紅扑扑儿"は調査対象外の辞書によるものである。そのほかのものは色彩以外の表現に使われない。一方、日本語では、赤を表す形容詞は「赤い」、「赤っぽい」、「真っ赤」などの6語で、比喩のあるものは2語だけである（付録4.2参照）。その比喩範囲と用例数は表1にまとめている。中国語の"紅"は比喩表現において、意味の範囲も用例数も日本語よりずっと多いことが分かる。日本語の「赤い」は比喩表現が5例しかなく、中国語のように、広く比喩に使われていないようである。また、比喩のイメージについて、"紅"は中国人に好まれている色で、全体的にプラスの意味に使われる傾向が強く、「ねたむ」と「感情」以外、全部プラスである。

表1　中日赤色形容詞の比喩表現の範囲と用例数

	革命	女性	人気	盛ん	吉事	表情	嫉妬	憤怒	幸運	明白	合計
中	1	0	1	3	1	1	1	1	1	0	10
日	1	1	0	0	0	1	0	1	0	1	5

　表1に示したように、中国語は10項目の中に8項目あり、用例が10例あるのに対して、日本語は5項目、5例しかない。中国語の"紅"の比喩表現は日本語より発達していることが分かる。

4.3 "黒"と「黒い」の比喩表現

4.3.1 日暮れ

(1) 天<u>黒了</u>。
　　(<u>日</u>が<u>暮れた</u>。)

"黒"には色のほか「暗い」という意味があって、その「暗い」から日が暮れるという意味がうまれたと考えられる。これに対して日本語の色彩形容詞「黒い」は中国語のように明暗を表す機能を持っていない。

4.3.2 暗闇

(2) 今晩是阴天，院子里很<u>黑</u>。
　　(今晩は曇天で中庭はとても<u>暗い</u>。)

中国語の色彩形容詞"黒"は日が暮れるという比喩に使われるほかに、光の明暗の暗いことを表す。夜は"黒夜"、"黒天"とも言う。その対義語は"白天"、"白昼"である。

4.3.3 残忍

(3) 其姑姑透露老板手太<u>黑</u>，前几天被打的和田人今天死了。
　　(店主が<u>凶悪</u>で、先日殴られた和田の人が今日なくなったとそのおばさんは漏らした。)《石家庄日报》[9)]
(4) あんな腹の<u>くろい</u>奴はいない。
　　(没有比那家伙心更<u>黑</u>的了。)

このように、中国語の"黒"は非常に残忍なやり方で、人を殴ったり、迫害したりするひどい性質を表す。中国語の"黒"は次の例文のように、体の部位"心"、"心肠"、"心肝"、"手"と一緒に名詞の熟語として使われることが多い。たとえば、

他要得那些阴谋，使我看穿了他的黑心肠。

（彼の企んだ陰謀は、私に彼の陰険・残忍な心を見破らせた。）

　日本語の「黒い」には、中国語と同じような比喩表現がある。しかし、残忍だという意味では「腹」だけに使われるが、中国語のように、「心」や「手」などと一緒に使われない。

4.3.4　悪事

　(5)　政界の黒い霧。

　　　（政界的黒色疑雾。）

　日本では「黒い」は黒が色の見えにくく、暗いという性質から転じてきた比喩である。かげで悪いことや陰謀をたくらんで、ひそかに悪事を働くことに喩える。また、公に出さない不正や犯罪、つまり、かげでやる不正行為を表すことが多い。

　　黒い死の影。

　　（死亡的黒影。）

　　黒い入試。

　　（不正当的考試。）＜新国語＞

　中国語の色彩形容詞にはこのような使い方がないが、次の例文のように色彩形容詞から転じてきた名詞の"黒"は、こっそり出す密告の手紙の比喩をしたり、ひそかに人を中傷したり、密告したりしたことを表すことが出来るのである。たとえば、

　　整领导干部的黑材料。

　　（指導幹部をやっつける材料を集める。）

　　政府要是凭黑信抓人，那太危险了。

　　（政府がもし密告書によって人を捕まえるなら、それははなはだ危険だ。）

　　＜中日大＞

4.3.5　貪欲

(6)　这价儿是黑了点儿，但是您在国营商店绝对买不着。
（この値段は確かにひどいものですが、しかし、国営の商店では絶対手に入らないものですよ。）《現代北京口語辞典》

　視覚において、"黒"は暗い感じがする色である。暗くて見えないところから、金儲けなどで欲に目がくらんでしまい、金銭以外には何も考えていない状態を表す。また、次のような"黒眼皮"（黒いまぶた）という熟語があり、同じ意味で、欲に目がくらむことを表す。日本語ではこのような比喩表現がない。

　他真是黑眼皮，欠一毛钱都不答应。
（あいつはまったく金銭のことばかり考えているんだ、10銭きれても承知せぬ。）＜中日大＞

4.3.6　存命

(7)　おれの目の黒いうちは許さない。
（只要我还活着就不能允许。）

　目の瞳は黒いから、その瞳の黒い色を生きていることの比喩とする。これは若い人に使わず、老人に対して使われる日本語の独特の表現である。同じ黒い目をする中国人であるが、このような比喩を全く使わない。

4.3.7　汚れ

(8)　许先生的白衬衫领子全穿黑了，五妹一边洗一边觉得他恶心。
（許さんの白シャツの襟が黒くなり、五妹は洗う時、彼が汚いと思っていた。）王心丽《落红浮生缘》[10]

(9)　小女孩的手脏得黑乎乎的，还时不时用手擦着鼻涕。
（女の子は手が黒く汚れていて、時にはその手で鼻水を拭いていた。）《人民日报》[11]

(10) そで口が<u>黒く</u>なった。
　　（袖口<u>脏了</u>。）＜日中＞
(11) 何日も風呂に入らないので、顔が<u>うすぐろい</u>。
　　（好几天没洗澡，脸有点儿<u>脏</u>。）
(12) 何日も取り替えないからシャツが<u>まっくろ</u>だ。
　　（好几天没换，衬衣都穿<u>黑了</u>。）

　このように中国語でも日本語でも服や顔などが汚れた状態について、視覚の黒い色で表されるのは、極端に汚れた状態が「くろい」色に近いからである。

4.3.8　容疑

(13) 白いか<u>黒い</u>か決着をつけてやる。
　　（弄清<u>是非</u>。）

　日本語では色彩形容詞「白い」で正しいことや無実、潔白を表すが、「黒い」で正しくないことや罪があることを表すことができる。形容詞より名詞の「しろ」、「くろ」は実際に使用頻度が高いようである。中国語にも"颠倒黑白"（是非善悪をあべこべにする）、"混淆黑白"（理非曲直を混同する）などの熟語があるが、形容詞の使い方はないのである。

4.3.9　中日比較

　中国語の黒色を表す視覚形容詞は語彙数が非常に多い。"黑"とそれの複合形容詞は69語あり、そのほか"乌"の複合形容詞6語をあわせて75語ある。比喩を持っているのは基本形容詞の"黑"とその複合形容詞の"黑乎乎"の2語だけであるが、"黑乎乎"は調査対象外の資料によるものである（付録4.1参照）。一方、日本語は「黒い」、「薄黒い」、「浅黒い」、「真っ黒」、「真っ黒い」、「黒っぽい」の6語あり（付録4.2参照）、その中に比喩を持っているのは3語で、語彙数が少ないが、比喩のある語と比喩用例数はともに中国語より少し多いのである。

表2　中日黒色形容詞の比喩表現の範囲と用例数

	日暮	暗闇	残忍	悪事	貪欲	存命	汚れ	容疑	合計
中	1	1	1	0	1	0	2	0	6
日	0	0	1	1	0	1	3	1	7

　表2に示したように、中国語は比喩の8項目の中に5項目があり、用例が6例ある。それに対して、日本語のほうも5項目あるが、用例が7例あって、中国語より1例多い。中国語と日本語の黒色を表す色彩形容詞の比喩表現はほぼ同じであることが分かる。また、中国語の"黒"は日暮れや暗闇以外に、マイナスの比喩に使われるが、日本語において「黒い」で表す悪事、不正、悪心などのマイナスの比喩は中国語とよく似ている。「目の黒いうちに」という慣用語は、中国語にないプラスの表現である。

4.4　"白"と「白い」の比喩表現

4.4.1　光明

(1)　当日天很白，它就顕得极黒，一株巨大的焼焦的樹椿。
　　（当日空が明るい時に、それは非常に黒く見えて、焼け焦げた巨大な切り株のようだった。）賈平凹《法門寺塔》[12]

　"白"は色彩のもっとも明るい色を表すから、そこから、明るさの表現に転じたのである。前述のように色彩形容詞の"黒"は暗闇の比喩に使われるが、"白"はその対照的な明るさと昼の比喩に使われる。また、形容詞のほかに同じ意味の"黒天"（夜）、"白天"（昼間）などの名詞もある。日本語では、「白い」にはこのような使い方がないが、漢語語彙の「白日」、「白昼」などが見られる。

4.4.2　明白

(2)　記者干脆把話説得很白。
　　（記者はきっぱりと明白に言った。）顔強《体壇周報》[13]

色彩の"白"は光の明るい意味に転じて、その明るい意味から、よく見える、隠すところがない意味が生まれ、例文のように、はっきり言うことの比喩になるのである。中国語では形容詞から派生してきた"明白"は「はっきり」、「分かる」という意味がある。日本語にも漢語の「明白」があるが、「白い」はこのような比喩がないのである。

4.4.3 潔白

(3) 白いか黒いか決着をつけてやる。
　　（弄清是非。）

色彩の表現では白い色は一番薄くて、ほかの色彩の影響を受けやすい色である。そこから生まれた比喩はほかのものが何も入っていない純粋な状態、よくないことや罪などを犯していない潔白さを表す。しかし、次の例文のように、実際、形容詞よりむしろ名詞の「白」を使った方が多い。たとえば、

　白とも黒とも判然としない。
　（还不清楚有罪还是无罪。）＜日中＞
　黒白分明。
　（白と黒がはっきりしている。）＜中日＞

中国語も名詞の"白"は単独では使えないが、"黒"と一緒に熟語になる時、日本語と同じような意味の比喩ができる。色彩形容詞の"白"はこのような比喩がない。

4.4.4 態度

(4) 世間の人にしろい目で見られたくない。
　　（不愿被世人冷眼相待。）

白い目で見るとは相手を正視しないで、ほかのところを見ることで、つまり目もくれないことである。そこから、冷遇されることや見くびる意味に転じた。中国語には日本語のこのような形容詞の比喩表現がないが、次

の例のように名詞の表現がある。

　　沿街乞讨，遇到的尽是冷语<u>白</u>眼受尽了千辛万苦。
　　(道中物乞いをしていて、冷たい言葉や<u>さげすみ</u>ばかりを受け、ありとあらゆる苦労をし尽くした。)

4.4.5　表情

　(5)　合格発表を見た帰りの大山君が、<u>白い歯</u>を見せながらぼくの家に寄った。
　　(看完合格发表后回来的大山君，<u>咧嘴笑</u>着来到我家。)＜15万語＞

これは慣用語で、日本語の独特の表現である。笑うとき白い歯が見える現象から、この比喩に転じた表現である。例文の中国語訳に示したように、中国語にはこのような比喩がない。昔、中国語では特に女性が笑うときに、歯を見せてはいけなかった。熟語の表現の"龇牙咧嘴"(直訳は、口を開けて歯をむき出す)は痛みや疲労で口をゆがめた表情、怒った表情、凶悪な表情を表すものである。

4.4.6　未熟

　(6)　あおじろいインテリなんかに用はない。
　　(不需要<u>白面书生</u>。)

このような比喩は若い学生や知識人にしか使われない。特に昔、部屋に閉じこもって本ばかり読んでいる知識人は、外の作業で顔が黒く焼けた労働者や農民に比べて、顔色が白い。このような比喩は、知識や理論だけを学んで、実践がない学生に対する一種の軽蔑した言い方である。訳文に示されたように、中国語では"白"は使われたが、形容詞から名詞になってしまったので、形容詞としての表現がないのである。

　　他不过是个<u>白面</u>书生，委以重任，恐怕不大恰当。
　　(彼は<u>うらなり瓢箪</u>の書生でしかないから、重大な任務を委ねるのは、おそらくあまり適当ではない。)

4.4.7 味覚

(7) 这个汤白了点儿。
　　（このスープはちょっと味がうすい。）

(8) 这菜怎么白不呲咧？没放盐吧。
　　（この料理はどうして味がないのか、塩を入れなかったのだろう。）

　中国語では形容詞から派生された名詞の"白"は色彩を表す意味から、ものが純粋で、何も混ぜていない状態を表すことができる。たとえば、

　　夏天的时候我喜欢喝白水。
　　（夏には水を飲むのが好きだ。）

日本語にも何も混ぜていないお湯は白湯という。また、同じように、米だけで炊いたお粥を"白粥"といって、何かほかの材料や調味料を入れて炊いたお粥と区別する。形容詞の"白"は名詞と若干意味が違って、味付けが足りないという意味を表す。日本語の「白い」には、このような比喩表現がない。

4.4.8 地味

(9) 本地人过年老那么白不呲咧一点儿不花哨。
　　（土地の年越し（正月）はいつもあんなに地味で、少しも派手なことはしない。）＜中日大＞

　中国語では赤や緑などの派手な色とは対照的に"白不呲咧"は白っぽい色を表す。赤や緑は色彩的な刺激がとても強いものであるが、白は穏やかで刺激がとても弱い。このような色彩の表現から物事の性質の表現に転じて、ものたりないことを表す。

4.4.9 無料

(10) 汤儿大伙喝，人人有分不吃白不吃。
　　（スープはみんなが飲むもので、みんなが飲む資格がある、飲まない

ものは勝手だ（飲む資格を放棄するものだ。）＜中日大＞

　"白"の色彩の表現から、純粋で混じりけのないことの表現に転じた。その混じりけのない意味から、何もない状態の比喩に変わった。さらに、お金がいらないで物がもらえるとか、食事をただ食いするという比喩に転じたのである。この"白"は、動詞の前に置かれて、その動詞に「ただで〜」の意味を付け加える。

4.4.10　むだ

(11)　在这里多说也等于白说。
　　　（ここでいくら言ってもむだに等しい。）

　この"白"も4.3.9と同じように、副詞として動詞を修飾して使われる。色彩から転じて来た比喩で、白色の何も入っていない純粋なところから、何もないことの比喩に転じて、さらに、何もないという意味から何もかもなくなるという意味に変わり、そこから、いくらやってもむだという意味に転じたものである。日本語では見られない比喩である。

4.4.11　下手

(12)　奴の芸はまるでしろっぽくて話にならない。
　　　（他的演技简直和外行一样。）

　色彩を表す「しろっぽい」は色彩がないところから比喩に転じて芸人の修業が足りなくて、うまくないことを色でたとえるのである。中国語では見られない比喩である。

4.4.12　中日比較

　中国語の白色を表す視覚形容詞は44語ある（付録4.1参照）。その中に比喩のあるものは基本形容詞の"白"とその複合形容詞"白不呲咧"の2語だけである。日本語には5語があって（付録4.2参照）、比喩のあるものは3語ある。中日の比喩の範囲と用例数は次の表3にまとめている。

表3 中日白色形容詞の比喩表現の範囲と用例数

	光明	明白	潔白	態度	表情	未熟	味覚	地味	無料	むだ	下手	合計
中	1	1	0	0	0	0	2	1	1	1	0	7
日	0	0	1	1	1	1	0	0	0	0	1	5

　表3に示したように、白色を表す色彩形容詞の比喩は11項目の中で中国語は6項目を占めて、比喩が7例ある。それに対して、日本語のほうは5項目あり、比喩用例が5例ある。中国語の"白"の比喩表現は日本語より範囲が少し広い。

4.5　"黄"と「黄色い」の比喩表現

4.5.1　未熟

(1)　くちばしが<u>黄色い</u>。
　　（<u>黄口小儿</u>。）＜広辞苑＞

　鳥のひなはくちばしが黄色い。これを借りて人間の若すぎて信用できないことを表現する。中国語は日本語のように、色彩形容詞の比喩がないが、同じように鳥のくちばしから転じてきた名詞の熟語として"黄吻"、"黄口小儿"という表現がある。これ以外にも次のような表現がある。子供の髪の毛が少し茶色っぽく見えるところから転じてきたもので、未熟や経験のなさに対して軽蔑する言い方である。たとえば、
　　她还是个<u>黄毛丫头</u>，还不懂事。
　　（彼女はまだ<u>子ども</u>だからまだわからないだろう。）
　　<u>黄童</u>白叟。
　　（くちばしの<u>黄色い</u>若造と白髪の老人。）

4.5.2　エロ

(2)　这电影相当<u>黄</u>。
　　（この映画はかなり<u>エロチック</u>だ。）＜中日大＞

形容詞"黄"のほかに、"黄色"もこのような意味によく使われている。"黄色报纸"は日本語で言うと赤新聞のことである。同じ意味では、エロ・グロ映画は"黄色电影"で、エロ・グロ文学は"黄色文学"である。青少年に害をもたらす猥褻な印刷物を"黄色毒品"、低俗な新聞や雑誌を"黄色书刊"、卑猥な歌は"黄色歌曲"と言う。アダルトビデオは"黄色录像带"、"黄帯"とも言う。大河内氏によると、「これは19世紀のアメリカの新聞 The yellow Kid に由来するといわれるが、比較的新しい用法であろう。」[14] 近年、中国ではアダルトビデオやエロ本が氾濫して、政府はそれを取り締まる行動を"打黄"あるいは、"扫黄"と言う。ちなみに"黄色公会"の意味はエロと違って、御用組合のことである。

4.5.3 腕前

(3) 我的手艺<u>黄</u>得很。
　　(私の腕はとても<u>まずい</u>。)

これは四川方言の言い方で、"黄"で腕前、技能のまずいのを表す。中国語の"黄"の発音は"荒"(あらいという意味)と同じであるから、そこから訛ったものではないかと思われる。

4.5.4 声

(4) A君はテニス部のキャプテンだが、彼の試合には<u>黄色い声</u>の応援が多い。
　　(A君是网球部的队长，在比赛中<u>尖声尖气</u>地声援他的女孩子很多。)
　　＜15万例文＞

日本語ではこのような色で声を表現するとてもおもしろい比喩がある。これは「くちばしが黄色い」という比喩と同じで、最初は「黄色い」で子供の細い声を指し、今はほとんど女の子の声を指すようになった。中国語の訳は「するどい叫び声」となっており、日本語のように、声に対する色彩形容詞の比喩表現がない。

"黄"は服飾において、たいへん珍重されていた色である。皇帝の専用色でもある。皇帝に関連するものは"黄"のつくものが多い。しかし、以上の例で分かるように"黄"は比喩に使われるとき、プラスのイメージがあまりない。日本語では「黄色い声」しか使われない。

4.5.5 中日比較

中国語には"黄"の色を表す色彩形容詞が38語ある。しかし、比喩を持つものは基本形容詞"黄"だけで、語彙数のわりには比喩表現が極端に少ない。日本語には「黄色い」1語だけで、複合語がない。その比喩範囲と用例数は表4にまとめている。

表4　中日黄色形容詞の比喩表現の範囲と用例数

	未熟	エロ	腕前	声	合計
中国語	0	1	1	0	2
日本語	1	0	0	1	2

4.6　"青"と「青い」の比喩表現

色彩の表現において、中国語の"青"は一つの色だけではなく、いくつかの違う色を表すことができる。その代表的な色は黒色と緑色である。日本語の「青い」も同じような傾向がある。ここにおいて、色彩表現の違いを問題にせず、ただ色を表す形容詞としての比喩だけをとらえて見ることにする。

4.6.1　若年

(1) 我的厨子是个非常忠诚的中年人。年纪很青的时节就随同我的父亲到过西北东北，去过蒙古，上过四川。
　　（私のコックは忠実な中年の男だ。若い時に私の父と西北、東北地方、モンゴル、四川へ行ったことがある。）沈从文《灯》[15]

(2) 年纪青青.
　　(年の若いさま。)

　中国語では年が若いことを植物の青々とした状態の"青"で比喩することができる。同じように"青年"という表現もある。日本語では「青い」は未熟を表すことができるが、中国語のように年が若いという比喩はできない。

4.6.2　未熟

(3) おまえはまだお尻が青いくせに、生意気をいうんじゃない。
　　(你乳臭未干，不要说大话.)＜15万例文＞
(4) お見かけ通りのあおっぽい浪人です。
　　(正如您所见的这是个乳臭未干的失学学生。)

　日本語の「青い」、「青っぽい」は同じ色で、どちらも、植物の果実の未熟な色である。その意味から、人間が若すぎて経験不足の状態の喩えに使われ、若者の物事に対応する能力のなさに対する軽蔑の感情がある。中国語は"青"だけではこのような比喩に使われず、次のように、"青涩"で色が青くて、味が渋いという果物などの未熟の状態で人間の未熟な状態を表す。たとえば、

　　他举止青涩。
　　(振る舞いは幼稚だ。)＜中日＞

4.6.3　中日比較

　中国語では、"青"という色彩表現は非常に曖昧な色表現である。というのは青色は場合によって、紺、緑、ブルーなどに使い分けている。日本語も同じような傾向がある。しかし、比喩に使われる色は緑色だけである。中国語の"青"は年が若いという比喩に使われ、見くびる意味がまったくないが、日本語の「青い」は未熟や経験のない若さを強調して、軽蔑の意味が強い。中国語には"青"の色彩形容詞の語彙が12語あり、その

うち比喩のあるものは2語である（付録4.1参照）。日本語の6語のうち、比喩のあるものは2語である（付録4.2参照）。中日青色形容詞の比喩表現の範囲と用例数は表5にまとめている。

表5　中日青色形容詞の比喩表現の範囲と用例数

	若年	未熟	合計
中国語	2	0	2
日本語	0	2	2

4.7　その他の色彩形容詞の比喩表現

上記以外にも中国語は比喩をもつ色彩形容詞がいくつかある。しかし、それにあたる日本語の色彩形容詞がない。

4.7.1　気分

(1) 第二天醒来，头很痛，心很<u>灰</u>，……。
　　（翌日目が覚めたら、頭が痛くて、気分が<u>悪かった</u>、……。）
　　亦舒《破碎的心》[16]

(2) 他<u>灰溜溜</u>地回到了他的故乡。
　　（彼は<u>意気消沈して</u>故郷に戻った。）

(3) 他果然挨了一顿批评，<u>灰不溜秋</u>地回来了。
　　（案の定、彼は叱られて、<u>すごすご</u>と戻ってきた。）＜重畳詞＞

(4) 这一整顿，暴露了不少人。就拿隔壁那家来说吧，自打被革了职，整天耷拉着脑袋<u>灰楚楚</u>的，以前的那股神气活现的派头也不知到哪儿去了。
　　（このように粛正したら、多くの人が暴露された。たとえば隣の人は免職されてから、毎日頭をうなだれ<u>すごすごして</u>いて、その前の威張っていた<u>気勢</u>がすっかりなくなった。）＜ABB＞

中国語では灰色を表す"灰"は形容詞であるが、日本語にはそれにあた

る形容詞がない。"灰"という文字は最初に草や柴などの燃えかすを指すもので、のちにその色を表すようになった。ここの"灰"は暗い表情や顔をくもらすことなどを表すものである。日本語において、それにあたる色彩形容詞の比喩表現がない。

4.7.2 装束

(5) 那穿绸穿缎的她不去看,她看上了个<u>灰秃秃</u>的磨倌,真是武大郎玩鸭子,啥人玩啥鸟。
(絹の着物を着る人を彼女は見向きもせず、<u>みすぼらしい</u>石臼番人が気に入って、ほんとうに蓼食う虫も好き好きなんだ。)＜ABB＞

視覚や色彩から言うと、"灰"は紺や黒の色褪せた色を表す場合がある。例文ではそのような古着のみすぼらしい身なりを指すもので、軽蔑の意味がある。

4.7.3 表情

(6) 万林强脸很<u>灰</u>地摇头,还摆手,但在众目睽睽之下他仍是个天才演员。
(万林強は<u>気まずく</u>頭を横に振り、また手を振った。しかし、多くの人の目が光るなかで彼はやはり天才的な俳優だった。)
秦文君 《十六岁少女》[17]

(7) 李恒盛见王光祖不理他的话……总觉得脸上<u>灰灰</u>的。
(李恒盛は王光祖が自分の話を知らないふりをしているのを見て、……<u>気まずく</u>思っていた。)＜重叠词＞

(8) 副官长挨了申斥,脸上<u>灰溜溜</u>的。
(庶務官は叱られて、<u>気まずい顔</u>になった。)＜重叠词＞

(9) 望着妻子那张<u>灰渌渌</u>的脸,他既自责,又无限惆怅。
(妻の<u>血色のわるい顔</u>を見て、彼は自分を責めとがるとともに、このうえない憂鬱を感じた。)＜重叠词＞

(10)　她一踏进娘家的门，就唉声叹气，脸上灰不溜秋的。
　　　　（彼女は実家に入ると、しきりにため息をつき、顔が曇っていた。）
　　　　＜重畳詞＞

　前述したように中国語の"灰"は火が燃えた後の燃えかすの色から来たのであるから、その暗い色は勿論、火の燃えきって、勢いがなくなった意味にもかかるのである。例文のように、よい立場から弱い立場に転落した場合や気運や勢いを失ったことによって、しょんぼりした表情を表すものである。表情には基本形容詞"灰"が比喩に使われるほか、その複合形容詞も多く使われている。日本語の色彩形容詞には灰色を表す形容詞がない。

4.7.4　状態

　　(11)　他觉得宣战是对的。宣战以后，他想，一切便黑是黑，白是白，不再那么灰渌渌的了。
　　　　（彼は宣戦布告がただしいと思った。そうした後、いっさいは白黒をはっきりさせて、もうそんなに曖昧ではなくなったと思った。）
　　　　＜重畳詞＞

　ここでは考え方や物事に対する認識の状態を色で表すものである。中国語では"黑"は、よくないこと、悪いことの比喩に使われる。"白"はよいことや潔白を表す。"灰渌渌"は色を表す時、ちょうど白の中に黒を混ぜたような色を表すことができる。比喩に使われる場合、両極端の中間にある曖昧なことで、はっきり分からない状態を表す。日本語には色彩形容詞がないが、名詞の「灰色」は次のような比喩表現があって、疑惑や不明朗な状態などを表す。

　　灰色高官。
　　（有受贿之嫌的高级官员。）＜日中＞
　　灰色の人生。
　　（暗淡的人生。）＜日中＞

4.7.5 エロ

　⑿　这小说才粉呢
　　　（この小説はわいせつだ。）

　中国語の"粉"はもともと女性の化粧品のおしろいを指すものであるから、白い色を指したり、ピンク色や桃色を指したりする色である。また、女性の化粧品から女性の比喩に転じて、さらに女性に関連する色情的なことを喩えるようになった。やや俗っぽい言い方であるが、エロチックと言う意味では"黄"のように広く使われていない。

4.7.6 人気

　⒀　已经很紫的文化人恨自己还不够特别红特别紫，……。
　　　（すでに人気絶頂の文化人はまだ自分が人気絶頂ではないと悔やんでいる、……。）张新颖 《九十年代文化症候群》[18]

　また、中国人の意識の中に"紫"が"红"と同類で、"红"よりもっと濃い色であるから、人気絶頂の場合、"红得发紫"（紫になるほど赤い）と言うのである。
　色彩の表現において、"紫"は"红"より濃い色である。中国語では、ものごとの程度を表現する場合、この性質が利用されている。"红"を越えて、さらに人気が集まることや運がよいとき、"紫"で表現する。しかし、"红"と一緒に使われないと、"紫"の単独だけでは、ほとんどこの意味が表せない。

4.7.7 焦り

　⒁　他正为这件事急得眼蓝。
　　　（彼はこのことのためにちょうど慌てているところだ。）＜日中＞

　中国語の"蓝"はブルーを表す形容詞である。焦ったり、怒ったりした時、目の色が変わったことを表し、また、嫉妬や飢餓などの時の目つきに

ついても使われる。日本語では、「顔が青い」のように顔の表情として使われるが、中国語のように目に使う比喩表現がない。

4.7.8 驚き

(15) 听到唱歌，向导的脸都吓<u>绿</u>了：“有土匪！有强盗！完了完了！”
（歌声を聞いたガイドは驚いて<u>顔色が変わって</u>「匪賊がいるよ、強盗がいるよ。しまった、しまった。」と言った。）琼瑶《告慰真情》[19]

ここで"绿"は驚いた時、目の色が変わったことを表す。たいへん驚いた意味を表現するのである。前記のように中国語ではよく目の色で感情を表現するのである。"红"は嫉妬や怒り、あるいは欲しくてたまらない場合の比喩に使われ、"蓝"は嫉妬や飢餓の比喩に使われる。"绿"は驚きの比喩しか使われない。緑色を使って、とても驚いたこと、普通ではないことのたとえである。このような形容詞の比喩のほかに熟語としての表現もある。

　　他吓得<u>绿</u>眉<u>绿</u>眼的。
　　（おどろいて<u>どうしてよいかわからなかった</u>。）

4.7.9 中日比較

中国語には"灰"、"粉"、"紫"、"蓝"、"绿"などの色彩を表す形容詞があるが、日本語にはこれらの色彩を表す形容詞は存在しない。色彩を表す基本形容詞とその複合形容詞をあわせた語彙数について、"灰"は22語、"绿"は26語、"蓝"は19語、"紫"は12語、"粉"は6語である（付録4.1参照）。"灰"の22語のうち、比喩のあるのは7語で、用例は11例である。そのほか色の比喩のある語と比喩用例はわずか一つずつである。その比喩表現の範囲と用例数は表6にまとめている。

表6　その他の色彩形容詞の比喩範囲と用例数

	気分	装束	表情	状態	エロ	人気	焦り	驚き	合計
灰	4	1	5	1	0	0	0	0	11
粉	0	0	0	0	1	0	0	0	1
紫	0	0	0	0	0	1	0	0	1
藍	0	0	0	0	0	0	1	0	1
緑	0	0	0	0	0	0	0	1	1

　表6に示したように、"灰"、"粉"、"紫"、"藍"、"緑"などの色彩形容詞は合わせて8項目、15例の比喩表現がある。その中では"灰"は比喩項目数と用例数が一番多く、比喩表現が発達している。中国語には表6の色を表す色彩形容詞があるが、日本語にはこれらの色彩形容詞が存在しないのは大きな特徴である。

4.8　明るさを表す形容詞の比喩表現

　視覚形容詞には色彩形容詞のほかに明暗を表す形容詞もある。人間にとって明るさは必要不可欠なもので、それがないと視覚がきかない。明るさを表す形容詞は比喩表現においてプラスの意味が非常に強い。

4.8.1　気分

(1)　你这一说，我心里头亮了。
　　（きみがそう言ってくれたので、すっきりしている。）
(2)　看了省委指示，大家心里都更亮堂了。
　　（省委員会の指示を見て、みんなは心がさらにあかるくなった。）
(3)　听了报告他的心里明朗了。
　　（報告を聞いて、彼の心はすっきりとした。）
(4)　听了这番解释他心里明亮了。
　　（この釈明を聞き、彼は気持ちがすっきりした。）

(5) 明るい気持ち。
　　（快活的心情。）＜日中＞

　中国語と日本語は同じように、気持ちがすっきりしたときの感じは明暗の「明るさ」で表す。上記の例文のように、中国語では明暗形容詞はよく晴れた気分やすっきりした気持ちの比喩に使われるが、日本語の「明るい」は中国語ほど使われないようである。

4.8.2　声

(6) 他的声音很亮。
　　（彼は声が大きい。）司马翎《浩荡江湖》[20]
(7) 清清嗓子，唱亮堂点。
　　（のどを整えて、もっと響くように歌いなさい。）
(8) 用朗朗的声音对觉民说。
　　（よく通る声で覚民に言った。）
(9) 那老先生的态度异常诚恳，人很魁梧，声音很宏朗。
　　（その老先生の態度は格別誠実で、非常に堂々としていて、声ははっきりとよく響いた。）
(10) 彼女はあかるく弾んだ声で電話してきた。
　　（她用那欢快响亮的声音打来了电话。）

　中国語の明暗形容詞では"亮"、"亮堂"は声に使われるが、"明"は使わない。中国語の明るい"亮堂"は響きのよいことを表し、声や音が大きいことにも使われる。中国語の明暗形容詞の聴覚に対する比喩は音質についての表現であるが、日本語は中国語と違って、声にひそんでいる感情を表すのである。日本語の「明るい」は楽しい感情、「暗い」は悲しい感情を表すが、中国では「暗い」視覚は聴覚の比喩に使えない。

4.8.3　態度

(11) 明朗的态度。

(態度が明らかである。)

　これは話についての比喩であるが、聴覚の比喩と違って、話の内容の性質についての比喩表現である。"明朗"は明るくて何もかもはっきり見えるように、遠回しにしたり、遠慮したりせずに、物事などに対する認識や見方は曖昧ではなく、単刀直入ではっきりものをいう状態に喩えている。例文の日本語訳で分かるように、日本語にはこのような比喩表現がない。

4.8.4　表情

(12)　他的脸也亮堂了。
　　　(彼の顔も晴れ晴れとしてきた。)＜中日大＞
(13)　明朗的面孔。
　　　(さえざえとした顔。)
(14)　明るい顔つき。
　　　(明朗的面容。)＜日中＞

　現代中国語では明暗形容詞の基本語の"明"、"亮"、"昏"、"暗"は表情の比喩に使えない。例文のように、複合形容詞の"明朗"で愉快な表情と顔つきを表す。日本語も同じように、明るい光線などの視覚的な感覚を使って、楽しい表情の表現にたとえるのである。また、日本語ではその反対の意味の「暗い」は、ぱっとしない表情、落ち込んだ表情などに使われる。中国語でも同じように明暗形容詞"阴暗"が「暗い表情」の表現に使われる。また、中国語の"昏暗"は表情というより、顔色を表す意味が強いものである。

4.8.5　前途

(15)　光明的远景。
　　　(明るい未来図。)
(16)　努力を忘れなければ、きみたちの将来は明るい。
　　　(只要不忘记努力，你们的将来是光明的。)＜15万例文＞

中国語と日本語は同じように、視覚の明暗形容詞は物事や時勢の見通しなどの比喩を表すことができる。物事や時勢の将来的な展望を視覚に見立てて視覚の表現を使って表すものである。"光明"、「明るい」などはよく見える視覚で、よい前途、見通しの比喩に使われる。"暗淡"「暗い」はあまり見えない、はっきり見えない視覚表現であるから、前途のよくないことの比喩に使われる。

4.8.6 感じ

(17) 新学期が始まって、皆が張りきっているせいか、クラスの雰囲気が明るく感じら れる。
(新学期开始了，可能是因为大家都干劲十足，班里的气氛开朗。)
＜15万例文＞

日本語では、雰囲気やムードについて明暗形容詞「明るい」を使って表すことができる。また、対義語の「暗い」も同じように比喩の表現に使える。中国語の明暗形容詞は、日本語のように雰囲気やムードの比喩に使われれない。

4.8.7 精通

(18) 法律に明るい人がそばにいると何かと便利だ。
(身边有精通法律的人，觉得很方便。)＜15万例文＞

日本語では視覚の明暗感覚は、知識や事情などに精通する様子を表す。「明るい」の、もともとのよく見える視覚の状態が、知識や物事の事情がよく分かっている状態の比喩に転じられたものである。中国語の明暗を表す形容詞にはこのような比喩がない。

4.8.8 公正

(19) 私たちはあかるい政治を求めているんです。
(我们要的是公正的政治。)

視覚において、「明るい」は十分なあかりがあり、よく見える意味である。その本義は、政治の比喩に転用して、公正で、隠れたところがなく、平等で民主主義的な政治を表す。視覚の具体的な表現が抽象的な物事の比喩に転じたものである。中国語には"光明"があるが、日本語のような比喩がない。

4.8.9 性格

(20) 她的性格很<u>明朗</u>。
(彼女は性格が<u>朗らかだ</u>。)＜中日＞
(21) サッチャンはみんなから好かれる<u>明るい</u>性格の持ち主です。
(幸子性格<u>开朗</u>受到大家的喜爱。)＜15万例文＞

人間の視覚にとって明るさは必要不可欠なものであるから、人間は明るさに対して好感のイメージをもって、暗さには嫌悪感をもっている。中国語も日本語もこのような好感は、人間のよい性格の比喩に使われる。

4.8.10 状態

(22) 老李的话多么<u>明亮</u>。
(老李の言葉はなんて<u>はっきりしている</u>のだ。)
(23) 要是[飞行中的雁队]结尾是双数，你敢<u>明明亮亮</u>地讲出心里话么。
(もし(飛んでいる雁の隊列の)最後の数が偶数だったら、きみは本音を<u>はっきりと言える</u>のか。)＜重叠词＞
(24) 我一再追问，可是他<u>闪闪烁烁</u>，不作肯定答复。
(私は何回も問いただしたが、彼は<u>言葉を濁して</u>はっきり答えなかった。)＜中日＞

明るさは視覚の必須条件で、それが十分ではないと視覚がきかないのである。例文のように、中国語では物事がはっきり分かる或いはわからないなどの抽象的な状態について、直感的な視覚を使って表現することができる。また、話をはっきり言うことも、たいへん明るいことを表す視覚形容

詞"明明亮亮"で比喩をする。"閃閃爍爍"は視覚の表現において、光を出すのではなく、何かの光の反射で見えたり消えたりする状態を表すものである。ここではその視覚表現を言語表現の比喩に用いて、ものをはっきり言わず、お茶をにごすという曖昧さに喩える。日本語の「あきらか」は視覚と完全に分離されたので、視覚形容詞で物事の状態を比喩する表現がない。

4.8.11 中日比較

中国語の明るさを表す視覚形容詞は全部で58語ある（付録4.3参照）。その中に比喩のあるものは9語である。日本語はわずか2語で、比喩を持っているものは1語だけである（付録4.4参照）。中国語に比べて極端に少ないと言えよう。表7に示したように、明るさを表す視覚形容詞の比喩について、10項目の中、中国語は7項目あり、日本語は8項目ある。用例数において、中国語は日本語より倍多い。

表7 中日明るさ形容詞の比喩表現の範囲と用例数

	気分	声	態度	表情	前途	感じ	精通	公正	性格	状態	合計
中国語	4	4	1	2	1	0	0	0	1	3	16
日本語	1	1	0	1	1	1	1	1	1	0	8

4.9　暗さを表す形容詞の比喩表現

人間はもともと夜行性動物ではないから、体が暗闇には対応できない。太古の時代から何も見えない夜の暗闇での不自由と、猛獣に襲撃される恐怖感があった。人間の心理、感情などは明暗に大変影響されるもので、暗さを表す形容詞はマイナスのイメージが強く、プラスの表現がほとんどない。

4.9.1　気分

(1) 心情是愈来愈暗淡了。

(心はますます暗たんとしてきた。)
(2) 阴暗的心情。
(暗い気持ち。)
(3) 惨淡的心境。
(暗澹とした心境。)
(4) 気分が急に暗くなった。
(心情突然沉重起来。)＜日中＞

　光が足りない状態、人の目が見えにくくなり、光のない状態では、見えなくなるので、人間は視覚の機能が弱くなったり、無力化されたりする暗さや暗闇に対して、嫌悪感を持っている。視覚形容詞が感情の比喩表現をする場合、前記のように、「よろこぶ」、「うれしい」などの気持ちを明るさを表す形容詞で表す。その反対に、ふさぎこむ気持ちを暗さを表す形容詞で表すことができる。例文に示したように、中国語の暗さを表す視覚形容詞の数は日本語より多い。

4.9.2　聴覚

(5) 焕之吞吞吐吐地开头说，声音散在空间，阴沉沉的。
(焕之は言葉を濁して話しはじめ、その声が空間に散らばって、重苦しい。)＜重叠词＞
(6) 窗外那回旋的冷风，伴随着屋子里那幽幽的哭声。
(窓の外で吹き回っている冷たい風は、部屋の中のかすかな泣き声にともなっている。)＜重叠词＞
(7) 死亡宣告をする医者の声はくらく沈んでいた。
(医生用低沉的声音宣告了死亡。)

　このように中日両言語では同じ視覚における暗さに対する不快感が聴覚の比喩に使われる。"阴沉沉"はもともとどんよりしていて、薄暗い空模様を表現するものである。"幽幽"は性質がちょっと違って、暗くてよく見えないところから聴覚の比喩に転じて、幽かに聞こえる声や音などに使

われるが、マイナスの意味はない。

4.9.3 嗅覚

(8) 清凉的绿影，幽幽的梨香，真令人陶醉。
(さわやかで涼しい緑の影、かすかな梨の香りにうっとりした。)
＜重叠词＞

"幽幽"は視覚において"暗"と同じく弱い光や暗いことを表すものである。つまり光線の弱い程度を表すものである。例文は、かすかに香りを感じる嗅覚の比喩である。日本語にはこのような比喩表現が見えない。

4.9.4 表情

(9) 琴的脸色突然阴暗了。
(琴の顔色がにわかに暗くなった。)
(10) 她的脸色很阴沉，好像有什么心事似的。
(彼女は暗い顔をしているが、何か心配事があるらしい。)＜中日＞
(11) [鲁] 大海由中间进，衣服湿透了，脸色阴沉沉的。
((魯) 大海は真ん中から入り、服がぐしょぐしょになり、暗い顔をしていた。)＜重叠词＞
(12) 知らせを聞いて、彼の顔がさっとくらくなった。
(听了这消息他的脸一下子阴沉起来。)

"阴"は曇りという意味であるが、その複合形容詞は視覚において空が曇って暗くなるという意味を表す。例文のように、雨模様の空の薄暗さに対する不快感が、表情の比喩に転じて、悲しい表情や怒っている表情を表す。

4.9.5 状態

(13) 喝醉了酒，头脑昏沉。
(酒に酔って頭がもうろうとしている。)
(14) 她坐在轿子里，昏沉沉的什么也不想。

(彼女はかごに乗ると、頭がもうろうとして、何も考えない。)

(15) 夜来失眠，又兼多梦，此时他觉得很昏昏。
(昨夜には不眠になり、それによく夢を見ていたので、このとき彼はもうろうと感じた。)＜重叠词＞

(16) 道静坐在凳子上，头脑昏昏沉沉，好像在腾云驾雾。
(道静は腰掛けに座ったら、頭がぼうっとして、うとうとしていた。)
＜重叠词＞

(17) 战后市面惨淡，行人稀少。
(戦いの後、町は寂れて、道行く人はまばらである。)

ここに出てきたもうろうとした状態は人体の生理感覚の一つである。中国語ではこの感覚は明暗形容詞によって、表されることが多い。視覚において、暗くてはっきり見えない状態は人の眠たくてうとうとした時の感覚の表現に転じられた比喩である。「日が暮れる」という"昏"の文字のもともとの意味から、「暗い」という意味となって、さらに、よく見えない視覚状態から、もうろうとした状態の比喩に変わったのである。日本語には見られない比喩表現である。

4.9.6 熟睡

(18) 昏昏熟睡。
(こんこんと眠る。)＜中日大＞

"昏"は視覚において、何も見えない暗さを表すものであるが、それを熟睡の比喩に表す時、視覚での何も見えない状態は周囲の環境条件から影響を受けずに、眠っている状態に喩えられる。味覚形容詞"甜"は熟睡に使われるとき、気持ちよく眠ることを表すが、"昏"は熟睡の状態だけで気持ちがよい意味がない。

4.9.7 目眩

(19) 觉得头有点昏。

(頭が少しくらくらした。)

　めまいは人間の生理感覚である。視覚においてよく見えない状態が、人間の生理状態の比喩に変わったものである。明暗形容詞では"昏"だけはこの生理感覚の表現に借りられ、同じ暗い意味の"暗"にはこのような比喩がない。

4.9.8　愚か

(20)　你昏了。
　　　（おまえ、どうかしたんじゃないか。）

　中国語において、頭が変になることや訳の分からないことをすることを、"昏"で表す。これは4.9.7の目眩がする"昏"から転じて来た比喩表現である。暗くて見えないという視覚の表現が体の感覚の表現に転用されてから、さらに、物事の性質の表現に置き換えられ、非常に変な行動やとんでもないことばについての比喩となる。

4.9.9　秘密

(21)　阴暗的角落。
　　　（（悪事や陰謀をめぐらすための）人目につかない場所。）＜中日＞
(22)　あの男にはくらい過去がある。
　　　（他历史上有污点。）

　以上の例文で分かるように、中国語は、視覚の見えない「暗い」感覚を使って、おおやけに公表できないことや隠れてやる悪いことなどを表す。日本語の「暗い」は人に知られたくない犯罪や悪いことなどをした経歴などを表す比喩である。

4.9.10　性質

(23)　中国的前途是光明的不是暗淡的。
　　　（中国の前途は明るく、暗たんとしたものではない。）

(24) 昏惨惨的黄泉路近。

(前途惨憺とし、余命いくばくもなし。)

(25) 景気が回復する見込みがないとなれば、わたしの工場はお先真っ暗です。

(景气恢复要是没指望的话，我们工厂的前途一片漆黑。)

(26) 会社再建にはくらい材料ばかりで困ったものだ。

(重新组建公司净是不利的条件真不好办。)

　中国語と日本語は同じように、希望がないことや見通しがよくないなどの抽象的なことを視覚形容詞で具体的にイメージ化して、比喩することができる。希望があるというプラス表現の場合、明るさを表す形容詞が使われ、見通しがよくないというマイナスの場合は暗さを表す形容詞が使われる。

4.9.11　疎い

(27) わたしはこの辺の地理に暗い。

(我不熟悉这一带的地理。)＜日中＞

　「暗い」の、もともとの暗闇で見えない視覚の状態は、知識や物事の事情がよく分からない状態の比喩に転じたものである。中国語にはこのような比喩の使い方がない。

4.9.12　性格

(28) 心地昏暗，不明事理。

(気持ちがぼんやりして道理が分からない。)＜中日大＞

(29) 人应该是明朗的，阴暗是不可爱的。

(人間は明るくこだわらない人であるべきで、暗いのはいやなものだ。)

(30) 他的为人很阴沉。

(彼の性格は陰うつだ。)＜中日大＞

(31) 彼は少し性格が暗いので、クラブ活動をすすめたい。
（他性格太孤僻，所以想劝他参加俱乐部活动。）＜15万例文＞

中国語と日本語は同じように明暗形容詞で人間の性格の比喩をする。視覚において、明りが足りない、よく見えない状態は、人間の性格の比喩に使われ、陰気で人とつきあわない性格を表す。

4.9.13 悪政

(32) 她，她的父亲，也是被孔秀才一类坏蛋遮住天的<u>黑咕隆咚</u>的社会所残害的人。
（彼女、彼女の父親も、孔秀才らの一味の悪者たちに天を遮られた<u>暗黒</u>の社会で迫害された人であった。）＜重叠词＞

(33) <u>黑暗</u>统治。
（<u>暗黒</u>の支配。）＜中日大＞

視覚において、暗闇は人に抑圧される感覚と恐怖感を与える。中国語ではこのような視覚をそのまま、悪い政治や支配に喩えて、その悪政に抑圧された不満の感情を表す。ここに出てくる"黑咕隆咚"と"黑暗"は色彩としての"黑"の意味がまったくなく、視覚において、暗さだけを表すものである。

4.9.14 視線

(34) <u>阴沉</u>的目光。
（<u>暗い</u>まなざし。）＜中日＞

(35) ……她的眼睛<u>阴沉沉</u>的，像是受到了侮辱。
（……彼女は目が<u>暗くて</u>、侮辱されたようだ。）＜重叠词＞

(36) 駅の片隅に、<u>暗い</u>目をした少女がたよりなげに立っている。
（在车站的角落里，一个少女目光<u>暗淡</u>，无依无靠地站在那里。）＜15万例文＞

視覚において暗さに対するマイナスの心理的な感覚は、中国語も日本語も同じである。この心理的な感覚はそのまま眼差しの比喩に使われる。

4.9.15 中日比較

中国語には暗さを表す視覚形容詞は40語ある（付録4.5参照）。その中には比喩のあるものは15語ある。比喩数は27例ある。一方、日本語は暗さを表す視覚形容詞は数が少なく、6語しかない（付録4.6参照）。そのうち比喩のあるものは2語である。表8に示したように、比喩全体の14項のうちに中国語は13項を占めている。語彙数が少ないが、比喩範囲が広く、比喩の項目数と比喩用例数はわりに多い。

表8　中日暗さ視覚形容詞の比喩表現の範囲と用例数

	気分	聴覚	嗅覚	表情	状態	熟睡	目眩	愚か	秘密	性質	疎い	性格	悪政	視線	合計
中	3	2	1	3	5	1	1	1	1	2	0	3	2	2	27
日	1	1	0	1	0	0	0	0	1	1	1	1	0	1	9

4.10 まとめ

以上の考察を通じて、日本語と中国語の色彩形容詞の特徴について、以下のようにまとめられる。

1. 共感覚

序章にあげた山梨氏と国広氏の共感覚では、視覚は聴覚に共感覚が起こるという関係にある。視覚形容詞は色彩を表す形容詞と明暗を表す形容詞からなっている。実際、例文の考察を通じて、中国語も日本語も同じように、色彩形容詞からほかの感覚への比喩表現が一つも見つからず、共感覚が起こらないことが分かった。明暗形容詞は聴覚に共感覚がおこり、「明るい」と「暗い」両方は聴覚の比喩に使われることは中国語と日本語の共通点である。視覚形容詞の共感覚の関係について、中日それぞれ表9、表10にまとめている。日本語の視覚形容詞は嗅覚に共感覚が起こらない。中国語の視覚形容詞ではわずか一語あるが、"幽幽"は聴覚に共感覚が起こる。

表9　中国語視覚形容詞の共感覚　　表10　日本語視覚形容詞の共感覚

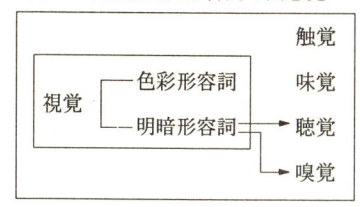

```
┌─────────────────────┐      ┌─────────────────────┐
│        ┌─色彩形容詞    触覚 │      │        ┌─色彩形容詞    触覚 │
│   視覚 ┤              味覚 │      │   視覚 ┤              味覚 │
│        └─明暗形容詞──→聴覚 │      │        └─明暗形容詞──→聴覚 │
│                    ─→嗅覚 │      │                      嗅覚 │
└─────────────────────┘      └─────────────────────┘
```

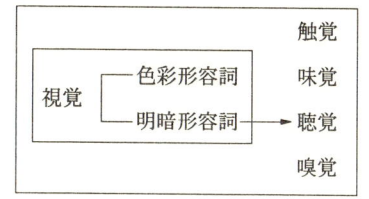

2. 中日視覚形容詞の語彙数

　日本語の色彩形容詞の数は中国語に比べて、極端に少ない。日本語には基本的な色彩形容詞が「赤い」、「白い」、「黒い」、「青い」、「黄色い」の5語しかないのに対して、中国語は"紅"、"黒"、"白"、"黄"、"緑"、"青"、"藍"、"灰"、"紫"、"粉"などの色彩形容詞があって、日本語の倍である。また、日本語には色彩形容詞の総語彙数は24語しかないが、中国語の色彩形容詞の総語彙数は306語ある。その差が非常に大きい。日本語では「あか」、「あお」、「くろ」、「しろ」などで複合された名詞がとても多い。色彩名詞の発達したことにより、色彩形容詞が抑制されたと考えられる。明暗形容詞も同じ傾向がある。中国語には明るさを表すものは58語、暗さを表すものは40語あり、合計98語ある。これに対して、日本語には明るさを表すものは2語、暗さを表すものは6語、合計8語あり、語彙数がたいへん少ない。日本語における形容詞の数はほかの言語より少ないといわれているが、視覚形容詞においてはこの傾向が特に目立っている。

3. 中日視覚形容詞の比喩表現の用例数

　色彩形容詞は比喩の用例数について、表11に示したように、中国語は42例で、日本語の21例より倍多い。色別に見てみると、中国語では赤と白の比喩は日本語より多い。黄と青は同じで、黒は少し少ない。中国語には灰色、桃色、紫、紺色、緑を表す色彩形容詞があるが、特に灰色を表す色彩形容詞は比喩表現が発達している。日本語にはこれらの色を表す形容詞がない。

表11　中日色彩形容詞の色別比喩表現の範囲と用例数

	赤	黒	白	黄	青	灰	桃色	紫	紺	緑	合計
中	10	6	7	2	2	11	1	1	1	1	42
日	5	7	5	2	2	0	0	0	0	0	21

4. 中日視覚形容詞の比喩表現

　明暗形容詞の比喩表現において、中国語と日本語は同じように「暗い」の比喩表現の用例数が「明るい」より多い。視覚の「明るい」はイメージから、プラスの意味の比喩がいろいろ生まれて、物事に対して積極的なよい評価が多い。「暗い」は視覚の表現において、見えない、見えにくいという意味から物事や性格などマイナスの評価を表す。中国語では視覚の"暗"は日本語と同じように物事の性質の比喩に使われるほか、うとうとする感覚や目眩がする感覚などの体の感覚に転用されて、日本語に見られない比喩を持っている。

注
1) 大河内康憲『中国語の諸相』　白帝社　1997　P.187
2) 韩石山《自己的病》黑龙江日报　2002.4.22
3) 朱德熙《语法讲义》北京　商务印书馆　1982　P.55
4) 丰子垲《静观人生》长沙　湖南文艺出版社　1992.7
5) 陈卫《碧波荡漾》黑蓝网による
6) 张波《竹》中学生作文で http://www.qhsms.com.cn/2005_11/huayuan.htm
7) 徐积民《顺德家具应瞄准高端市场》顺德日报　2002.11.7
8) 马昱华《红红火火的农博会——2001年中国长春农业・食品博览(交易)会巡礼》吉林日报　2001.8.2
9) 王义明《新疆打工仔被害案告破》石家庄日报　2001.9.27
10) 王心丽《落红浮生缘》http://www.wenxue.com/gb/index.htm による
11) 《"卫生筷"卫生状况触目惊心》人民日报　2003.2.9
12) 贾平凹《法门寺塔》中华万博网　法门寺による
13) 颜强《无奈曲波加盟没戏热刺承认自己将目标转投小基恩》体坛周报　2002.8.30
14) 同上1) 『中国語の諸相』　P.201
15) 沈从文《灯》从文子集　上海新月书店1931
16) 亦舒《破碎的心》亦舒中篇小说集小火焰　香港　天地图书有限公司　1986

17) 秦文君 《十六岁少女》天津　百花文艺出版社　1988.12
18) 张新颖 《九十年代文化症候群》　人民书城网
19) 琼瑶《告慰真情》琼瑶全集　广州花城出版社　1996
20) 司马翎《浩荡江湖》北京　中国戏剧出版社　1992.3

第5章　聴覚形容詞の比喩表現

5.1　はじめに

　以上の4章において、五感を表す形容詞の中の四つを考察してきたが、これから、聴覚形容詞について見てみる。中国語の聴覚形容詞の語彙数は全部で67語ある。五感形容詞の中では二番目に少ない。日本語の聴覚形容詞は16語だけあり、五感形容詞の中では一番少ない。

　五感において、中国語と日本語の聴覚形容詞は、ほかの四つの感覚を表す形容詞に比べると、語彙数は極端に少ない。聴覚形容詞の語彙数が少ないのは聴覚が発達していないというわけではない。五感の中では聴覚はとても発達している感覚であるが、語彙数が少ない。視覚、味覚、触覚形容詞のほかに、いろいろな形容詞が聴覚の表現に借りられている。つまり、ほかの形容詞は聴覚の比喩表現を持っているのである。聴覚を表す形容詞自身はかえって押さえられて、語彙数が少なくなっていると考えられる。次の表1は中日聴覚の表現の借用をまとめている。

　表1に示した聴覚の比喩に使われる形容詞について、日本語のほうはほとんど全部あげたが、中国語のほうは数が多いため、代表的なものしかあげられなかった。また、項目別に見ると、中国語は日本語より2項目多い。中国語の"袅袅"は煙のゆらゆらと立ちのぼる状態を表す形容詞で、音声が長く響いて絶えないさまの表現にも使われる。"婉转"はもともと曲がりくねる状態からストレートでない婉曲という意味を表し、聴覚では滑らかで抑揚がある歌声や鳥の鳴き声を表現する。"荡荡"と"荡漾"は水の流れる様子を表すものであるが、抑揚のある歌声なども表す。また、"颤悠"は「震えた声」という表現であるが、日本語にはこのような形容

表1 聴覚形容詞以外の聴覚表現形容詞

	次 元	形 状	程度	視 覚	味 覚	重 量	触 覚	状 態	質
中	高 低 长长 大 小	尖 细 粗 平	强 弱	亮 朗朗	甜 酸 辣	重 轻	软 硬 暖 冷 凉	颤悠 婉转 袅袅 荡荡 荡漾	脆
日	高い 低い 長い 遠い 大きい 小さい	鋭い 細い 鈍い 太い	強い 弱い	明るい 暗い 黄色い	甘い 塩辛い 渋い	重い 軽い	柔らかい かたい 冷たい 涼しい		

詞がない。質を表す面において、中国語の"脆"は日本語の「脆い」にあたる。しかし、脆いものの割れた時に出るぱりぱりの音を"脆"は表すことができる。「脆い」はそのような表現がない。

5.2 中日聴覚形容詞の音声表現

表1は聴覚の表現に転用された形容詞をあげたが、これから、聴覚の本義とする聴覚形容詞を見てみる。一口に聴覚形容詞と言っても、実際は、音声の強弱によって、いろいろ分類することができるので、ここにおいて、音声の表現について、四つの部分に分けて見ることにする。

5.2.1 中国語の高い音声の聴覚形容詞

(1) 笑得响。
　　（どっと笑う。）
(2) 响脆的歌声。

(はっきりしたよく通る歌声。)

(3) 老罗凑上前去一看原来是一街头卖艺的，为了招揽行人，故意把锣鼓敲得响当当的。

(羅さんが近づいてみたら、一人の街頭芸人は通行人を引き寄せるため、わざとドラと太鼓を強くたたき鳴らしていた。)＜ABB＞

(4) 阵地上吹起了嘹亮的冲锋号。

(戦場に高らかな突撃ラッパが鳴り響いた。)

(5) 那声音响亮，像个年轻妇女。

(その声は高く澄んでいて、あたかも若い婦人のようだった。)

(6) 战士们迈着整齐的步伐，唱着响亮亮的歌子，向靶场走去。

(兵士たちはそろった足並みで、声高らかに歌を歌いながら、射撃場へむかった。)＜ABB＞

(7) 玉姑当干娘，金瓜便是叶三车名正言顺的干女儿，也就能响响亮亮地叫他一声爹了。

(玉姑が義理の母になったら、金瓜はすなわち叶三车の義理の娘で、声高らかに父さんと呼ぶことができます。)

(8) 尖溜溜的嗓子。

(甲高い声。)

　上記の例文で示したように、中国語には響く音や声を表す聴覚の基本形容詞に"响"がある。耳で聞こえる聴覚を表すものであるから、音声の表現において、音でも、人間の声でも、大きく、響いた音声であれば、それで表現することができる。また、"响"によって複合された聴覚形容詞もいくつかある。複合形容詞"嘹亮"は大きく、響いた人間の声、歌声以外、ラッパとかの吹奏楽器の響いた音が表現できるが、普通のものの音には使えない。"尖溜溜"は気持ちのあまりよくない高い声を表す聴覚形容詞である。それは日本語の「鋭い」にあたる形状を表す形容詞"尖"からできた複合形容詞であるが、"尖溜溜"は物の形状の意味がまったくなく、人間の声だけに使われ、音の表現をしない。

5.2.2 日本語の高い音声の聴覚形容詞

(9) 声高にスローガンを叫ぶ。
（高呼口号。）＜日中＞
(10) ラッパが高らかに鳴りひびく。
（喇叭吹出宏亮的声音。）＜日中＞
(11) 子どもの甲高い声が聞こえる。
（听见孩子的尖锐的声音。）＜日中＞

　中国語の高い音声を表す形容詞が8語あるのに対して、日本語には3語しかない。この3語はすべて次元形容詞「高い」から聴覚に転じてきたものである。日本語では、次元形容詞「高い」と動詞「響く」が音声の表現に使われるため、音声を表す基本的な聴覚形容詞は存在しないのである。

5.2.3 中国語の強弱音声の聴覚形容詞

(12) 从墙脚唱起来小虫的幽扬的鸣声。
（壁の隅から起伏のある虫の優しい鳴き声が聞こえてくる。）
(13) 从远处传来悠扬汽笛声。
（悠長な汽笛の声が遠くから伝わってくる。）

　このように、中国語には強弱のある音声、抑揚のある音声を表す聴覚形容詞があるが、訳文の日本語を見ている限り日本語にはそのようなものがないようである。中国語の"幽扬"の"幽"はもともと光の暗い様子を表す視覚形容詞である。その視覚の表現から転用されて、聴覚表現だけに使用されるものになった。"悠扬"は時間の長い空間を表す"悠"から、転じてきたものである。この二つの形容詞は、意味がほぼ同じで、強弱のある音声といっても、強のほうがそんなに強いものではない。遠くから伝わってきた琴や笛の音の表現によく使われている。

5.2.4 中国語の弱い音声と無音声の聴覚形容詞

(14) 全屋子都很静。

(部屋じゅうがひっそりしている。)

(15) 现在高地却出奇的宁静，天空静静的，海面也静静的。

(今、高地は非常に静寂で、空は静かで、海面も静かである。)

＜重叠词＞

(16) 游人散后，湖上十分宁静。

(遊覧客が引き揚げてしまった後、湖上はたいへん静かになった。)

＜中日＞

(17) 这一带很安静。

(このあたりはとても静かだ。)

(18) 屋里静悄悄的，好像没人似的。

(この部屋はひっそりかんとしていて、だれもいないようだ。)

(19) 深夜马路上静幽幽的，什么响声也没有。

(深夜の大通りはひっそりしていて、何の物音もしない。)

(20) 他们踯躅在十字街口，周围却是鸦雀无闻的静阒。

(彼らは十字路でうろうろしたが、まわりは静まりかえってひっそりとしていた。)

(21) 静谧的月夜。

(静かな月夜。)

(22) 屋里寂静，空气沉闷。

(部屋は静まりかえり、空気は重苦しい。)

　中国語の"静"は弱音声や無音声の状態を表す聴覚形容詞の基本形容詞である。上にあげた中国語の聴覚形容詞のうちの8語は"静"と"静"の複合形容詞である。

5.2.5 日本語の弱い音声と無音声の聴覚形容詞

(23) 物静かなたたずまい。
　　（静悄悄的样子。）＜日中＞
(24) 静かな部屋。
　　（清静的屋子。）＜日中＞
(25) 静寂な環境。
　　（清静的环境。）＜新国語＞
(26) 町は元の静謐にもどった。
　　（街上又恢复了原来的平静。）＜新国語＞

　日本語の音声のない状態を表す基本形容詞は「静か」である。その複合語の「もの静か」のほか、漢語系の「静寂」、「静謐」がある。語彙数は中国語の半分弱である。日本語の音声のない状態を表す形容詞には「ナ形容詞」だけで、「イ形容詞」はまったく見られない。音声のない状態を表す聴覚形容詞はプラスか中性のイメージで、マイナスのイメージがない。この点において、日本語は中国語と一致している。

5.2.6 中国語の騒音の聴覚形容詞

(27) 这间屋子太吵。
　　（この部屋はとてもうるさい。）
(28) 听到外边闹哄哄的。
　　（表でがやがや騒がしい人声が聞こえた。）
(29) 喧嚣的车马声。
　　（騒々しい車馬の通る音。）
(30) 只觉得耳朵边满是嘈杂的嚷。
　　（耳もとには騒々しい叫び声が満ちているのを感じているだけであった。）

　騒音は非常にマイナスのイメージである。連続的に発する音や声が不快

感をあたえる場合、あるいは、その音や声が迷惑に感じられる時に使われる。中国語の聴覚形容詞において、騒音を表す形容詞は4語である。

5.2.7 日本語の騒音の聴覚形容詞

(31) 隣の赤ちゃんはやかましくてかなわない。
（邻居家的婴儿闹得很真没有办法。）
(32) 道路工事の音がうるさくて眠れない。
（施工修路声音太吵闹，夜里睡不好觉。）
(33) 教室がさわがしくて授業にならない。
（教室吵吵闹闹上不成课。）
(34) ラジオの音が騒々しくて、勉強ができません。
（收音机吵得不能用功。）＜日中＞
(35) かまびすしい都会の騒音。
（嘈杂的城市噪音。）

日本語の騒音を表す形容詞は語彙数が5語あるが、聴覚形容詞の中では一番語彙数の多いものである。聴覚形容詞の音声表現において、中国語はだいたいの平均的な分布になっているのに対して、日本語では数少ない聴覚形容詞が、音声のない表現と騒音や不快な音声の表現に集中する傾向がある。

5.3　中国語聴覚形容詞の比喩表現

以上、中国語と日本語の聴覚形容詞の聴覚表現について見てきたが、日本語の聴覚形容詞は五感の中において、語彙数が一番少ないものである。中国語の嗅覚形容詞は語彙数が一番少ないが、聴覚形容詞はその次の二番目に少ない。中国語と日本語は同じように、聴覚形容詞の比喩表現は五感において、数が一番少ないのである。

5.3.1 性格

(1) 那人嘹亮的，干什都行。
(その人は性質がさっぱりしていて頭がいいから、なにをやってもだいじょうぶだ。)

(2) 响亮人。
(率直な人。)

中国語では高い音声を表す聴覚形容詞で、人の明るくてさっぱりした性格の比喩をする。"嘹亮"と"响亮"は聴覚の表現においてほぼ同じ意味で、高くて気持ちのよい音声を表す形容詞である。この聴覚の性質は人間の性格の表現に転用されて、プラスのイメージとして使われている。日本語には高い音声の表現できる聴覚形容詞には「高らかな」1語しかない。「高らかな」は比喩表現がない。

中国語と日本語では、同じように、音や声のあまり聞こえない聴覚の感覚が人間の穏やかな性格の比喩に使われている。聴覚の表現において、多くの場合、音声のない状態は非常に精神的に落ち着く。これは人間の比喩に転じたとき、音声の有無とは関係なく、人の穏やかで、おちついている性格を表す。また、日本語には騒音やいやな音声に対する反感からできた性格の比喩表現「やかましい」、「うるさい」があるが、中国語にはない。

5.3.2 気分

(3) "我心里很安静，而且我要求的我都得到了……"。
(私は気持ちが落ち着いているし、しかも、求めていたものは全部手に入れた……) 萧红《小城三月》[1]

(4) 这样消费者会觉得心理很宁静，因为有一个值得信赖的公司作后盾。
(こうすれば、消費者が心理的に落ち着くよ、信用のある会社が後ろ盾になるからです。) 茹晴《消费者是市场经济的引擎》[2]

(5) 两人什么话都不想说，心里静静的。
(二人は何も言いたがらず、心は静かである。) 张爱玲《多少恨》[3]

(6) 人家炒股票，买彩票，我一票不票，心里清静。
　　（人は株の売買をしたり、宝くじを買ったりするが、私はそれに一切手を出さず、心は静かである。）陈村 《男人贪玩》[4)]

　中国語では穏やかな内面的な気持ちや、あるいは落ち着いている気分について、形がないから、それをよく聴覚形容詞で具体的なイメージにして表す。例文の訳に示したように日本語は同じように聴覚形容詞の「静か」で表す傾向があるが、聴覚と関係のない動詞「落ち着く」も使われる。

5.3.3 秘密

(7) 你悄悄儿地告诉他。
　　（だれにも気づかれないように彼に知らせなさい。）＜中日＞

　中国語の"悄悄"は聴覚において音が小さいことやあまり聞こえないことを表すものであるが、ここでは、その聴覚の意味から、気づかれないことや、こっそりという意味の比喩に使われている。日本語の聴覚形容詞にはこのような比喩がない。

5.3.4 風

(8) 春风悠扬。
　　（春の風がそよぐ。）＜中日大＞

　このように、聴覚形容詞"悠扬"は風がそよぐ様子を表す。中国語の"悠扬"は聴覚において、のどかで、抑揚のある歌、音楽などを表し、気持ちよく聞こえる音声である。それが風の比喩に使われて、柔らかく吹く風の気持ちよさを表す。

5.3.5 反響

(9) 说话不响。
　　（話しても反響がない・他人が相手にしてくれない。）＜中日大＞

"响"は聴覚において、音声が高くて響くことを表す聴覚形容詞である。ここでは否定によって、影響力がないことや実力のないことを表す。それで無視されたり、存在が薄らいだりすることを表現する。

5.3.6 状態

　　(10)　孩子们睡得很安静。
　　　　（子供たちはすやすやと眠っている。）
　　(11)　让我一个人清静一会儿。
　　　　（しばらく一人にさせてくれ。）〈中日〉

"安静"は聴覚の意味から離れて、すやすやと眠っている状態の比喩を表すのである。"清静"も音声が聞こえない静かなことを表すが、ここでは他人にじゃまされない状態を喩えた表現である。例文(11)の場合、日本語では「静か」などを使わずに「一人にさせる」という表現が使われる。

5.3.7 平穏

　　(12)　八月初八清清静静地过去了。
　　　　（八月八日は無事平穏に過ぎ去った。）〈重叠词〉
　　(13)　你万不能陪二妹走。这样姑妈就过不到清静的日子了。
　　　　（2番目の妹さんについて行ってはいけません。そうしたら、おばさんは平穏に暮らせなくなるよ。）巴金《春》[5]

"清静"は聴覚において静かであることを表すが、それから派生された"清清静静"は音声をトラブルや出来事などに喩えて、それがいっさい発生せず、時間が無事にたつことを表す。

5.3.8 深み

　　(14)　意味悠扬。
　　　　（意味が深長である。）

"悠扬"は聴覚において、高くなったり低くなったりして、抑揚がある

音や声を表すものである。また、余韻のある音声を表す。その余韻のある音声から、のびのびと長いという意味や、深いという意味が生まれ、例文のような比喩になったのである。

5.3.9　行動

(15)　部队悄悄地出动。
　　　（部隊は<u>ひっそり</u>出動する。）

　"悄悄"は聴覚において音を出さない静かな様子である。それをもっと強めに表現する場合は"静悄悄"という複合形容詞も使われる。この例文では行動や動作がひそかに行われることを表現する。

5.3.10　対処

(16)　他办起事来总是这么<u>脆快</u>。
　　　（彼は仕事をやり出すと、いつも<u>胸がすくほどてきぱきしている</u>。）
　　　＜中日＞
(17)　这回事情办得很<u>脆生</u>。
　　　（今回の事は非常に<u>さっぱり</u>処理された。）＜中日大＞

　中国語では"脆"は、ものが脆くて壊れやすい性質を表す形容詞で、聴覚形容詞ではない。
　それから派生した"脆快"と"脆生"は聴覚形容詞である。脆いものは割れたときに出るぱりぱりの音から、決断力のある対応や、てきぱきとした対処の仕方の比喩に転じたのである。物事をぐずぐずするのと反対に、いわば快刀乱麻のような痛快さが感じられるやり方である。

5.3.11　有名

(18)　他到哪儿都叫得<u>响</u>。
　　　（彼はどこへ行っても<u>歓迎される</u>。）＜中日大＞
(19)　那位同胞原来是学校里的高材生，是上海一名<u>响当当</u>的主治医生。

(その同胞はもともと大学の優等生で、上海では<u>名高い</u>主治医である。)＜ABB＞

聴覚において高い音声は人の注意を引き、遠くまで届くところから、中国語では人が有名になることを聴覚形容詞で表すことができる。日本語では、「音声が高い」というように、高音を表す形容詞は次元を表す形容詞から借りられたもので、聴覚を表す独自のものがない。"响"は高くて響く聴覚の意味から転じられた比喩である。高くて響く音声は人の注意を引くから、人気のあることや評判のよいことの比喩に用いられるようになった。

複合形容詞"响当当"も同じ意味の比喩に使われている。たとえば、

名字很<u>响</u>。

（名がよく<u>知られている</u>。）《現代汉语辞典》

5.3.12 威厳

(20) <u>响当当</u>的学生们。

（<u>威勢</u>のいい学生たち。）

"响当当"は聴覚ではもともと銅鑼や鐘の金属音を表すものである。"响"は高くて、響く音で、"当当"は「とんとん」などの音の擬声語である。おごそかに行われたいろいろな儀式や仏教の寺で使われていた銅鑼や鐘の音には威厳が感じられるから、人の威厳の比喩に用いられたと考えられる。

5.3.13 生活

(21) 我喜欢<u>安静</u>的生活。

（私は<u>落ち着いた</u>生活が好きだ。）

聴覚では"安静"は音声のない状態を表すが、これが生活の比喩に使われるとき、外界に干渉されることがなく、何の事件や騒ぎも起こらずにいることを表す。聴覚で抽象的な生活の様子を表現する。

5.3.14 治安

(22) 那个地方不<u>安静</u>。
　　（あの地方は<u>治安</u>がよくない。）＜中日大＞

　ここの治安についての比喩は"安静"の否定形である。音声はいろいろな社会における不安の要素に喩えられ、事件や暴動などの騒ぎがなく平和な社会環境を表現する。

5.3.15 視覚

(23) 看他的神情很<u>安静</u>，不象是出了什么事。
　　（彼の顔つきは<u>落ち着いていて</u>、何事もなかったかのようだ。）
(24) 我点了点头，看了一眼倒在地上的宋樹珊，她面色很<u>宁静</u>。
　　（私はうなずいて、地べたに倒れていた宋樹珊をちらっと見たら、彼女は表情が<u>落ち着いていた</u>。）亦舒《风信子》[6]
(25) 左手是<u>闹哄哄</u>的一大把通草花儿。
　　（左手には<u>乱雑に</u>束ねたかなりのアケビをかかえている。）

　このように、中国語の聴覚形容詞には視覚の比喩表現を表すものが3語ある。日本語も同じように、聴覚形容詞「静か」は表情について使われる。"闹哄哄"は聴覚では騒ぐ意味であるが、ここでは整理されていない様子を表す。

5.3.16 中国語聴覚形容詞の比喩表現の特徴

　以上にあげた中国語聴覚形容詞の比喩表現の範囲と用例数について、次の表2にまとめている。聴覚形容詞を音声のある「有音声」と音声のない「無音声」に大きく分けて見てみると、その比喩項目数と用例数はほぼ同じである。また、五感について、視覚に共感覚が起こることが分かる。

表2　中国語聴覚形容詞の比喩表現の範囲と用例数

	性格	気分	秘密	風	反響	状態	平穏	深み	行動	対処	有名	威厳	生活	治安	視覚	合計
有音声	2	0	0	1	1	0	0	1	0	2	2	1	0	0	1	11
無音声	0	4	1	0	0	2	2	0	1	0	0	0	1	1	2	14

5.4　日本語聴覚形容詞の比喩表現

5.4.1　性格

(1) 彼はとてもしずかな人だ。
　　(他是个很文静的人。)
(2) 父はものしずかな人で、声を荒立てたことはない。
　　(父亲是文静的人，没有大声吵嚷过。)
(3) 口うるさくてやかましい人だ。
　　(很烦人的人。)＜日中＞
(4) うるさいやつ。
　　(讨厌的家伙。)＜日中＞

　日本語の聴覚表現において、「静か」は雑音や高くて不快な音声などのないことを表すものである。人のおとなしい性格の表現に使われる。中国語訳の"文静"は聴覚形容詞の"静"から派生されたが、聴覚の表現に使われないのである。また、不快感が生じる音声に対して使われる「やかましい」、「うるさい」は、このように、人間の性格の比喩に用いられ、その人の出した話に対して音声的に不快を感じるのではなく、その話の内容に対する反感を表す。聴覚は抽象化して人間の性格の比喩に使われる。中国語の聴覚形容詞はこのような比喩の使い方がない。

5.4.2　状態

(5) 今この商品はしずかなブームを呼んでいる。

(现在这个商品正在悄悄地引起了人们的注意。)
(6) オリンピックブームで世間がさわがしい。
(奥运会热使得社会上一片哄动。)
(7) 老人問題はやかましくなっている。
(老人问题成了议论纷纷的问题。)＜日中＞

「静か」は音声のないという聴覚の表現から転じられたもので、人に気づかれないように行動することや物事が知らないうちに発展したり、進行したりする状態を表す。「さわがしい」、「やかましい」のように、騒音や騒ぐ音声が聞こえるという聴覚の表現は、世論として、いろいろな議論がある抽象的な物事の状態を表す。

5.4.3 風

(8) 風が静かに吹いている。
(风在微微地吹拂着。)

聴覚において「静か」は、音が小さいあるいは音がない意味を表す。そこから風が柔らかく吹くことを表し、風のそよぐ状態の表現に転じたのである。

5.4.4 対処

(9) 警察の取り締まりが喧しい。
(警察取缔很厉害。)

「やかましい」は聴覚において、騒音などの不快感の音声を表すものである。また、くどくど話をすることを表す。ここでは、いろいろなことを細かく言われて、厳しく要求することを表す。例文の中国語訳に示したように、中国語の聴覚形容詞にはこのような比喩がないので、直接「厳しい」という意味にあたる"厉害"で訳されている。

5.4.5 文句

(10) 夜遅く帰ると母親が<u>うるさい</u>。
　　（夜里一回来晚了妈妈总是<u>絮絮叨叨</u>的。）
(11) 近所が<u>やかましい</u>から変な格好をしないでほしい。
　　（街坊邻居的<u>说道太多</u>，你不要打扮得怪离怪气的。）

　日本語では聴覚を表す形容詞「やかましい」、「うるさい」は、そのいろいろな音や声がするという聴覚表現から、人にあれこれといろいろ言われたりする状態の表現に転じて、そして、物事の性質の表現に変わってきた。聴覚の表現において、その音声に対する不快感があるから、比喩に転じたとき、そのマイナスのイメージがそのまま生きている。中国語の騒音を表す聴覚形容詞は、日本語のように音声からできた不快感がほかのことへ転用することがないので、比喩も生まれてこないのである。

5.4.6 面倒

(12) 手続きはたいへん<u>喧しい</u>。
　　（手续很<u>繁杂</u>。）＜日中＞
(13) <u>うるさい</u>問題が起こった。
　　（发生了<u>麻烦</u>事儿。）

　「やかましい」と「うるさい」は聴覚において、騒音や聞いて不快感が生じる音声を表すものである。このような聴覚で起きた不快感は物事の比喩に転用されて、面倒なこと、ややこしいことを表す。例文の中国語訳に示したように、中国語の聴覚形容詞は日本語のような比喩の表現に使われない。言い換えれば、中国語の聴覚形容詞はマイナスの比喩には使われない。

5.4.7 精通

(14) 食べ物に<u>やかましい</u>。

(讲究吃。) ＜中日＞
(15) 彼はロシア文学にはちょっとうるさい。
(他在俄罗斯文学方面颇有造诣。) ＜中日＞

これはもともとの、なんやかんやいろいろ文句や注文を言うところから転じてきた比喩表現である。趣味や嗜好などについて非常に精通し、こだわっている意味であるが、「□□を正しく鑑賞できるというプラスの評価と言うよりは、□□についてよく批判するというマイナスの暗示が強い」[7]。中国語の聴覚形容詞にはこのような比喩がないため、例文の中国語訳は動詞になっている。

5.4.8 物騒

(16) 世の中が騒がしい。
(举世骚然。) ＜日中＞
(17) 戦争の気配が濃く世の中が騒騒しい。
(战争的气氛很浓，社会上动荡不安。) ＜日中＞
(18) 物騒がしい世の中。
(不宁静的世道。) ＜日中＞

不安定の比喩は日本語だけのもので、中国語にはこのような比喩がない。例文にあげた聴覚形容詞はいずれも、複数以上の音声や騒音を表し、聴覚において、不快感が生じる音声である。ここでは何かの事件や出来事により人々が騒ぎ立てて、不安になることを表す。

5.4.9 触覚

(19) のびた前髪がうるさい。
(前边的头发长长了不得劲。)

前髪をのばし過ぎて、視線をじゃまする可能性もあるが、のばし過ぎた髪はまゆやまぶたのあたりに触れたりして、こそばゆい触覚を起こす。これは明らかに聴覚の時、騒音に対して生じた不快感から転じてきた比喩表

現で、中国語の聴覚形容詞にはまったく見られない比喩表現である。

5.4.10　視覚

(20)　教授は学生の鋭い質問に<u>ものしずかに</u>微笑んだ。
　　（教授对学生们的尖锐提问报以<u>文静</u>的微笑。）

　日本語には一語だけある。視覚形容詞では共感覚として聴覚の比喩を表す語彙が多いが、逆の場合、聴覚形容詞では視覚を表す語彙がとても少ない。

5.4.11　日本語聴覚形容詞の比喩表現の特徴

　表3に示した通り、日本語の聴覚形容詞は10項目、15例の比喩がある。有音声の比喩は無音声のより3倍も多い。視覚と触覚との共感覚が起こる。

表3　日本語聴覚形容詞の比喩表現の範囲と用例数

	性格	状態	風	対処	文句	面倒	精通	物騒	触覚	視覚	
有音声	2	2	0	1	2	2	2	3	1	0	15
無音声	2	1	1	0	0	0	0	0	0	1	5

5.5　まとめ

　以上中日の聴覚形容詞の本義及び比喩表現について、考察した結果、次のようなことが明らかになった。

1.　聴覚形容詞の共感覚の特徴

　聴覚形容詞の五感の共感覚において、山梨氏は聴覚→視覚の比喩は不可能だとしたが、[8]実際は中国語も日本語も、このような比喩は可能である。また、日本語では不可能とされた聴覚→触覚の比喩は個別でありながら、[9]「のびた前髪がうるさい」のように見られるのである。中日の聴覚形容詞の共感覚について、表4、表5にまとめている。

表4　中国語聴覚形容詞の共感覚

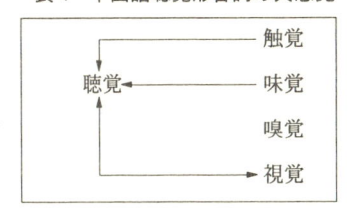

```
          ┌──→ 触覚
聴覚 ←─────┼──→ 味覚
          ├──→ 嗅覚
          └──→ 視覚
```

表5　日本語聴覚形容詞の共感覚

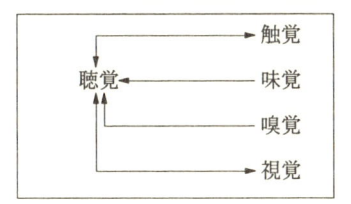

```
          ┌──→ 触覚
聴覚 ←─────┼──→ 味覚
          ├──→ 嗅覚
          └──→ 視覚
```

2．中日聴覚形容詞の比喩表現の特徴

　五感形容詞において、中国語と日本語の聴覚形容詞は語彙数が少ない。したがって、比喩表現の項目数も、用例数も少ない。英語については、ウルマンの共感覚表現の統計によると、聴覚の表現の数は全体のラスト2位である[10]。中国語の聴覚形容詞の語彙数は67語あり、比喩用例数は25例ある（付録5.1参照）。五感形容詞において、共にラスト2位であり、英語と同じような傾向が見られる。日本語は語彙数が15語あり、用例数が20例ある（付録5.2参照）。五感形容詞において、語彙数と用例数はともにラストワンである。日本語は比喩範囲と用例数では中国語より少ない。

3．比喩における聴覚の原感覚

　中国語では聴覚形容詞が比喩に転じた時、ほぼ平均的に分布されるが、日本語は強い音声には、たった一語だけで、強弱の音声を表す形容詞がない。弱音声、無音声と騒音の原感覚に聴覚形容詞が集中しているから、比喩の用例数が多い。

注

1) 萧红　《小城三月》　时代文学　第一卷第二期海洋书屋　1948.1
2) 茹晴　《消费者是市场经济的引擎》　中国经济时报　2001.3.22
3) 张爱玲　《多少恨》　广州　花城出版社　1987.7
4) 陈村　《男人贪玩》　深圳日报　2003.1.9
5) 巴金《春》　北京　人民文学出版社　1962.8
6) 亦舒　《风信子》　广州　花城出版社　1986.12
7) 飛田良文・浅田秀子著『現代形容詞用法辞典』東京堂出版1991　P.88
8) 山梨正明　『比喩と理解』東京大学出版会　1988　P.66
9) 国広哲弥　『五感をあらわす語彙――共感覚比喩的体系』「言語」1989.11　P.28
10) ウルマン（山口秀夫訳）『意味論』紀伊国屋書店　1964　P.287〜288

終　章

　本論では、形容詞が本義から離れて、人、もの、ことの性質や状態などを表す比喩表現について、五感を表す形容詞を中心に、対照研究を行った。本研究で考察の対象となったのは、中国語と日本語の触覚形容詞、味覚形容詞、嗅覚形容詞、視覚形容詞、聴覚形容詞の比喩表現である。本研究の目的はこのような比喩表現に関する中国語と日本語の比較対照を通じて、両言語の五感を表す形容詞の比喩表現における相違を考察し明らかにすることであった。五感形容詞について五章に分けて、その形容詞の共感を含むすべての比喩を考察し、中日の対照を行った。以上、各章の比較と対照を通じて、五感形容詞の比喩に関する中国語と日本語との違いは以下のようにまとめられる。

6.1　中日五感形容詞の語彙数の差異

　中国語と日本語の五感形容詞について、調査対象となるそれぞれ5冊の辞書で調査して、付録の「中日五感形容詞の語彙数と比喩用例数」の語彙調査表を作った。その結果は次の表１と表２にまとめている。

表１　中国語五感形容詞の辞書別の比喩表現語彙数と用例数

	大辞典	中日大	中　日	重畳詞	ABB
触覚	47/111	34/61	29/48	33/57	23/39
味覚	40/76	24/38	23/44	17/36	11/16
嗅覚	9/25	7/22	5/12	1/1	0/0
視覚	33/58	25/51	21/39	13/19	4/5
聴覚	11/17	8/11	6/7	1/1	1/1
小計	140/287	98/183	84/150	65/114	39/61

表2　日本語五感形容詞の辞書別の比喩表現語彙数と用例数

	現代形	15万	日　中	広辞苑	新国語
触覚	20/56	21/63	22/61	21/43	24/45
味覚	21/64	19/51	23/62	22/44	21/41
嗅覚	17/28	7/9	16/17	18/24	17/22
視覚	13/30	9/22	12/23	12/24	12/23
聴覚	6/17	5/10	7/13	7/13	7/12
合計	77/195	61/155	80/176	80/148	81/143

　表の中の数字について、／の左側は語彙数で、右側は比喩用例数である。詳細は付録の「中日五感形容詞の語彙数と比喩用例数」を参照してほしい。中国語の辞書の調査結果を見ると、各辞書における五感形容詞の語彙分布のばらつきが多いことが分かる。『中国語大辞典』は語彙数が多いため、五感形容詞の語彙数と用例数も多いのである。〈重畳詞〉と〈ABB〉は重ね型の複合形容詞だけを対象にして、それ以外の一文字形容詞や重ね型でない形容詞を対象として取り扱わない。そのため、語彙数が少ないのである。日本語の辞書の分布は中国語のと違って、五冊の辞書では語彙数と比喩用例数はほぼ同じで、ばらつきがない。なお、中日の五感形容詞の総語彙数、比喩表現語彙数、比喩表現用例数について、表3にまとめている。

表3　中日五感形容詞の総語彙数と比喩表現語彙数及び比喩表現用例数

	触　覚	味　覚	嗅　覚	視　覚	聴　覚	合　計
中国語	136/80/180	89/54/119	41/12/33	404/42/82	67/13/20	737/201/434
日本語	33/28/96	30/25/87	33/21/40	32/14/38	15/7/20	143/95/281

　表3の各欄にある数字は左から総語彙数、比喩表現語彙数、比喩表現用例数の順となっている。五感形容詞の総語彙数について、中国語は日本語より多い。中国語の触覚形容詞の語彙は、日本語の4倍、味覚形容詞は3倍、嗅覚形容詞は1.2倍、視覚形容詞は14倍、聴覚形容詞は4.5倍である。中国語は語彙数において、日本語より圧倒的に多いことが分かる。比喩のある語彙数においては、嗅覚だけは日本語より少ない0.5倍である

が、触覚は3倍弱、味覚は2倍、視覚は2.5倍、聴覚は2倍弱で、日本語より多い。また、比喩の用例数においても、総語彙数のような大きな差はないが、嗅覚以外の四覚は日本語より多い傾向が見られる。

　視覚形容詞の色彩形容詞では日本語の基本形容詞が中国語より少ないのが目立っているが、その他の形容詞では基本形容詞の語彙数は日本語と中国語とはほぼ同じである。しかし、日本語では形容詞の生産性が中国語に比べると低いため、複合形容詞の語彙数が非常に少ない。唯一の例外は嗅覚形容詞の「くさい」で、非常に生産性の高い形容詞だけでなく、比喩表現も発達している。そのために、日本語の嗅覚形容詞では比喩のある語彙数と比喩用例数は中国語より多いのである。

6.2　中日五感形容詞の共感覚の異同

6.2.1　中国語五感形容詞の共感覚比喩体系

　中国語五感形容詞の共感覚比喩の体系は日本語と少し違っている。日本語五感形容詞の共感覚比喩の体系では、触覚形容詞はほかの形容詞からの共感を受けないものである。しかし、中国語では独特の体性感覚の比喩がある。"辣"、"酸"、"涩"、"麻"などの味覚形容詞は体性感覚に使われている。体性感覚とは、つまり、五感の触感覚に属するもので、体で感じる痛みや、疲労などによる肉体的痛みや不調などの感覚を表すものである。中国語において、このように味覚は体性感覚に共感覚が起こるので、触覚形容詞は味覚形容詞からの共感的比喩を受けることになる。これは五感形容詞の共感的比喩において、中国語が日本語と違っている大きな相違点といえよう。中国語の五感形容詞における共感覚比喩の体系は表4の通りである。

　表4に示したように中国語五感形容詞の共感の体系に、味覚形容詞は一番中心になって、すべての感覚と共感が起こる。同時に触覚形容詞と嗅覚形容詞からの共感覚比喩を受けるから、両方の矢印になっている。しかし、日本語の味覚形容詞は触覚形容詞からの共感覚比喩を受けない。

表4　中国語五感形容詞の共感覚比喩体系

```
触覚 ← → 味覚 → 嗅覚 → 視覚
                        ↕
                        聴覚
```

6.2.2　日本語五感形容詞の共感覚比喩体系

日本語五感の共感覚について、本論の序章で紹介したように、山梨氏と国広氏がそれぞれ図によって示された体系がある。両氏の日本語五感の共感覚についての体系は大同小異で、ほぼ同じである。

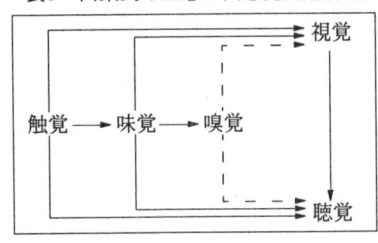

表5　山梨氏の五感の共感覚比喩体系　　表6　国広氏の五感覚比喩体系

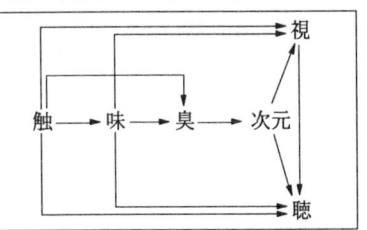

```
触覚 → 味覚 → 嗅覚 → 視覚        触 → 味 → 臭 → 次元 → 視
                      聴覚                              聴
```

上の図では矢印は共感覚比喩の方向性を示すもので、矢印の反対方向への比喩はできない。しかし、本論では日本語の五感形容詞の比喩表現を考察した結果、次のような日本語の五感形容詞の共感覚体系図を作った。

表7　日本語五感形容詞の共感覚体系

```
        嗅覚 ↔ 視覚
         ↕      
触覚 → 味覚 → 聴覚
```

本論では対象を五感形容詞に限定しているから、山梨氏や国広氏の五感の共感覚体系にあげられた「するどいにおい[1]」「さすような香り[2]」のような触覚から嗅覚への比喩は存在しない。また、両氏の体系ではどちらも一方的な「味覚→嗅覚」の比喩であるが、実際は表7に示した通り、相互比喩関係である。確かに山梨氏のあげた「ぷんぷんする味」、「くさい味」は不可能な共感覚の組み合わせであるが、本論文第3章にあげた「焦げ臭い味がする」という比喩表現があるから、日本では嗅覚から味覚への比喩は個別でありながら、一応成り立つと思われる。中国語では味覚と嗅覚の関係はとても緊密で、名詞である"味"という言葉自身も味と匂いの両方を表す。形容詞の"香"は嗅覚の香りを表したり、味覚のおいしさを表したりするものである。日本語の漢語語彙もそのような表現がある。たとえば、「香味」は香りと味わいの両方を表すことができる。

6.3 中日五感形容詞の感情の比喩

　五感形容詞の比喩表現において、共感覚比喩はほんの一部にすぎない。五感形容詞の比喩は主に、人、もの、ことなどの性質、状態に使われている。このほか、感情の比喩がある。感情の比喩では、中国語は日本語より比喩の用例数の多いのが目立つ。中国語は触覚形容詞での感情の比喩表現がとても発達している。温度形容詞の感情についての比喩表現では中国語は「感動」、「歓喜」、「羞恥」、「寂寞」、「恐怖」、「羨望」の6項目で、用例が33例ある。日本語は感情の比喩の項目が中国語の半分しかない。しかも、その用例数は7例で中国語の3分1以下である。また、日本語では味覚形容詞が感情の比喩にあまり使われていないが、中国語では多く使われている。日本語のわずか2例の比喩は恐怖と哀愁の比喩で、それほど日常的に使われているものではない。中国語は比喩が28例あって、喜怒哀楽に嫉妬、感情表現のほとんど全部を含めている。視覚では明暗を表す形容詞は感情の比喩表現ができる。中国語では5例あるのに対して、日本語は2例ある。五感において、中国語と日本語は同じように、触覚、味覚、

視覚の形容詞は感情の比喩に使われるが、嗅覚と聴覚は感情の比喩に使えない。

注
1) 国広哲弥『五感をあらわす語彙——共感覚比喩的体系』「言語」1989.11 P.30
2) 山梨正明『比喩と理解』東京大学出版会　1988　P.66

［参考文献］

国立国語研究所編　西尾寅弥著『形容詞の意味・用法の記述的研究』秀英出版　1972

飛田良文・浅田秀子著『現代形容詞用法辞典』　東京堂出版　1991.7

林史典・霑岡昭夫　教育社国語編集部著『15万例文・成句　現代国語用例辞典』

新村出編『広辞苑』第四版　岩波書店　1991

金田一春彦編『学研現代新国語辞典』学習研究社　1994

見坊豪紀ほか　『国語辞典』第三版　三省堂　1982

北京対外経済貿易大学　北京商務印書館　小学館共同編集『日中辞典』小学館　1987

北京・商務印書館、小学館共同編集『中日辞典』　小学館　1992

王国璋　等编著《现代汉语重叠形容词用法例释》北京　商務印书館　1996

相原茂、韓秀英編　『現代中国語ABB型形容詞逆配列用例辞典』　くろしお出版　1990

大東文化大学中国語大辞典編纂室編『中国語大辞典』　角川書店　1994

愛知大学中日大辞典編纂処編『中日大辞典』増訂第二版　大修館書店　1986

山梨正明『比喩と理解』　東京大学出版会　1988

尚学図書編集『故事・俗信　ことわざ大辞典』　小学館　1982

尤東旭『温度形容詞の比喩的表現――日中対照――』新潟大学大学院現代社会文化研究科「現代社会文化研究」第15号　1999.9

尤東旭『色彩形容詞の比喩的表現――日中対照――』新潟大学大学院現代社会文化研究科「現代社会文化研究」14号　1999.3

中国社会科学院语言研究所编辑室编《现代汉语词典》北京　商務印书館　1980

王同亿主编《新现代汉语词典》海南出版社　1992

陶然　等主编《现代汉语形容词辞典》中国国际广播出版社　1995

戴品宏・戴云霁编著《形容词辞典》浙江大学出版社　1992

罗竹风主编《汉语大辞典》上海　汉语大辞典出版社　1990

尤東旭　『「あじ」に関する形容詞の比喩表現――日中対照――』岡山大学「国語研究」第八号　1994.3

松村明編『大辞泉』小学館　1995

松村明編『大辞林』三省堂　1988

梅棹忠夫等監修『日本語大辞典』講談社　カラー版　1989

日外アソシェーツ辞書編集部『熟語林　逆引き』紀伊国屋書店　1992

逆引き広辞苑編集部編『逆引き広辞苑』岩波書店　1992

『日本国語大辞典』小学館　1972

尤東旭『「におい」に関する形容詞の比喩表現――日中対照――』新潟大学大学院　現代社会文化研究科　「現代社会文化研究」第13号　1998.12

大连外国语学院《新日汉辞典》编写组编《新日汉辞典》沈阳　辽宁人民出版社

1983

　陈刚・宋孝才・张秀珍 编《现代北京口语辞典》语文出版社　1997
《中国成语大辞典》上海辞书出版社　1987
　西原玲子・川村よし子・杉浦由紀子共著　外国人のための日本語例文・問題シ
　　　リーズ5　『形容詞』荒竹出版　1988

付録

中日五感形容詞の語彙数と比喩用法調査表

表中の記号について、×はその語彙がないこと。〇は語彙があるが、比喩がないこと。丸数字は比喩表現の順番。＊は五感の記述がなく、比喩表現だけがあるもの。★は名詞扱いのもの。

1.1 中国語触覚（温感）形容詞の比喩用法一覧表

	現代重畳詞	中国語大辞典	小学館中日	中日大辞典	ABB形容詞
热	×	①性格 ②羨望 ③人気 ④羞恥 ⑤性質 ⑥表情	① ② ③ ④	① ② ③ ④	×
热乎	×	①仲 ②口調	〇	①	×
热呼	×	×	〇	×	×
热火	×	①仲	×	×	×
热和	×	①仲 ②性格	① ③状態	① ②	×
热乎乎	①感動 ②視線 ③口調 ④表情	×	①	〇	① ③
热呼呼	①感動	×	×	②状態	〇
热滚滚	①感動	×	〇	〇	〇
热烘烘	①感動 ②羞恥	① ② ③状態	〇	③	① ④興奮
热辣辣	①感動 ②羞恥	① ② ③痛感	〇	①	① ② ③ ④視線
热烙烙	×	〇	×	×	×
热漉漉	×	〇	×	×	×

词						
热蓬蓬	×	○	×	×	×	
热扑扑	×	○	×	×	×	
热热	①感動 ②口調	×	×	×	×	
热热呼呼	①感動 ②口調	×	×	×	×	
热丝糊拉	×	①悲傷 ②羞恥	×	② ③状態	×	
热烫烫	○	×	×	×	①感動	
热腾腾	×	○	○	○	○	
热通通	×	○	×	×	×	
滚热	×	○	○	○	○	
滚热滚热	○	×	×	×	×	
滚烫	×	○	○	○	×	
滚烫烫	○	×	×	×	①感動	
滚烫滚烫	①羞恥	×	×	×	×	
火辣辣	①痛い ②羞恥 ③性格 ④口調	① ② ⑤状態	① ②	②	① ② ⑤ ⑥性質	
火热	×	①状態 ②程度 ③仲	○	①	×	
火烫	×	○	○	○	○	
火烫烫	×	○	×	○	①視線	
火烫火烫	○	×	×	×	×	
毒辣辣	○	×	×	×	×	
毒热	×	○	×	×	×	
毒热毒热	○	○	×	×	×	
暖	×	○	○	○	×	
暖和	×	○	○	○	×	
暖和和	○	○	×	○	○	
暖烘烘	①感動	○	○	○	①	
暖乎乎	①感動	○	×	○	①	
暖忽忽	×	○	×	×	○	

付 録 243

暖暖	○	×	×	×	×
暖暖和和	○	×	×	×	×
暖暖烘烘	①感動	×	×	×	×
暖融融	①歓喜	○	○	○	○
暖煦煦	①歓喜	×	×	×	○
暖洋洋	①歓喜	①	×	×	① ②視線
暖烔烔	×	○	×	×	×
暖酥酥	×	①歓喜	×	×	×
温	×	①性質	○	① ②性格 ③状態	×
温和	×	①性格 ②口調 ③視線	① ②	① ②	×
温暖	×	○	○	○	×
温潤	×	①表情	①	①	×
温暾(呑)	×	①程度	①	①	×
温呑呑	×	①状態 ②性質	×	×	① ②
温煦	×	○	○	○	×
温馨	×	①程度 ②性質	①	×	×
語彙総数／比喩総数 55語／31語	語彙数／比喩用例数 15語／25例	17語／37例	9語／15例	13語／21例	11語／21例

1.2 日本語触覚(温感)形容詞の比喩用法一覧表

	現代形容詞	15万語用例	小学館日中	広辞苑	学研新国語
あつい	①感動 ②愛情 ③熱中	① ②	① ② ③ ④性質 ⑤状態	③ ⑥性格 ⑦視覚	① ② ④
熱っぽい	①情熱的	×	①②表情	①	① ③視線
お熱い	①恋愛	×	×	×	×
蒸し暑い	○	○	○	○	○

暑苦しい	×	×	○	○	○
あたたか	×	×	×	①性質 ②豊か	① ② ③視線
あたたかい	①感情 ②程度 ③性格 ④豊か ⑤性質	① ② ③ ④ ⑥視覚	① ② ④ ⑤	○	① ② ④
なま暖かい	○	×	○	○	○
ぬるい	○	○	①性質	①	①
生ぬるい	①性格 ②性質	① ②	① ②	②	②
語彙総数／比喩総数 10語／7語	語彙総数／比喩用例数 5語／12例	3語／9例	5語／14例	5語／8例	6語／13例

1.3 中国語触覚（冷感）形容詞の比喩用法一覧表

	現代重畳詞	中国語大辞典	小学館中日	中日大辞典	ABB
寒	×	①恐怖 ②失望 ③貧乏	① ②	① ②	×
寒冷	×	○	○	○	×
寒森森	①視覚 ②性質 ③恐怖	③	×	○	○
寒丝丝	×		×	×	×
冷	×	①態度 ②人気がない ③見慣れない ④状態	① ② ③ ④	① ② ③ ④	×
冷巴巴	×	×	×	○	×
冷板板	×	①表情	×	×	×
冷呵呵	×	①態度	×	○	×
冷冰冰	①表情 ②聴覚	① ②	① ④	①	① ④

付　録　245

語					
	③状態 ④態度 ⑤視線	④			
冷凄凄	①表情	○	×	×	×
冷浸浸	×	○	×	×	○
冷冷	①表情 ②視線	×	×	○	×
冷冷冰冰	①表情 ②態度	○	×	○	×
冷峭	×	①性質 ②視線	①	①	×
冷森森	①聴覚 ②視線	②	②	③表情	○
冷丝丝	×	○	×	○	○
冷飕飕	①恐怖	○	○	○	○
冷幽幽	×	×	×	×	①表情
凉	×	○	○	○	×
凉不丝	×	×	×	×	×
凉凉快快	○	×	×	×	×
凉快	×	○	○	○	×
凉冰冰	×	○	×	○	①態度
凉津津	×	○	×	×	×
凉浸浸	○	○	×	○	○
凉凉	○	○	×	×	×
凉森森	○	○	×	○	○
凉爽	×	○	○	○	×
凉爽爽	×	○	×	×	○
凉丝丝	○	○	○	○	○
凉飕飕	①悲傷	○	○	×	×
凉阴阴	×	×	×	○	×
凉悠悠	×	①歓喜	×	×	×
凉幽幽	×	○	×	×	○
冰冷	×	①表情	①	○	×
冰冷冷	×	×	×	×	①態度
冰冷冰冷	①表情	×	×	×	×

冰冰凉	○	×	×	○	×
冰凉	×	①失望	○	○	×
冰凉冰凉	○	×	×	×	×
語彙総数／比喩総数 40語／20語	語彙数／比喩用例数 9語／18例	11語／19例	6語／11例	5語／9例	4語／5例

1.4 日本語触覚（冷感）形容詞の比喩用法一覧表

	現代形容詞	15万語用例	小学館日中	広辞苑	学研新国語
寒い	①寂しい ②恐怖 ③状態	① ② ③ ④性質	③ ④	② ③	② ③
寒々しい	×	①寂しい	×	①	①
うそ寒い	○	①寂しい	○	○	○
薄寒い	×	×	×	○	×
肌寒い	○	①寂しい	○	○	②恐怖
お寒い	①性質	①	①	①	①
冷たい	② ③ ⑤	①性格 ②態度 ③性質 ④戦争 ⑤死亡	① ② ③ ⑤ ⑥表情	② ③ ④ ⑤	④ ⑤ ⑥
冷ややか	①態度 ②表情	① ② ③言葉 ④状態	① ② ④ ⑤性格	① ④	①
涼しい	①聴覚 ②性質 ③表情	① ② ③	② ③	③	② ③
涼やか	×	×	①視覚	②性質	③表情
冷やっこい	○	×	×	○	○
語彙総数／比喩総数 11語／9語	語彙数／比喩用例数 5語／12例	8語／20例	6語／15例	7語／12例	8語／12例

付　録　247

1.5 中国語触覚（硬軟感）形容詞の比喩用法一覧表

	現代重畳詞	中国語大辞典	小学館中日	中日大辞典	ABB形容詞
软	×	①感情 ②品質 ③技能 ④音声 ⑤口調 ⑥性格 ⑦気性 ⑧信用 ⑨弱み	① ② ③ ④ ⑥	① ② ③ ④ ⑤ ⑥ ⑦	×
软不唧	×	○	×	①表情	×
软乎	×	○	×	○	×
软乎乎	○	○	×	○	×
软和	×	①光 ②感情	③	① ③表情	×
软和和	×	○	×	×	○
软绵绵	①感覚 ②音声	② ③弱々しい	×	②	① ②
软溜溜	①感情	○	×	○	①
软囊囊	○	×	×	○	○
软软	①感覚 ②口調	×	×	○	×
软软乎乎	○	×	×	○	×
软腾腾	×	×	×	×	①状態
软塌塌	①感覚	① ②性格 ③気性	○	① *	① ②
绵软	×	①感覚	①	①	×
柔	×	○	○	○	×
柔和	×	①音声 ②光 ③性格 ④気性	① ⑤色	⑥感情 ⑦風味	×
柔美	×	①光	②	○	×

			②音声			
柔润		×	○	①音声	×	×
柔曼		×	①音声	①	○	×
柔软		×	○	○	○	×
硬		×	①感情 ②技能 ③状態 ④品質 ⑤有名 ⑥口調 ⑦強力 ⑧性格 ⑨気性 ⑩無情 ⑪信用 ⑫態度 ⑬運	② ③ ④	① ② ③ ④ ⑤	×
硬棒		×	①健康 ②性格 ③強力	①	① ③	×
硬棒棒	①健康 ②口調	① ② ③性格	×	×	×	
硬梆梆	①口調 ②音声	① ② ③強力 ④健康	②	① ⑤表情	① ② ⑥性格	
硬绷绷		×	○	×	○	○
硬鼓鼓		×	×	×	×	○
硬撅撅		×	○	①口調	①	○
硬硬	①健康 ②口調	×	×	×	×	
硬铮铮		×	○	×	×	①性格 ②口調
語彙総数／比喩総数 29語／20語	語彙数／比喩用例数 7語／12例	12語／46例	11語／18例	12語／25例	6語／11例	

1.6 日本語触覚（硬軟感）形容詞の比喩用法一覧表

	現代形容詞	15万語用例	小学館日中	広辞苑	学研新国語
やわらか	①体 ②色 ③態度 ④表情	① ② ③ ⑤考え方	③ ⑥光	① ③	①② ⑦内容
やわらかい	①体 ②光 ③考え方 ④風味 ⑤内容	①②③ ⑥態度	①③⑤ ⑥	③④⑥	①
なめらかな	①口調 ②状態	①② ③順調	①②③ ④声	①②	②
やわい	×	×	①性格	①	
やわな	×	①性質 ②性格	③状態	①	③
かたい	①状態 ②確実 ③意志 ④頭 ⑤表情 ⑥緊張 ⑦性格 ⑧内容 ⑨けち ⑩性質	①②③ ④⑤⑥ ⑦⑧⑨ ⑩ ⑪音声	①②③ ④⑤⑥ ⑦⑧⑨	①②③ ④⑥⑦ ⑧ ⑫眠らない	①③④ ⑤⑦⑧
語彙総数／比喩総数 6語／6語	語彙数／比喩用例数 4語／21例	5語／24例	6語／21例	6語／16例	6語／13例

1.7 中国語触覚（痛痒感）形容詞の比喩用法一覧表

	現代重畳詞	中国語大辞典	小学館中日	中日大辞典	ABB形容詞
痛	×	①困る ②急所	①②	①②	×
疼	×	○	○	①困る	×

疼丝丝	×	○	×	×	×
疼痛	×	○	○	○	×
痒	×	①气分 ②急所	①	① ②	×
痒苏苏	×	①欢喜	×	×	×
痒刺刺	×	○	×	○	○
痒丝丝	×	①欢喜	×	×	①
痒酥酥	①	①幸福感	×	○	○
痒痒	①气分	① ②程度	①	①	×
痒滋滋	×	×	×	×	①欢喜
痒抓抓	×	①气分	×	×	×
語彙総数／比喩総数 12語/9語	語彙数／比喩用例数 2語/2例	7語/9例	3語/4例	4語/6例	2語/2例

1.8　日本語触覚（痛痒感）形容詞の比喩用法一覧表

	現代形容詞	15万語用例	小学館日中	広辞苑	学研新国語
痛い	①困る ②苦痛 ③短所 ④痛惜 ⑤程度	①②③ ⑥被害 ⑦平気 ⑧懐疑	①②③⑥ ⑦⑧	③④⑦⑧	③⑥⑧
いたがゆい	①苦痛	×	×	×	×
かゆい	①程度 ②平気	①	①②	①②	①②
こそばゆい	①気分	①	①	○	①
むずがゆい	①羞恥	①	①	○	○
くすぐったい	①羞恥	①	①	①	①
語彙総数／比喩総数 6語/6語	語彙数／比喩用例数 6語/11例	5語/10例	5語/11例	3語/7例	4語/7例

付　録　251

2.1　中国語味覚形容詞の比喩用法一覧表

	現代重畳詞	中国語大辞典	小学館中日	中日大辞典	ABB形容詞
醇	×	○	○	○	×
醇和	×	○	○	○	×
醇厚	×	①性格	①	①	×
醇釅	×	①演技がよい ②香り	×	○	×
淡	×	①色彩 ②内容ない ③不景気	① ② ③	① ② ③	×
淡薄	×	①人情 ②状態 ③不景気	① ② ③	① ② *	×
淡不次	×	○	×	×	×
淡不唧	×	○	×	×	×
淡不剌	×	○	×	×	×
淡不咚	×	○	×	×	×
淡淡	①表情 ②態度 ③香り	① ②	×	①	
淡挤挤	×	○	×	×	×
甘芳	×	①香り	×	○	×
甘美	×	①香り	○	○	×
好吃	×	○	○	○	×
好喝	×	○	×	○	×
可口	×	○	○	○	×
苦	×	①性質 ②程度 ③生活 ④ひどい	① ② ⑤表情	①	×
苦巴唧	×	○	×	×	×
苦辣辣	×	○	×	○	×
苦溜溜	×	×	×	○	×
苦渋	×	①表情 ②音声	①	①	×

語	1	2	3	4	5
苦涩涩	×	×	×	×	①苦痛
苦丝丝	×	○	×	×	×
苦阴阴	×	○	×	○	×
苦英英	×	○	×	×	①苦痛
辣	×	①性質 ②音声 ③性格 ④値が高い	①	① ④	×
辣巴唧	×	○	×	○	×
辣不唧	×	×	×	○	×
辣蒿蒿	①痛感	①	×	×	×
辣豁豁	×	①痛感	×	×	×
辣乎乎	①羞恥 ②苦痛	①	○	○	×
辣辣	①感動	×	×	×	×
辣丝丝	○	○	○	×	○
辣酥酥	×	○	○	○	○
辣滋滋	×	×	×	×	①羞恥
麻辣	×	○	×	○	×
麻辣辣	×	①しびれる	×	×	②苦痛
麻酥酥	×	○ ＊	①しびれる	×	① ②苦痛
难吃	×	○	×	×	×
腻	×	①程度 ②状態	① ②	○	×
腻乎乎	×	①状態	×	○	×
腻腻	①状態	×	×	×	×
浓	×	①におい ②状態 ③色	① ②	②	×
浓酽	×	○	×	×	×
浓酽浓酽	①色彩	×	×	×	×
清醇	×	○	○	○	×
清淡	×	①香り ②不景気	① ②	②	×

付　録　253

語	列2	列3	列4	列5	列6
渋	×	①状態 ②疲労感 ③難解	① ② ③	① ③	×
渋刺刺	×	①疲労感	×	○	×
爽口	×	○	○	○	×
酸	×	①痛感 ②性格 ③嫉妬 ④感動	① ③	① ③	×
酸巴溜丢	×	①程度 ②性格	×	×	×
酸不唧	×	①痛感	○	①	×
酸辣辣	×	×	×	○	×
酸溜溜	①嫉妬 ②悲傷 ③程度 ④痛感 ⑤態度	② ④ ⑥におい	① ② ③ ④	① ② ④	① ④
酸酸	①痛感 ②悲傷 ③感動	×	×	×	×
酸渋	×	①疲労感	×	×	×
酸甜	×	○	×	○	×
酸甜酸甜	①歓喜 ②香り	×	×	×	×
酸漬漬	×	○	×	×	×
甜	×	①口がうまい ②熟睡	① ② ③表情	② ④幸せ	×
甜不唧	×	○	○	○	×
甜甘	×	①口がうまい	×	①	×
甜津津	①歓喜 ②表情	○	○	○	③幸せ
甜溜溜	×	×	×	○	○
甜美	×	①熟睡 ②表情	①	① ②	×

			③幸せ			
甜蜜	×	①幸せ ②表情	① ② ③歓喜	③ ④熟睡	×
甜蜜蜜	①香り ②歓喜 ③表情	① ②	①	④態度 ⑤熟睡	① ③ ⑤
甜膩膩	①表情 ②態度	① ②	×	×	×
甜潤	×	①声 ②空気	① ②	×	×
甜生生	×	×	×	×	①態度
甜丝丝	①香り ②歓喜	②	②	②	②
甜滋滋	①歓喜 ②熟睡	①	○	○	③香り ④表情
甜甜	①音声 ②表情 ③熟睡	×	×	×	×
甜甜蜜蜜	①歓喜	×	②表情	×	×
无味	×	①性質 ②内容	①	①	×
咸	×	○	○	○	×
咸不唧	×	○	×	○	×
咸不丝	×	○	×	×	×
咸乎乎	×	×	×	×	○
咸津津	×	○	○	○	○
咸澀	×	①程度	×	×	×
咸湿	×	①淫猥	×	①	×
甜	×	①熟睡	①	① ②性質	×
酽	×	①色彩 ②人情 ③関係	○	①	×
酽酽	①音声 ②程度	×	×	×	×

付　録　255

油膩	×	○	○	○	×
有味儿	×	①演技 ②におい	① ②	① ②	×
語彙総数／比喩総数 89語／54語	語彙数／比喩用例数 17語／36例	40語／76例	23語／44例	24語／38例	11語／16例

2.2　日本語味覚形容詞の比喩用法一覧表

	現代形容詞	15万語用例	小学館日中	広辞苑	学研新国語
あぶらっこい	①性質	×	②性格	②	①
甘い	①におい ②声 ③厳しくない ④内容 ⑤考え ⑥利益 ⑦緩い ⑧ピント ⑨雰囲気	①②③ ④⑤⑥ ⑦⑧	①②③ ④⑤⑥ ⑦⑧ ⑨ ⑩切れない ⑪性格 ⑫経験	①②③ ⑥⑦⑧	①②③ ⑤⑥⑦ ⑩
甘辛い	○	×	×	○	○
甘ったるい	①におい ②声 ③考え ④性格	×	② ⑤内容 ⑥仲	⑤ ⑥	②④
甘酸っぱい	①におい ②経験	×	①	②	②
淡い	①色	① ②望み ③程度	①②③	②③	①③
いがらっぽい	○	×	○	○	○
うすい	①色 ②判断 ③物事	①②③	①②③	①②③	②③
うまい	①技能 ②内容	①② ⑤	①②③ ⑤⑥	①③⑤ ⑥	①②③

	③順調 ④空気 ⑤仲 ⑥利益	⑥			
えがらい	×	×	○	○	×
えがらっぽい	×	×	○	○	○
えぐい	①刺激	×	○	○	○
おいしい	①空気 ②性質	①	①	○	②
からい	①厳しい ②程度	① ②	①	① ②	①
くどい	①性格 ②動作 ③色 ④物事	① ② ③ ④	① ②	②	② ④
濃い	①表情 ②懐疑	① ②	③色 ④仲	②	③ ④
塩辛い	○	×	○	①声	×
しつこい	①性格 ②治りにくい ③動作 ④色 ⑤におい	① ② ③ *	② ④	③ ⑤	① ④
渋い	①表情 ②色 ③技能 ④性格 ⑤声 ⑥性質 ⑦目の疲労感 ⑧形状	① ② ③ ④ ⑤ ⑨返事に渋る	① ② ③ ④ ⑤ ⑥ ⑦ ⑨	① ② ③ ④	① ② ③ ④
しょっぱい	①性格 ②表情 ③声	① ②	① ②	① ② ③	①
酸い	×	①経験	①	①	○

		現代重畳詞	中国語大辞典	小学館中日	中日大辞典	ABB形容詞
酸っぱい	①動作 ②におい	①	①	①		③悲傷
淡泊な	×	①性格 ②状態	①② ③色	①②		②
苦い	①表情 ②経験	①②	①②	①②		①②
濃厚な	×	①判断 ②懐疑 ③気配	①	②		② ④程度
ほろ苦い	①経験	①	①	①		①
まずい	①技能 ②形状 ③仲	①③	①③ ④内容	①③		①④
まろやかな	①香り ②形	×	①② ③声	○		○
水臭い	①仲　＊	①	①	①		①
水っぽい	○	×	○	○		○
語彙総数／比喩総数 語彙数／比喩用例数	30語／25語	21語／64例	19語／51例	23語／62例	22語／44例	21語／41例

3.1　中国語嗅覚形容詞の比喩用法一覧表

	現代重畳詞	中国語大辞典	小学館中日	中日大辞典	ABB形容詞
冲	×	①技能 ②状態 ③態度	①②	①②③ ④人気	×
臭	×	①名声 ②技能 ③傲慢 ④仲 ⑤言論 ⑥不発 ⑦軽蔑 ⑧強め ⑨罵倒	①③⑥⑧	①②③ ④⑥⑦ ⑧⑨	×

臭烘烘	×	○	○	○	○
臭哄哄	○	×	×	×	×
臭乎乎	×	○	○	○	×
臭熏熏	×	○	×	×	×
醇香	×	○	×	×	×
芳醇	×	①性質	×	×	×
芳馥	×	○	○	○	×
芳香	×	○ ★	○	○	×
芬芬	×	○	×	○	×
芬馥	×	○	○	○	×
芬烈	×	○	×	○	×
芬郁	×	○	×	○	×
馥馥	×	○	×	○	×
馥郁	×	○	○	○	×
浓郁	×	①状態	②性質	○	×
浓烈	×	①感覚	②視覚 ③性質	×	×
喷喷香	○	×	×	○	×
喷香	×	○	○	○	×
喷香喷香	○	×	×	×	×
清香	×	○	○	○	×
臊	×	①名声 ②言論 ③罵倒	○	①	×
臊臭	×	○	○	○	×
臊烘烘	×	×	○	×	○
臊轰轰	×	○	×	×	×
臊乎乎	×	×	×	×	○
膻	×	○	○	○	×
膻腥	×	○	×	×	×
酸臭	×	○	×	×	×
香	×	①熟睡 ②人気 ③味覚	① ② ③	① ② ③ ④仲	×
香醇	×	○	×	×	×

香馥馥	○	○	○	○	○
香噴噴	○	①気持ちよい	○	○	○
香扑扑	×	○	×	×	○
香香	①熟睡	×	×	×	×
腥	×	①不正 ②性質 ③傲慢	○	① ② ③	×
腥臭	×	○	○	○	×
腥秽	×	○	×	①性質	×
腥秽	×	○ ★	○	○	×
腥膻	×	○ ★	○	①性質	×
語彙総数／比喩総数 41語／12語	語彙数／比喩用例数 1語／1例	9語／25例	5語／12例	7語／22例	0語／0例

3.2 日本語嗅覚形容詞の比喩用法一覧表

	現代形容詞	15万語用語	小学館日中	広辞苑	学研新国語
あおくさい	①性質	×	①	①	①
あせくさい	○	×	○	○	×
いそくさい	×	×	○	○	○
白粉くさい	×	×	×	○	×
男くさい	①作品 ②視覚	×	①	①	①
女くさい	①作品	×	×	×	×
香りたかい	①性質 ②作品 ③生活	×	①	×	×
かぐわしい	①性質	×	②評判	①	①
かなくさい	①味覚	×	○	○	①
かびくさい	①考え	○	①	①	①
かんばしい	①状態	①	①	①	①
きなくさい	①気配 ②疑惑	①	①	① ②	① ②
くさい	①疑惑 ②演技	① ② ④行為	③	① ② ④	① ④

	③関係				
こうばしい	○	×	○	○	○
こげくさい	○	×	○	○	○
さけくさい	○	×	×	○	×
小便くさい	×	×	①未熟	①	①
熟柿くさい	○	×	○	○	○
すえくさい	○	×	×	×	×
血ぐさい	×	×	×	○	×
ちちくさい	①性質 ②考え方	①	①	①	②
血生ぐさい	①状態	①	○	①	①
つちくさい	①作品 ②生活	×	③性質	①	③ ④視覚 ⑤聴覚
どろくさい	①演技 ②性質	×	①②	① ③視覚	①③
なまぐさい	①行為 ②考え方	②	①	①② ③疑惑	①
糠味噌くさい	×	①世帯じみた	×	①	①
ねぐさい	×	×	×	○	×
バタくさい	①性質	×	①	①	②視覚
人くさい	×	×	①状態	①	
ひなたくさい	○	×	○	○	○
ひねくさい	×	×	×	○	×
抹香くさい	①考え方 ②疑惑	×	①	①	①
みそくさい	×	×	×	①性質	×
語彙総数／比喩総数 33語／21語	語彙数／比喩用例数 17語／28例	7語／9例	16語／17例	18語／24例	17語／22例

4.1 中国語視覚（色彩）形容詞の比喩用法一覧表

	現代重畳詞	中国語大辞典	小学館中日	中日大辞典	ABB形容詞
紅	×	①革命的 ②人気	①②③ ④⑤⑥	①②③ ④⑤⑥	×

付　録　261

		③盛ん ④表情 ⑤嫉妬 ⑥怒り ⑦幸運	⑦	⑦	
红不赤	×	○	×	×	×
红不棱登	○	○	○	○	×
红灿灿	○	○	×	×	○
红扯扯	×	○	×	×	×
红哧哧	×	○	×	×	×
红赤赤	○	○	×	○	○
红赤拉鲜	×	○	×	×	×
红丹丹	○	○	×	×	○
红澄澄	○	×	×	×	○
红橙橙	○	×	×	×	○
红冬冬	×	○	×	×	×
红嘟嘟	×	○	×	×	○
红绯绯	×	○	×	×	×
红拂拂	×	○	×	×	×
红钢钢	×	×	×	×	○
红光光	×	×	×	○	○
红酣酣	×	×	×	×	×
红红	○	×	×	×	×
红红火火	○	×	×	×	×
红红绿绿	○	×	○	○	×
红红润润	○	×	×	×	×
红呼呼	×	○	×	×	×
红火火	×	①旺盛	×	×	○
红蒙蒙	×	×	×	×	○
红腻腻	×	○	○	○	×
红喷喷	○	○	×	○	○
红扑扑	○	○	×	×	×
红融融	×	×	×	×	○
红润润	○	○	×	×	○
红堂堂	○	○	×	○	○

红腾腾	×	○	×	×	×
红彤彤	○	×	×	○	○
红通通	○	○	×	○	○
红凸凸	×	○	×	×	×
红瞎瞎	×	○	×	×	×
红鲜鲜	×	○	×	×	○
红信信	×	○	×	×	×
红焰焰	○	○	×	×	○
红嫣嫣	×	○	×	×	×
红炎炎	×	○	×	×	×
红艳艳	○	○	○	○	○
红殷殷	○	×	×	○	○
红糟糟	×	○	×	×	×
红绉绉	×	○	×	×	×
惨红惨红	○	×	×	×	×
黑	×	①日が暮れる ②暗い ③残忍 ④悪事	① ② ③ ④	① ② ③ ④ ⑤貪欲	×
黑巴巴	×	×	×	×	○
黑不溜	○	○	○	×	×
黑不溜秋	○	○	○	○	×
黑不唧	×	○	○	×	×
黑黪黪	○	○	×	○	○
黑灿灿	○	○	○	×	○
黑苍苍	○	○	×	×	○
黑茬茬	○	○	×	×	×
黑楂楂	○	×	×	×	×
黑沉沉	○	○	×	○	○
黑黜黜	○	○	×	×	○
黑幢幢	×	○	×	×	○
黑丛丛	×	○	×	×	○
黑簇簇	○	○	×	×	○
黑粹粹	×	○	×	×	×
黑洞洞	○	○	○	○	○

付　録　263

黑黢黢	×	○	×	×	×
黑墩墩	×	×	×	×	○
黑沌沌	×	○	×	×	×
黑花花	○	×	×	×	×
黑光光	×	○	×	×	○
黑黑	○	×	×	×	×
黑红	×	○	×	×	×
黑红黑红	○	×	×	×	×
黑魆魆	×	○	×	×	×
黑糊糊	○	○	○	○	○
黑乎乎	○	○	○	×	○
黑昏昏	○	○	×	×	○
黑浸浸	×	○	×	×	×
黑晶晶	×	○	×	×	○
黑炯炯	×	×	×	×	○
黑拉拉	×	○	×	×	×
黑亮亮	○	○	×	×	○
黑亮黑亮	○	×	×	×	×
黑鳞鳞	×	○	×	×	×
黑灵灵	○	×	×	×	×
黑溜溜	○	○	○	×	○
黑绿黑绿	○	×	×	×	×
黑碌碌	×	○	×	○	×
黑麻麻	×	○	×	×	×
黑漫漫	×	○	×	×	×
黑茫茫	○	○	○	×	○
黑蒙蒙	○	○	○	×	○
黑墨墨	×	○	×	×	○
黑浓浓	×	○	×	×	○
黑漆漆	×	○	○	○	○
黑秋秋	×	○	×	×	×
黑湫湫	×	×	×	○	○
黑黢黢	○	○	○	○	○
黑魆魆	×	×	×	×	○
黑绒绒	×	×	×	×	○

黑茸茸	×	×	×	○	×
黑闪闪	×	×	×	×	○
黑森森	○	○	×	×	○
黑瘆瘆	×	○	○	○	○
黑生生	×	○	×	×	×
黑腾腾	○	○	×	○	○
黑瓮瓮	×	○	×	×	×
黑乌乌	×	○	×	×	×
黑魆魆	○	○	○	○	○
黑压压	○	○	○	○	○
黑鸦鸦	○	○	×	×	○
黑艳艳	×	×	×	×	○
黑阴阴	○	○	×	×	×
黑油油	○	○	○	○	○
黑黝黝	○	○	○	○	○
黑郁郁	○	×	×	×	○
黑紫黑紫	○	○	×	×	×
乌沉沉					
乌亮亮	×	○	×	×	○
乌溜溜	○	○	○	○	○
乌青	×	○	○	○	×
乌压压	×	○	○	○	×
乌油油	○	○	○	○	○
白	×	①明るい ②状態 ③味が薄い ④無料 ⑤むだ	① ② ④ ⑤	① ② ③ ④ ⑤	×
白皑皑	○	○	○	○	○
白白	○	○	○	○	×
白白生生	×	○	×	×	×
白不呲咧	×	①味が薄い	①	① ②地味	×
白不拉几	○	○	×	×	×
白惨惨	○	×	×	×	○

付　録　265

白苍苍	×	○	○	×	○
白碴碴	×	×	×	○	×
白刺拉	×	○	×	×	×
白邓邓	×	○	×	○	×
白格生生	×	○	×	×	×
白乎乎	×	○	×	○	×
白忽忽	×	○	×	○	○
白花花	○	○	○	○	○
白华华	×	○	×	×	×
白晃晃	○	○	○	○	○
白晶晶	×	○	×	×	×
白净	×	○	×	○	×
白净净	○	○	×	×	×
白亮	×	○	×	○	×
白亮白亮	○	×	×	×	×
白亮亮	○	○	×	×	○
白厉厉	○	○	×	○	○
白粼粼	×	○	×	×	○
白漫漫	×	○	×	×	×
白茫茫	○	○	○	○	○
白蒙蒙	○	○	○	○	○
白朦朦	×	×	×	×	○
白蓬蓬	×	○	×	×	×
白扑扑	×	○	×	×	×
白普普	×	×	×	×	×
白绒绒	×	×	×	×	○
白森森	×	○	○	○	○
白烁烁	×	○	×	×	×
白松松	×	○	×	×	×
白煞煞	×	×	×	×	○
白闪闪	○	○	×	×	×
白生生	○	○	○	○	○
白刷刷	×	○	×	×	○
白汪汪	×	×	×	×	○
白晰晰	○	○	×	×	×

白鲜鲜	×	○	×	×	×
惨白	×	○	○	○	×
黄	×	①腕前	②エロ	②	×
黄巴巴	×	○	×	×	○
黄不搭拉	×	○	×	×	×
黄不剌唧	×	○	×	×	×
黄灿灿	○	○	○	○	○
黄橙橙	○	×	×	×	○
黄登登	○			○	
黄澄澄	○	○	○	○	○
黄嘟嘟	×	×	×	○	×
黄甘甘	×	○	×	×	×
黄烘烘	×	○	×	×	×
黄乎乎	×	○	×	×	○
黄忽忽	×	○	×	×	×
黄黄	○	×	×	×	×
黄浑浑	×	×	×	×	○
黄焦焦	×	○	×	×	×
黄块块	×	×	×	○	×
黄蜡蜡	○	○	×	×	○
黄胧胧	×	○	×	×	×
黄漫漫	×	×	×	○	○
黄嫩嫩	○	○	×	○	○
黄茸茸	○	×	×	×	×
黄煞煞	×	○	×	×	×
黄闪闪	×	×	×	×	○
黄腾腾	×	○	×	×	○
黄秃秃	×	○	×	×	×
黄艳艳	×	○	×	×	○
黄盈盈	×	×	×	×	○
黄油油	×	×	×	×	○
金灿灿	×	○	○	○	○
金晃晃	×	○	○	×	○
金黄黄	×	×	×	×	○
金煌煌	×	○	○	○	○

付　録　267

金闪闪	×	○	×	×	○
嫩黄嫩黄	○	×	×	×	×
蜡黄	×	○	○	○	×
土黄	×	○	○	○	×
惨黄	×	○	×	×	×
绿	×	①驚く	○	○	○
绿沉沉	○	×	×	×	×
绿葱葱	○	×	○	○	○
绿丛丛	○	○	×	×	×
绿澄澄	×	×	×	×	○
绿绿	○	×	×	×	×
绿浓浓	×	○	×	×	×
绿茸茸	○	○	○	○	○
绿森森	○	○	×	○	○
绿生生	○	○	×	×	×
绿团团	×	○	×	×	×
绿汪汪	×	×	×	×	○
绿阴阴					
绿荫荫	○	○	×	×	○
绿茵茵	○	○	×	○	○
绿瑛瑛	×	○	×	×	×
绿莹莹	○	○	○	○	○
绿盈盈	×	×	×	×	○
绿荧荧	×	×	×	×	○
绿莺莺	×	○	×	×	○
绿悠悠	×	○	×	×	×
绿幽幽	×	○	×	×	○
绿油油	○	○	○	○	○
绿蓁蓁	×	×	×	×	○
嫩绿绿	×	×	×	×	○
嫩绿嫩绿	○	×	×	×	×
青	×	①若い	①	①	×
青碧	×	○	×	×	×
青碧碧	×	○	×	×	×
青苍苍	×	×	×	×	○

青葱葱	×	○	×	×	○
青乎乎	×	○	×	×	×
青活活	×	○	×	×	×
青青	○	①若い	×	×	×
青悠悠	○	×	×	×	×
青郁	×	○	×	×	×
青郁郁	○	○	×	×	○
青铮铮	×	○	×	×	○
碧澄澄	○	○	×	×	○
碧冷冷	×	○	×	×	×
碧森森	○	×	○	○	×
碧莹莹	○	×	×	×	○
碧油油	○	○	○	○	○
碧悠悠	×	×	×	×	○
蓝	×	①焦る	○	○	×
蓝澄澄	○	○	×	×	○
蓝晶晶	○	○	○	○	○
蓝菌菌	×	○	×	×	×
蓝蓝	○	×	×	×	×
蓝欧欧	×	○	×	×	×
蓝森森	○	×	×	×	○
蓝闪闪	×	×	×	○	○
蓝瓦瓦	○	○	×	○	○
蓝生生	○	○	×	×	×
蓝汪汪	○	○	×	○	○
蓝微微	×	○	×	×	×
蓝蔚蔚	○	○	×	○	○
蓝莹莹	○	○	○	×	○
蓝盈盈	○	○	○	○	○
蓝幽幽	×	○	×	×	○
蓝悠悠	×	○	×	×	○
蓝湛湛	○	○	×	×	○
蓝绿蓝绿	○	×	×	×	×
灰	×	①気分	①	①	×
灰不及及	○	×	×	×	×

付　録　269

語						
灰不刺唧	×	○	×	○	×	
灰不溜秋	①気分②表情	×	×	×	×	
灰不噜	×	○	×	×	×	
灰惨惨	×	○	×	×	○	
灰苍苍	○	×	×	×	×	
灰楚楚	×	○	×	×	①気分	
灰糊糊	○	○	×	×	○	
灰乎乎	×	○	×	×	○	
灰灰	①表情	×	×	×	×	
灰灰蒙蒙	○	×	×	×	×	
灰溜溜	①気分②表情	①	①	①	① ②	
灰碌碌	○	×	×	×	×	
灰渌渌	①状態	②表情	×	×	×	
灰茫茫	○	○	×	○	○	
灰蒙蒙	○	○	○	○	○	
灰朦朦	○	×	×	×	×	
灰蓬蓬	○	×	×	×	×	
灰扑扑	○	○	○	○★	○	
灰秃秃	×	×	×	×	①性質	
灰拓拓	×	○	×	×	○	
紫	×	①未熟	○	○	×	
紫不留丢	○	○	○	○	×	
紫黑紫黑	○	×	×	×	×	
紫红紫红	○	×	×	×	×	
紫瓢瓢	×	×	×	×	○	
紫堂堂	×	×	×	×	○	
紫巍巍	○	×	×	×	○	
紫微微	×	○	×	×	×	
紫乌乌	○	×	×	×	○	
紫莹莹	×	×	×	×	○	
紫油油	×	×	×	×	○	
紫郁郁	○	×	×	×	×	
粉	×	①エロ	○	①	×	

粉嘟噜	×	○	×	○	×
粉嘟嘟	×	×	×	×	○
粉扑扑	○	×	×	×	○
粉融融	×	×		○	×
粉盈盈	×		×	×	○
語彙総数／比喩総数 306語／18語	語彙数／比喩用例数 4語／6例	14語／28例	8語／20例	9語／25例	3語／4例

4.2 日本語視覚（色彩）形容詞の比喩用法一覧表

	現代形容詞	15万語用例	小学館日中	広辞苑	学研新国語
赤い	①革命的 ②女性の ③怒り ④表情	① ②	① ②	① ②	① ②
赤っぽい	○	×	×	×	×
赤黒い	○	×	×	×	×
赤黄色い	×	×	×	×	×
薄赤い	○	×	×	×	×
真っ赤	○	①まったくの	①	①	①
黒い	①汚れる ②残忍 ③悪事 ④罪	① ② ⑤存命中	① ②	① ④	① ②
黒っぽい	○	×	○	○	○
真っ黒い	○	×	○	○	○
薄黒い	①汚い	×	○	○	×
浅黒い	○	○	○	○	○
真っ黒	①汚れる	×	①	①	①
白い	①笑顔 ②軽蔑 ③潔白	① ②	①	① ② ③	①
真っ白	○	×	○	○	○
真っ白い	○	×	○	○	×
白っぽい	①未熟	×	①	①	①

青白い	①性質	○	①	①	①
黄色い	①声	① ②未熟	①	① ②	①
青い	①未熟	①	①	①	①
薄青い	○	×	×	×	×
青黒い	○	×	○	○	×
青っぽい	①未熟	×	×	×	×
真っ青	×	×	○	○	○
茶色い	○	×	×	○	×
語彙総数／比喩総数 24語／11語	語彙数／比喩用例数 10語／18例	6語／11例	9語／11例	9語／14例	9語／11例

4.3　中国語視覚（明）形容詞の比喩用法一覧表

	重畳形容詞	中国語大辞典	小学館中日	中日大辞典	ABB形容詞
灿烂	×	○	○	○	×
灿然	×	○	○	○	×
灿灿	○	×	×	○	×
光灿灿	×	○	○	×	○
光明	×	①前途 ②公正	① ②	① ②	×
宏朗	×	①声が大きい	×	×	×
晃晃	○	×	×	○	×
晶晶	○	○	×	×	×
晶亮	×	×	○	×	×
晶明	×	○	×	×	×
朗朗	①聴覚	①	○	○	×
亮	×	①気分 ②聴覚 ③態度	① ②	① ② ③	×
亮澄澄	×	○	×	×	×
亮光光	○	○	○	○	○
亮晃晃	×	○	×	○	○
亮晶晶	○	○	○	○	○
亮亮	○	×	○	×	×

亮亮堂堂	○	×	×	×	×
亮闪闪	○	○	○	○	○
亮堂	×	①気分 ②聴覚	①	① ③表情	×
亮堂堂	○	○	○	○	○
亮通通	×	○	×	×	×
亮汪汪	×	×	×	×	○
亮铟铟	×	○	×	×	○
亮铮铮	○	○	○	○	○
亮油油	×	×	×	×	×
蒙蒙亮	○	○	○	○	×
明灿灿	×	○	○	×	○
明光光	○	○	×	×	○
明晃晃	○	○	○	○	○
明朗	×	①気分 ②態度 ③性格	① ② ③	① ② ③	×
明朗朗	○	×	×	×	×
明亮	×	①状態 ②気分	②	① ②	×
明亮亮	○	○	×	×	○
明明亮亮	①状態	×	×	×	×
明堂堂	×	○	○	×	×
明旺旺	×	○	×	×	×
清清亮亮					
闪亮亮	×	×	×	×	○
闪闪	○	○	○	○	×
闪闪烁烁	①話が曖昧	×	×	×	×
银灿灿	×	×	×	×	○
银晃晃	○	○	×	×	○
银花花	×	×	×	×	○
银亮	×	○	○	×	×
银亮亮	○	×	×	×	○
银亮银亮	○	×	×	×	×
银闪闪	○	○	×	×	○

油光光	○	○	×	×	○
油光油光	○	×	×	×	×
油亮	×	○	○	○	×
油亮油亮	○	×	×	×	×
煜煜	○	○	×	×	×
賊亮	×	○	×	○	×
賊亮賊亮	○	×	×	×	×
賊閃閃	○	×	×	×	×
锃亮	×	○	×	○	×
锃亮锃亮	○	×	×	×	×
語彙総数／比喩総数 58語／9語	語彙数／比喩用例数 3語／3例	7語／12例	5語／8例	5語／10例	0語／0例

4.4 日本語視覚（明）形容詞の比喩用法一覧表

	現代形容詞	15万語用例	小学館日中	広辞苑	学研新国語
明るい	①性格 ②前途 ③精通 ④公正 ⑤聴覚	① ② ③ ⑥雰囲気	② ③ ④ ⑦表情 ⑧気分	① ② ③ ④	① ② ③ ④ ⑧
つややか	○	○	○	○	○
語彙総数／比喩総数 2語／1語	語彙数／比喩用例数 1語／5例	1語／4例	1語／5例	1語／4例	1語／5例

4.5 中国語視覚（暗）形容詞の比喩用法一覧表

	重畳形容詞	中国語大辞典	小学館中日	中日大辞典	ABB形容詞
暗	×	○	○		×
暗暗沉沉	×	○	×	×	×
暗暗淡淡	○	×	×	×	×
暗沉沉	○	○	○	○	○
暗淡淡	○	×	×	×	×
暗淡	×	①気分 ②見通し	①	①	×

暗幽幽	×	×	×	×	○
惨淡	×	①気分 ②状態	①	① ②	
惨森森	×	○	×	×	×
昏	×	①愚か ②目眩	① ②	① ②	×
昏暗	×	○	○	①状態	×
昏暗暗	○	×	×	×	×
昏惨惨	×	①前途	×	×	○
昏沉	×	①状態	①	①	×
昏沉沉	①状態	①	×	×	○
昏黒	×	○	○	○	×
昏昏	①状態 ②熟睡	①	①	① ②	×
昏昏暗暗	○	×	×	×	×
昏昏惨惨	×	○	×	×	×
昏昏沉沉	①状態	×	×	① ★	×
昏蒙	×	○	×	×	×
昏蒙蒙	○	×	×	×	×
昏晕晕	×	○	×	×	×
阴暗	×	①表情 ②性格 ③秘密 ④気分	① ③	① ③	×
阴沉	×	①表情	① ②眼差し	① ③性格	×
阴沉沉	①表情 ②眼差し ③聴覚	②	×	×	①
幽暗	×	○	○	○	×
幽幽	①聴覚 ②におい	①	①	①	×
黒暗	×	①悪政	○	①	×
黒沉沉	○	○	×	○	○
黒洞洞	○	○	○	○	○

付録 275

黒咕隆咚	①悪政	○	○	○	×	
黒昏昏		×	○	×	×	×
黒磲磲		×	○	×	○	×
黒漫漫		×	○	×	×	×
黒茫茫		○	○	○	×	○
黒蒙蒙		○	○	○	×	○
黒浓浓		×	○	×	×	×
黒瓮瓮		×	○	×	×	×
灰暗		×	○	○	○	×
語彙総数/比喩総数 40語/15語	語彙数/比喩用例数 6語/10例	12語/18例	8語/11例	11語/16例	1語/1例	

4.6 日本語視覚（暗）形容詞の比喩用法一覧表

		現代形容詞	15万語用例	小学館日中	広辞苑	学研新国語
暗い	①性格 ②前途 ③疎い ④聴覚 ⑤表情 ⑥過去	① ② ③ ④ ⑤ ⑦気分	① ② ③ ④ ⑤ ⑦	① ② ③ ⑥ ⑦	② ③ ④ ⑤ ⑦ ⑧目つき	
薄暗い		○	×	○	○	○
こ暗い		○	×	○	○	○
ほの暗い		○	×	○	○	○
真っ暗		①前途	①	①	①	①
真っ暗闇		×	×	○	○	○
語彙総数/比喩総数 6語/2語	語彙数/比喩用例数 2語/7例	2語/7例	2語/7例	2語/6例	2語/7例	

5.1 中国語聴覚形容詞の比喩用法一覧表

	現代重畳詞	中国語大辞典	小学館中日	中日大辞典	ABB形容詞
静	×	○	○	○	×
静荡荡	○	×	×	×	○
静寂	×	○	○	×	×

語					
静寂寂	○	×	×	×	×
静静	○	○	○	○	×
静静悄悄	○	×	×	×	×
静悄悄	○	○	○	○	○
静谧	×	○	○	○	×
静阒	×	○	×	×	×
静幽幽	×	○	○	×	○
静悠悠	○	○	×	×	○
安静	×	①状態 ②視覚 ③生活 ④治安	① ③	② ④	×
寂静	×	○	○	○	×
宁静		①視覚	①	①	×
悄悄	×	①内緒 ②秘密裏	①	① ②	×
吵	×	○	○	○	×
闹吵吵	×	○	○	○	×
闹哄哄	○	①視覚	○	○	○
闹闹哄哄	○	×	×	×	×
闹嚷嚷	○	○	○	○	○
闹闹嚷嚷	○	○	×	×	×
嘈嘈	○	○	○	○	×
嘈嘈杂杂	○	×	×	○	×
嘈杂	×	○	○	○	×
喧哗	×	○	○	○	×
喧嚣	×	○	○	○	×
脆绷	×	○	○	×	×
脆呼呼	×	○	×	×	×
脆快	×	①てきぱき*	①*	①	×
脆亮	×	○	○	○	×
脆亮亮	×	○	×	×	○
脆美	×	○	×	×	×
脆生	×	①てきぱき	○	①*	×
清脆	×	○	○	○	×

清静	×	①平穏	①	○	×
清朗	×	○	○	○	×
清清脆脆	○	×	×	×	×
清清静静	①平穏	×	×	×	×
响	×	○	○	①注目 ②有名	×
响脆	×	○	○	×	×
响当当	×	①威勢 ②有名	②	②	②
响快	×		×	×	×
响亮	×	①性格	○	①	×
响亮亮	×	×	×	×	○
响响亮亮	○	×	×	×	×
嘹亮	×	①性格	○	○	×
悠扬	×	①意味深い	○	②そよぐ	×
幽扬	×	○	×	×	×
尖刺	×		×	○	×
尖脆	×	○	○	×	×
尖厉	×		×	×	×
尖里尖气	○	×	×	×	×
尖声尖气	×	○	○	○	×
尖溜溜	○	○	○	○	○
尖嫩	×	○	×	×	×
尖锐	×	○	○	○	×
尖细	×	○	×	×	×
婉婉转转	○	×	×	×	×
宏亮	×	○	×	○	×
洪亮	×	○	○	○	×
乱轰轰	○	○	○	×	○
窃窃	○	○	○	○	×
喁喁	○	○	×	○	×
悠悠扬扬	○	×	×	×	×
幽咽	×	○	○	○	×
幽幽咽咽	○	×	×	×	×
细碎	×	○	○	○	×

語彙総数/比喩総数	語彙数/比喩用例数				
67語/13語	1語/1例	11語/17例	6語/7例	8語/11例	1語/1例

5.2 日本語聴覚形容詞の比喩用法一覧表

	現代形容詞	15万語用例	小学館日中	広辞苑	学研新国語
静か	①そよぐ ②状態 ③性格	② ③	① ③	② ③	② ③
静寂	×	○	○	○	○
静謐	×	×	○	○	○
もの静か	①性格 ②視覚状態	○	① ②	② ③	②
高らか	×	○	○	○	○
こわだか	×	×	○	○	○
甲高い	○	○	○	○	○
うるさい	①精通 ②文句 ③感覚 ④性格	① ② ③	① ② ③	③ ④	③ ④ ⑤性質
かしましい	×	○	○	○	○
かまびすしい	×	×	○	○	○
けたたましい	○	○	○	○	○
騒がしい	①不安定 ②注目	①	①	① ②	②
騒々しい	①不安定	①	①	①	①
もの騒がしい	×	×	①物騒	①	①
やかましい	①性格 ②対処 ③精通 ④状態 ⑤文句	① ② ③	② ③ ⑥面倒	① ② ③	① ② ③
語彙総数/比喩総数 15語/7語	語彙数/比喩用例数 6語/17例	5語/10例	7語/13例	7語/13例	7語/12例

あとがき

　私は中国で高校を卒業した時、進学する大学もなければ、学生を募集する大学もありませんでした。当時、中国はちょうど文化大革命の最中でした。二人の兄が農村に下放されたため、私は農村へ行くのを免れて、なんとか就職ができました。職場で日本留学の経験のあった技師から、日本語を教わったことは、後に大学入試が復活された時に、日本語専攻の入試を受けるきっかけとなりました。10年ぶりに復活された大学入試に運良く受かりました。卒業後、大学で日本語講師として、日本語教育に携わり、日本へ留学に来てからも、日本語の勉強と研究などを一筋にやってきました。

　このたび、平成15年度日本学術振興会研究成果公開促進費の交付をいただき、自分の研究成果である博士論文を本として出版できたことを、非常にうれしく思っております。計り知れないご指導を賜った恩師の舩城俊太郎先生、大橋勝男先生、大石強先生並びに諸先生方に、衷心より感謝を申し上げます。

　また、長い留学生活の中で、物質と精神の両面から多大なご援助をくださった大勢の日本の友人に感謝の意を表す次第です。私が今日まで頑張って来られたのは本当に先生方および日本の友人たちのおかげです。いろいろな思い出を一生忘れません。

　なお、原稿の校正にあたり、大変ご辛労をなさった十時真紀さんをはじめ白帝社の方々にお礼を申し上げます。

　拙作は未熟な中日の語学の対照研究ですが、中国語と日本語の勉強、日本文化と中国文化の学習、研究、または日中両国の文化交流、そして両国民の友好交流、相互理解に少しでも役に立てば、幸いに思います。

尤　東旭　（ゆう　とうきょく）
　　1982年　中国遼寧大学外国語学部日本語科卒
　　1993年　岡山大学大学院学校教育研究科修士
　　　　　　課程修了
　　2001年　新潟大学大学院現代社会文化研究科
　　　　　　博士（学術）学位取得
　　現在、新潟大学外国人客員研究員

中日の形容詞における比喩表現の対照研究
2004年2月25日　初版発行

著　者　尤　東旭
発行者　佐藤康夫
発行所　白帝社
　　　　〒171-0014　東京都豊島区池袋2-65-1
　　　　電話　03-3986-3271
　　　　FAX　03-3986-3272(営)/03-3986-8892(編)
　　　　http://www.hakuteisha.co.jp/
組版　柳葉コーポレーション　印刷　平河工業社　製本　カナメブックス
Printed in Japan　　　　　　　　　　ISBN4-89174-653-x